权威·前沿·原创

皮书系列为
“十二五”“十三五”国家重点图书出版规划项目

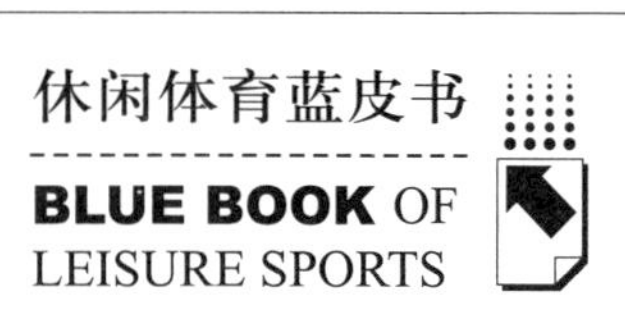

中国休闲体育发展报告（2015~2016）

ANNUAL REPORT ON DEVELOPMENT OF LEISURE SPORTS IN CHINA (2015-2016)

主　编 / 李相如　钟秉枢

图书在版编目(CIP)数据

中国休闲体育发展报告. 2015 ~ 2016 / 李相如，钟秉枢主编. -- 北京：社会科学文献出版社，2016. 10

（休闲体育蓝皮书）

ISBN 978 - 7 - 5097 - 9701 - 3

Ⅰ. ①中… Ⅱ. ①李… ②钟… Ⅲ. ①休闲体育 - 研究报告 - 中国 - 2015 ~ 2016 Ⅳ. ①G812. 4

中国版本图书馆 CIP 数据核字（2016）第 215844 号

休闲体育蓝皮书

中国休闲体育发展报告（2015 ~2016）

主　　编 / 李相如　钟秉枢

出 版 人 / 谢寿光

项目统筹 / 邓泳红

责任编辑 / 丁　凡

出　　版 / 社会科学文献出版社 · 皮书出版分社（010）59367127

地址：北京市北三环中路甲 29 号院华龙大厦　邮编：100029

网址：www. ssap. com. cn

发　　行 / 市场营销中心（010）59367081　59367018

印　　装 / 北京季蜂印刷有限公司

规　　格 / 开 本：787mm × 1092mm　1/16

印 张：18. 5　字 数：281 千字

版　　次 / 2016 年 10 月第 1 版　2016 年 10 月第 1 次印刷

书　　号 / ISBN 978 - 7 - 5097 - 9701 - 3

定　　价 / 79. 00 元

皮书序列号 / B - 2016 - 542

休闲体育蓝皮书编委会

主编简介

李相如 教授，北京市教学名师，博士研究生导师，世界运动休闲娱乐教育协会理事，首都体育学院休闲体育研究院院长，休闲与社会体育学院原院长，全国群众体育先进个人，北京市经济技术创新标兵，教育部国培专家库专家，国家体育总局群体司、青少司、社会体育管理中心等智库核心专家，兼任中国休闲体育研究会秘书长，中国体育科学学会体质分会常委，中国社会学会社会体育分会常委，中国大学生体育协会战略发展工作委员会常务理事、副秘书长。全国田径理论研究会副会长，中国自然辩证法研究会休闲哲学专业委员会常委，国家体育总局体育行业技能鉴定委员会委员，国家社科基金项目同行评议专家等。主持国家级社科基金项目、国家体育总局、北京市级课题以及横向委托课题30余项，主编、副主编专著、教材、译著40余部，发表论文250余篇。

钟秉枢 教授、教育学博士，首都体育学院院长，北京体育大学、福建师范大学、首都体育学院博士生导师，兼任国际教练教育委员会副主席、国际大体联学术委员会委员、国际排联规则委员会委员、中国大学生体育协会副主席、中国体育科学学会运动训练学分会主任委员、中国教育技术学会高校体育专业委员会主任委员、中国传播学会体育传播专业委员会副主任委员、中国成人教育协会体育高等教育专业委员会副理事长、教育部高等学校高职高专文化教育类专业教学指导委员会委员、教育部体育职业教育教学指导委员会委员、中国排球协会副主席、中国毽球协会副主席、北京市学位委员会委员、《中国学校体育》主编，享受国务院政府特殊津贴，人事部新世纪百千万人才工程首批国家级专家，国家级教学团队带头人。主要从事体育教育训练学、体育人文社会学和高教管理方面的研究，截至2012年底出版著作和译著20多部，发表论文300余篇，获得国家级教学成果二等奖3项、省部级教学成果奖9项、省部级科研成果奖11项。

摘　要

随着我国经济的快速发展和人们对健康娱乐及高质量生活的不断追求，休闲将逐渐演变为人们生活的中心内容，而作为休闲重要内容的休闲体育也逐渐成为人们生活的重要组成部分。休闲体育方兴未艾，主要表现为参与人数迅猛增多，非运动训练性体育会馆、俱乐部等大量创办，尤其是针对年轻人的时尚运动方式，如瑜伽、跆拳道、乒羽、射击、射箭、轮滑等项目迅速增多。与此同时，国家政策对休闲体育进一步倡导和支持，更有利于休闲体育的发展，使得越来越多的社会资本涌入休闲体育领域。在这种背景下，我国休闲体育的发展现状如何？不同的休闲体育项目呈现出什么样的特点？各个区域的休闲体育发展分别有什么特色？有哪些成功案例？这些都成为休闲体育领域的官员、学者和从业人员共同关注的话题。

《中国休闲体育发展报告（2015～2016）》，运用文献资料法、问卷调查法、访谈法、田野工作法、案例研究法等多种研究方法，耗时一年多，对全国各个区域的政府、企业、健身人群进行调研，通过专业视角和学者声音，基于数据和案例，解读中国休闲体育发展大势，重点关注休闲体育发展中当前迫切需要解决的若干问题，发表最前沿的休闲体育深度调查报告和研究成果。

本报告分为总报告、专题篇、区域篇、典型案例与分析四部分。总报告部分主要阐述我国休闲体育的概况、起源、概念、特点和分类及有关休闲体育的政策支撑、休闲体育教育与学科建设以及我国城乡居民休闲活动时间现状；专题篇分别对山地、滨海、冰雪、沙漠草原和水上休闲体育状况进行研究；区域篇分别对北京、河北、内蒙古、吉林、上海、四川、广东及港澳台等地的休闲体育状况进行研究，涉及各地域的自然情况、民族风俗、文化特点、休闲方式、人群划分、运动项目、场地设施、运行机制、效果评价等方面；典型案例与分析部分主要介绍响沙湾沙漠休闲旅游区和武汉江城 e 家两个典型案例。

本报告将为政府制定政策提供参考，为学者开展研究提供素材，为从业人员开展实践活动提供案例借鉴。

目 录

Ⅰ 总报告

Ⅱ 专题篇

Ⅲ 区域篇

Ⅳ　典型案例与分析

皮书数据库阅读**使用指南**

总 报 告

General Report

B.1 我国休闲体育发展状况研究

李相如　金媛媛　吕兴洋　石振国　李骁天*

摘　要：　本文第一部分从什么是休闲、什么是休闲体育的基本定义出发进行论述，然后对休闲和休闲体育的相关理论做出简要阐述和介绍，最后对我国休闲体育发展趋势做出了科学预判。第二部分界定了休闲体育政策的含义与特征，分析了我国休闲体育政策的演变过程，总结了日本、美国、英国和澳大利亚四个国家休闲体育政策的特点和成功经验，在此基础上提出了我国休闲体育政策的制定建议。第三部分对我国休闲体

* 李相如，首都体育学院教授，博士生导师，研究方向为休闲体育、全民健身；金媛媛，博士，首都体育学院讲师，研究方向为休闲体育、体育旅游；吕兴洋，西南财经大学副教授，博士，研究方向为体育旅游；石振国，山东大学教授，博士，研究方向为休闲体育、社会体育；李骁天，首都体育学院副教授，博士，研究方向为社会体育、休闲体育。李相如撰写本文第一部分，金媛媛与吕兴洋撰写本文第二部分，石振国撰写本文第三部分，李骁天撰写本文第四部分。

育教育的发展状况进行了介绍，对目前的学科建设、存在的问题进行了全面分析，并提出我国休闲体育教育的发展对策。第四部分使用中国家庭动态调查2010年的数据进行实证分析。首先，对我国城乡居民的休闲活动参与时间的影响因素进行多因素方差分析，判断我国城乡居民休闲活动时间受到何种因素的影响。其次，建立一般线性回归模型分析上述因素对我国城乡居民休闲活动时间的影响。

关键词： 休闲体育 休闲体育政策 休闲体育教育 休闲活动参与时间

一 概述

（一）引言

21世纪已经迈过十分重要的前15年，国际休闲研究著名学者杰弗瑞·戈比和托马斯·古德尔教授对“2015年前后，世界发达国家将进入休闲时代，休闲将成为人类社会的重要组成部分，休闲、娱乐和休闲旅游业将成为下一个经济大潮，并席卷世界各地”的预测一定程度上成为现实。站在21世纪的前沿观察人类生活方式的转变和发展，具有颠覆传统观念的三个转变展示了新的发展前景：一是人们对生命存在的崇拜和敬畏向崇尚生命价值的真实和品质的方向转变；二是人们开始从消极性的闲暇活动向积极性的休闲体育与健身娱乐的方向转变；三是人们开始从单纯地注重心灵惬意和以愉悦为主的休闲方式向倡导身心一体的、充满着体育运动和多种刺激元素的、亲身体验型的运动休闲方式转变。这三个转变标志着休闲体育已经进入中国人的视线之中，休闲体育将使我国国民的生活习惯、人居环境的要求、绿色健身休闲消费的拉动，社会和经济发展的新常态、先进的休闲体育文化弘扬和推动、基础休闲教育和青少年的全面发展以及抵御现代文明病等方面发生一系列的重要变化。

（二）休闲和休闲体育的几个相关概念

1. 休闲的定义与几个基本术语（名词）

（1）定义。《休闲宪章》中，休闲的定义是：人们在完成工作和其他任务之后，在自由支配的时间内所进行的活动，是以补偿性活动为基础的活动。

（2）休闲研究中的几个基本术语。

①闲暇。闲暇是一个时间的概念，通常是休闲的重要前提条件之一。一般地说，个人时间包括个人必需时间、工作时间和闲暇三部分。闲暇时间是除了工作和休闲时间之外所剩下的时间。

②闲暇率。闲暇率是衡量闲暇在个人生活时间中所占比重的指标。闲暇率越高，表明可用于闲暇活动的时间总量越多。

$$闲暇率 = \frac{闲暇时数}{时间禀赋} \times 100\%$$

闲暇与休闲的关系。理论上，闲暇时间与休闲并非完全一致的两个概念，但通常人们习惯于把二者等同起来。每一个人都可能拥有空闲的时间，但并不是每个人都能拥有休闲或者体验休闲。休闲既是一种时间概念，是一种较为充裕的状态，同时也是一种心理需要的消遣和身体生存的体验方式。

休息与休闲也是有区别的。休息是人们获得片刻的喘息之机，目的是放松肌肉、舒展筋骨、消除疲劳，为继续繁重而紧张的工作储存能量。休息是一种为继续工作而必需的身心调节。休闲却是一种积极主动的自由选择，是身体与心灵和谐一致的放松，通过身体运动促使神经和心灵完全松弛，从而获得心理上的愉悦，把埋藏在心底的欲望释放出来，使长时间累积的痛苦和压抑情绪得到有效消解。

③游戏。游戏是现实生活之外的充满乐趣的一种休闲活动。荷兰历史学家赫伊津哈在《人：游戏者——对文化中游戏因素的研究》一书中提出了

游戏必须具备以下要素：一是自愿的行为；二是与“平常生活”的距离；三是有时间和空间的规划和限制；四是并非重要活动，但非常吸引参与者；五是有规则约束；六是促使游戏者形成私下里的组织。除赫伊津哈外，西方学者从生理上、心理上、社会学及文化上对游戏进行了多方面的解释。主要观点包括：一是生理本能上的解释；二是能量过剩论；三是行为反复论；四是准备未来/潜在发展论；五是信息响应—调整论。

④娱乐。娱乐在英语中既有消遣、休闲、娱乐的含义，也有休养、康复的意思。西方人重视娱乐，因为他们认为要创造就要有休闲生活，就要有玩耍行为，就要做适当的游憩活动，就要为行为者建造游憩的场所。娱乐深刻地揭示了休闲与创造及人的多方面发展的辩证关系。

⑤体育运动。体育与休闲从来就具有难以分割的密切关系，体育运动的产生与人类闲暇需要也是密不可分的。现代体育运动越来越成为现代人休闲生活和休闲方式最为重要和最为广泛的内容。正是体育运动与休闲结合，才衍生了休闲体育这个新形态。体育更加适合在休闲活动中推行，当人们以体育运动的方式获得一种身体的直接而又刺激深刻的休闲体验之时，体育运动成为休闲更高层面的方式。欧洲理事会关于“体育运动”的定义是：所有形式的身体活动，通过非正式的或有组织参与，致力于改善体质和身心健康，形成良好的社会关系，或在各种比赛中取得成绩。

2. 休闲体育定义与术语

（1）定义。关于休闲体育的定义很多，差异也较大。目前得到多数人接受和采用的定义是李相如、凌平、卢峰主编的“十二五”国家规划教材《休闲体育概论》中的定义，即人们在自由支配的时间里，通过体育运动的方式，以直接或间接的体验，满足身心需求的一种自觉自足的社会文化活动。

（2）休闲体育相关术语。休闲体育产业。休闲体育产业是指那些为满足人们休闲体育消费而提供的产品和服务组织的集合。从一定意义上说，休闲体育产业是以满足人们休闲需要为对象的产业。

休闲体育服务。关于我国体育的性质，较有代表性的观点有：中国体育，尤其是群众体育，基本上属于公益性事业；我国的体育事业是具有产业性的社会主义公益事业；体育是产业和事业的对立统一体。由此可见，作为我国大众体育的主要活动形式与健康休闲方式的休闲体育，是“产业”和“事业”的复合体。

休闲体育产品。由休闲体育产业经营者提供给消费者，用于满足其休闲体育需求的各种产品（物质产品和劳务）的总和。

（三）现代休闲体育兴起与特征

1. 现代休闲体育兴起

（1）休闲体育因需而生。人类社会进入21世纪以来，生活节奏加快的步伐没有停歇，人们工作紧张、精神疲劳的状况没有减缓，以至于人们渴望以轻松愉快的运动方式来换取身心的解放，重新激发生命的活力成为一种新的追求。人是自然进化的产物，人类的体育运动同样是在大自然的怀抱中孕育而生的。人们在感受游戏或体育运动快乐的时候，经常叹服大自然与体育运动的奇妙与伟大，这种叹服来自人的生命深处的赞叹，是人类、体育运动与大自然和谐绽放的花蕾。休闲体育表现出现代人对体育运动的一种新的认识和态度，也反映出人口高度集中的现代城市中人们所选择现代社会生活的一种方式。休闲体育在快速发展，印证了人们渴望通过体育运动获得身心愉悦，激发生命的活力，是一种身心需要。休闲体育是人们通过体育运动的方式来实现其全部价值和意义。

（2）休闲体育的内在性。人们以体育运动方式来充实休闲时光是一种由内向外所激发出来的自觉自愿行为，因此，休闲体育能使人在精神上体验自由的存在，在体育运动或活动中感知快乐，在群体活动与互动中交互友爱与信任，从而使人的生命与生活充满乐趣和活力。

（3）休闲体育的非功利性。休闲体育与社会体育相比较，休闲体育可能更少了一份功利的目的。人们在休闲的心境中参与体育运动，所追求的是轻松与惬意。休闲体育是一种非经济利益导向的活动，甚至是一种以消费来提升生活品质的心态。当人们开着豪车，拿着称心而名贵的运动装备或器械，穿着靓丽的运动服装，走进需要消费卡的体育运动俱乐部，在运动场享受着运动冲击和给他们带来的乐趣的时候，生活品质的提高和运动的快乐必然促进其身心和谐与健康。

（4）休闲体育的体验性。运动是休闲的一种方式，它主要不是为了满足竞技的需求，而是满足参与者自我身心释放、自我实现的需求；它无须计较运动的成绩、比赛的名次，没有胜负的压力，而是重在参与、重在娱乐。以体育运动方式来进行的休闲是促进社会交往的最佳方式之一。休闲体育的核心要素之一是其体验性，以体育运动方式来体验休闲，是一种原始而又刺激的生命体验。休闲体育的运动体验有利于人们忘却工作或生活等境遇中的烦恼、痛苦等，自由自在的运动体验大大激发了人的精神上的自由感、快乐感和释放感，在身体运动的过程中产生“人的高峰体验”和“人体畅快感觉”等良好的情绪体验。运动的体验与快乐会促进人体健康，提高免疫力，培养人的健康素养。

（5）休闲体育的精神愉悦性。以体育运动方式进行的休闲是以积极的身体运动来减缓紧张、烦躁不安等负面情绪，减少工作、生活、人际交往等压力。近些年日益兴起的户外运动休闲更是提供了人与自然无间隔交流的广阔空间，把人们通过体育锻炼增强体质的功能延伸到使人获得一种积极的心理体验，实现心理调适和社会交往功能的新境界。在户外休闲体育活动中，人与大自然通过体育运动连接与作用创造了意想不到的新型体验，满足人回归自然的人本需求。以轻松自然的心态，选择适合自己的运动项目，激内心的爽快情感，促人之身体健康，享生活之更高品质，实现人生的真正价值，这就是休闲体育的精神愉悦性的真谛和价值所在。

2. 休闲体育的特征

（1）自由时间的特征。可自由支配的时间是休闲体育的基本内涵与核心要素，也体现了休闲体育的重要特征。在闲暇时间自由地选择休闲体育的活动方式、活动内容、活动项目、参与伙伴和活动地点是这一核心要素的本质特点。休闲体育中的自由指人们在追求休闲体育体验时可由自己选择和决定。自由一直是整个历史长河中人们不断追求的抽象概念，自由的、通过运动的方式体验休闲是指可以按照自己的意愿选择运动的项目和方式，而不受外界的强制或压抑。

（2）身体活动的特征。以身体活动为基本手段，谋求身心健康发展，融竞技性、娱乐性、健身性、冒险性、教育性为一体的社会文化活动是休闲体育的核心内容。没有身体活动的休闲就不是真正意义上的休闲体育，充其量只能称之为休闲娱乐。

（3）体验快乐的特征。休闲体育与从体育活动中得到的满足感是密切联系的，当代社会经常把休闲体育看作给生活带来平衡的一种方法，参与休闲不仅为了娱乐，增强体质和促进家庭稳定，而且也是为郊游、探奇、寻求刺激、满足幻想提供的手段。在以信息、技术、媒体、互联网为主导，充满着竞争和压力的社会中，人们需要通过参与休闲体育活动获得积极的心理体验，这种体验不仅包括身体参与性的活动性体验，也包括观赏体育活动等多种形式的体验活动，以获得身心愉悦、释放压力、恢复体力、精神放松、身心和谐的效果。

（4）最佳心态的特征。休闲体育的价值不仅仅体现在实用性上，更体现在文化熏陶与滋养上，休闲体育使人在自由的状态下，通过审美的、道德的、创造的、超越的生活方式，呈现自律性与他律性、功利性与超功利性、合规律性与合目的性的协调统一，表现为人的自由状态和生命状态交相融合的新的境界。休闲体育允许人们在自由时间自主地选择自己喜爱的运动项目，通过运动项目来实现生命充实、心灵放松、精神愉悦的需求与满足。休闲体育使人们重新寻回自我的价值，体验到生活的美好，实现生命的崭新价值。

（5）主动参与的特征。主动是自由的内在力量，人们在选择运动休闲的项目和方式上是自由的、喜爱的、有兴趣的，这就是主动参与的特征。大千世界，运动项目五花八门、各种各样，但适合自己的一定是其中一项或几项。所以，运动项目的选择不在于这项目多么流行、多么时尚、多么狂热，而主要在于其是否为自己熟知、感兴趣，并愿意体验和参与其中。从心理学的角度上讲，个人兴趣决定个人的行为，只有自己喜爱的项目与运动才能够持久地保证参与的热情、参与的时间、参与的频率和参与的效率。

（6）非功利性的特征。休闲体育的非功利主义概念作为一种解释当代人参与休闲体育的目的已引起休闲理论学界的关注，当然这个概念并不新颖，在《玩的一般过程》里，作者提出了玩的价值与工具目标无关的观点，他认为玩并不只是工具或方法，玩在更深层次的意义上就是目的。当代一些学者又发展了这个概念，认为休闲的一大特点就是反功利的，他们从反功利主义的观点指出："休闲不需要任何目的，休闲本身就是目的。"

（7）多样化自我实现的特征。休闲体育的项目和运动方式具有广泛性和多样性的特征，其为人们选择运动休闲的项目、内容和方式提供了丰富多彩的选择空间。21 世纪以来，大量的，具有创新性、趣味性的休闲体育项目不断兴起，为开阔人们参与运动休闲的眼界、选择自己更加喜爱的运动休闲活动提供了条件。例如，人们不能在 NBA 赛场上与迈克尔·乔丹同场竞技，却能在网络游戏中打败 NBA 的顶级明星；人们无法在悬崖峭壁的高山徒手攀岩，却能在人造攀岩壁上实现攀岩的体验；越来越多的活动内容和活动形式，为具有不同爱好、不同技能、不同性别、不同年龄的人们实现各自的运动梦想提供了可能。

（四）休闲体育的分类

依据不同的参照标准，休闲体育被划分为不同类型。休闲体育活动有多种分类，例如：就其运动形式而言可分为竞技运动项目和非竞技运动项目；从活动方法上可以分为徒手运动项目和器械运动项目；根据运动强度与持续时间又可以分为有氧运动项目和无氧运动项目；从运动场所来分，可分为室内和室外两种；按场地和经费投入可分为要求不高的传统体育内容（武术、气功、散步、跑步、徒手操等），需要一些专门场地设施和一定投入的现代体育内容（网球、游泳、旅游、家庭器械健身等），对场地设施和投入要求都很高的新潮体育（高尔夫球、保龄球、赛车、摩托艇、登山攀崖、热气球、滑翔翼等）；按活动空间可分为陆域、水域、空域；以从事休闲体育活动的目的和动机作为标准对其进行分类，包括健身塑形、娱乐、竞赛、消遣放松、社交、探新寻奇和寻求刺激等七类活动。[1]

---

① 引自卢锋、刘喜山、温晓媛《休闲体育活动的分类研究》，《武汉体育学院学报》2006 年第 12 期，第 59～61 页。

本书关于休闲体育活动的分类主要以活动空间为分类标准进行划分，见表1。

表1　休闲体育活动项目分类

类别		项目
水类休闲体育	水面上	冲浪板滑水、赤足滑水、趴板冲浪、独木舟、钓鱼、水上摩托车、轻艇、风筝冲浪、水上拖伞、泛舟、划船、帆船、浅滩冲浪、立姿划板冲浪、激流泛舟、单板滑水、未固定单板滑水、游艇等
	水中	游泳、铁人三项、现代五项、水上救生、水球、水上芭蕾、水中有氧运动、水中操、浮潜、跳水、同步跳水、水道划水
	水面下	潜水、水下曲棍球、水下橄榄球、水下摄影
陆地类休闲体育	冰上休闲体育项目	溜冰、滑冰、冰球、冰上舞蹈、冰壶等
	雪上休闲体育项目	滑雪、雪橇、高山滑雪等
	山地休闲体育项目	登山、攀岩、高山探险、高山速降、越野等
	丘陵休闲体育项目	狩猎、丛林探险等
	沙地休闲体育项目	滨海沙滩休闲体育活动，如滨海沙滩排球、滨海沙滩足球、滨海沙滩手球、滨海沙滩运动会等；沙漠休闲体育项目，如滑沙、骑骆驼旅游、沙漠探险旅游、沙漠穿越等
	草地休闲体育项目	骑马、赛马、叼羊、滑草、摔跤、草原穿越、那达慕等
	公路休闲体育项目	公路自行车、F1 赛车、摩托车、马拉松、竞走、路跑、长走等
	场地休闲体育项目	室内场地休闲体育项目，如乒乓球、羽毛球、台球、手球、体操、健美操、柔道、瑜伽、棋、牌、斯诺克等；户外场地休闲体育项目，如棒球、橄榄球、田径、射击、射箭、网球等
空中类休闲体育	以生物能为主要动力	以生物能为主要动力的空中类休闲体育活动，如滑翔伞、跳伞、蹦极等
	以非生物能为主要动力	以非生物能为主要动力的空中类休闲体育活动，如热气球、动力滑翔、汽车飞跃长城等

（五）我国休闲体育兴起与发展趋势

1. 休闲体育兴起

21 世纪以来中国的城市化速度加快，引导着休闲体育朝着大众化、娱乐化、普及化、产业化、多样化方向发展，国民的参与度较之以往任何一个历史时期都要高，休闲体育日益成为大众消费的热点。

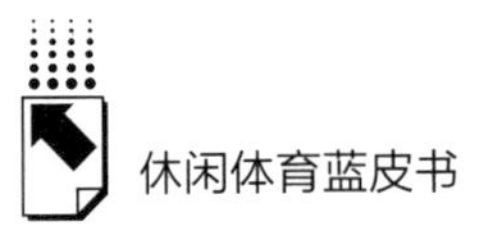

（1）《全民健身条例》应时出炉，为休闲体育的健康发展护航。2009年国务院批准将每年8月8日设立为“全民健身日”，10月1日《全民健身条例》正式颁布实施。该条例的颁布与实施也为休闲体育的发展给予了政策支持。目前关于新型休闲体育项目的规划与发展、安全标准的制定、安全保障的要求等已经进入实质性的发展阶段。

（2）我国国民休闲体育和参与健身的意识发生了重大转变。目前全国经常参加体育锻炼的人数达到3.4亿人，占总人口的28.2%。

（3）休闲体育规模和市场潜力巨大。休闲健身服务业快速发展，休闲体育规模和市场潜力巨大。近年来，“全国亿万妇女健身活动”“亿万青少年阳光体育运动”“全国亿万职工休闲健身活动”“全国亿万老年人健身展示活动”“亿万农民健身活动”等活动不仅极大调动了国民休闲健身的热情，而且显示了休闲体育规模和巨大的休闲体育市场潜力。

（4）公共体育场地设施日趋丰富，但与日益增长的休闲健身需求有巨大差距。在公布第六次全国体育场地普查数据中，全国共有体育场地169.46万个，场地面积19.92亿平方米，平均每万人拥有体育场地12.45个，人均体育场地面积1.46平方米，这些场地有效地缓解了群众健身设施匮乏的问题。但目前的场地设施远远不能满足人民群众日益增长的休闲健身的需要。《国务院关于促进健康服务业发展的若干意见》提出，2020年我国人均体育场地面积要达到1.8平方米；国务院（46号文件）提出，到2025年我国人均体育场地面积要达到2平方米。

（5）休闲体育消费促进了休闲体育产业的发展。国务院关于加快发展体育产业促进体育消费的若干意见的目标要求：到2025年，基本建立布局合理、功能完善、门类齐全的体育产业体系，体育产品和服务更加丰富，市场机制不断完善，消费需求愈加旺盛，对其他产业带动作用明显提升，体育产业总规模超过5万亿元，成为推动经济社会持续发展的重要力量。

（6）休闲体育快速发展，运动休闲项目更加丰富多彩。例如：森林、沙漠、草原、雪地穿越、定向徒步越野等；攀岩、蹦极、登山探险、激流漂流、山地自行车、攀冰、滑雪、雪上摩托等；向水上及高空方向延伸的如赛艇、帆板、水上摩托、潜水、钓鱼、沙滩排球、木筏漂流、热气球、跳伞等项目带给人们新鲜的刺激与挑战，越来越多的人群加入了这些休闲体育的行列。高刺激、高冲击力的运动休闲项目同时也是高投入、高消费、高额保险的休闲体育项目，这些项目不仅推动了休闲体育消费的攀高，也促使休闲体育产业的发展迎来新的转型机遇，推动体育产业的新发展。

（7）体育与旅游融合，体育旅游方兴未艾。满足人们新的休闲旅游理念即从单一到复合，从疗养到健身，从欣赏到体验参与，从赏心悦目到挑战刺激，从历史古迹到探索发现。由此可以断言，体育旅游必将成为未来休闲旅游中最时尚的活动。

2. 休闲体育的发展趋势

（1）回归大自然，崇尚户外休闲运动。21 世纪以来，向大自然和户外休闲的回归不仅是城市人重新走向乡间、湖泊、草地、森林、大海的觉醒，而且也成了我国休闲体育发展的重要趋势。户外运动是现代文明中人们对自然的一种向往、一种追求、一种回归。

（2）追求刺激，挑战极限。当今一些运动休闲项目的刺激性、极限化越来越多地吸引着青少年甚至受到成年人的追捧、喜爱和参与，一定程度上也促进了休闲体育的快速发展。追求刺激、挑战极限主要是指人们在休闲体育的实践中，越来越倾向于挑战生理和心理极限，体验极限活动带来的惊险刺激的感受。空中延迟跳伞、高山自行车运动、悬崖自由跳水、极地蹦极、险境攀岩、冰峰攀冰、不吸氧深海潜水等运动项目，不仅使挑战者惊心动魄，也给观赏者带来了强烈的心理冲击和视觉享受。新时代崇尚极限休闲活动观念使得极为冒险刺激的运动项目热度不减，并且演变成为一种休闲娱乐的时尚。

（3）增进健康，向生态化找空间。休闲体育的健康、生态化主要是指集生态性、休闲性于一体，关注自然生态，注重人与自然、人与社会的和谐发展，强调人的身心全面发展。它既是一种自觉保护自然、保护生态环境的文明的休闲形式，又是一种崭新的生活方式和生活态度。

（4）创新休闲体育方式，玩出花样与奇异。休闲体育的创新与奇异化探索主要是由于人们永远不会满足已有的休闲体育活动内容和方式，在项目的创新和手段的翻新上不断突破。

二　我国休闲体育政策研究①

进入21世纪，休闲在人类生活中扮演着越来越重要的角色，世界上不同的国家和地区逐步进入休闲化阶段，休闲正改变着人们的生活方式。休闲体育作为完善人格、愉悦身心的有效方式受到人们的欢迎和重视。西方发达国家的经验表明，当越来越多的人参与到休闲体育中时，政府就会越来越多地配置休闲体育设施、安排休闲体育活动、承担公共服务责任、制定相关政策，努力为人们创造一个更好的休闲体育氛围。我国也不例外，当休闲体育发展到一定阶段，政府就会制定相关政策加以引导，并根据休闲体育的发展阶段调整休闲体育政策的内容，制定不同的发展战略。

截至目前，我国尚未构建起一个系统、完备的休闲体育产业政策框架体系，只有一些关于休闲体育的条款散布于大体育产业政策中。本文将分析我国休闲体育相关政策的演变过程，总结国外发达国家休闲体育政策的特点和成功经验，剖析我国休闲体育政策存在的问题，提出我国休闲体育政策的制定建议，以期为我国休闲体育的健康发展提供借鉴和指导，并推动相关研究的深化。

（一）休闲体育政策的含义与特征

1. 含义

休闲体育政策是指国家以权威形式标准化地规定在一定的历史时期内，休闲体育应该达到的总体目标、遵循的基本原则、完成的主要任务、采取的

① 本部分内容为2015年国家社会科学基金项目（15CTY007）、2015年国家体育总局体育哲学社会科学研究项目（2208SS15095）、科技创新服务能力建设—协同创新中心—京津冀体育健身休闲发展协同创新中心（2011协同创新中心）（市级）（PXM2016_ 014206_ 000022）研究成果。

一般步骤和具体措施。休闲体育政策是一种公共政策。按照公共政策的表现形式，体育休闲政策具体包括命令、指令、指示、决议、决定、公布、公告、通报、通知、请示、批复、报告和会议纪要等各种政策性文件。

2. 特征

休闲体育政策作为一种公共政策，表现出以下几种特征。

（1）以政府为主导。虽然我国的休闲体育组织包括政府、企业和社会团体等，但在我国目前的社会体制下，政府及相关部门在休闲体育政策制定中发挥着主导作用。

（2）以解决休闲体育中的问题为导向。休闲体育政策是政府及相关部门为解决阻碍休闲体育发展的普遍性问题而采取的行动。因此，发现并确认休闲体育中存在的问题是制定休闲体育政策的前提。

（3）以维护社会公众的休闲权利为目标。在我国，政府是人民利益的代表者，政府通过制定和执行休闲体育政策来维护社会公众的体育休闲权利。因此，社会公众的体育休闲权利是一切体育休闲政策的出发点和归宿点。

（二）我国休闲体育政策的演变过程

根据我国休闲体育的发展阶段，总结出我国休闲体育政策的演变过程如下。

1. 休闲体育的自发发展阶段（1990年以前）

我国近代的体育政策主要以强国为目的，几乎不关注人们个人的休闲需求。1840 年鸦片战争以后，我国进入半殖民地半封建社会时期，政府将体育作为强国的一种手段，政策的关注点主要在于投入经费修建体育场馆、举办全国运动会和加强体育教育。第四、第五、第六届全国教育会联合会大会先后提出了“推广体育计划”“请速办全国联合运动会及各省运动会”“推广中华新武术”“改进学校体育案”“组织体育委员会”“设国立体育学校”等与体育相关的议案。据统计，1929 年全国共有体育场馆 1139 个，全年投入经费 25. 73 万元，1935 年全国体育场馆数量达到 2508 个，全年投入经费 46. 91 万元。1937 年抗日战争全面爆发到新中国成立期间，社会经济建设几乎处于瘫痪状态，政府更无暇顾及体育的发展。

新中国成立后，我国居民越来越多地参与到休闲体育活动中去，体育活动逐渐从单一的广播操发展到交谊舞、健身操、攀岩、滑冰、荡树等多种健身休闲方式。当时我国的体育工作的指导思想是“使体育运动成为经常的广泛的运动”。具体措施主要体现在以下三个方面：一是通过广播、报纸、杂志等渠道大力宣传体育工作的指导思想；二是建立体育管理机构、发展体育组织；三是经常组织体育比赛，并在机关、学校、工厂、部队、农村等基层单位广泛推广工间操、广播操等。1954 年，政府在《关于加强人民体育运动工作报告》中明确指出“改善人民的健康状况，增强人民体质，是党的一项重要政治任务”“建立和充实各级体育运动委员会”“使群众性的体育运动首先在厂矿、学校、部队和机关中切实地开展起来。各级党委应将体育工作作为宣传部门的业务之一”。可见，这一时期的政策以提高人民的健康水平作为出发点，重视群众性的体育活动，强调体育运动的普及性和经常性。

改革开放以后，政治、经济环境趋于稳定，居民的消费结构从以物质产品为主向物质与精神产品并重转变，传统的体育开始向休闲体育发展。政府调整体育事业的发展目标，逐渐淡化体育对国家建设的服务功能，注重满足人民群众日益增长的体育需求。将体育正式列为精神文明建设的一部分，除了强调体育对国民体质健康的作用，还强调体育对提高国民精神素质和促进社会化发展的作用。在这一导向的指引下，政府的政策开始向引导国民开展健身活动倾斜。因此，这一时期政策的关注点由强国向健身转变，并把人民的体育利益作为政策的出发点，逐步强化体育的社会功能。

2. 休闲体育的培育阶段（1990 ~2013年）

进入 20 世纪 90 年代，尤其是在 1992 年明确了市场经济体制的改革目标之后，我国改革的步伐进一步加快，经济实力不断增强，人民的生活水平快速提升，人均可支配收入不断增加。在休假政策方面，1991 年，国务院下发了《关于职工休假问题的通知》，带薪休假制度得以恢复。1995 年 5 月 1 日，我国开始实行双休日工作制。这些为我国居民参与休闲体育提供了客观的制度保障。

此外，1993 年，国际奥委会和世界卫生组织共同签署协议，倡导世界各国发展群众体育，增强身体健康。1995 年，国际体育医学联合会体育运动健康委员会和世界卫生组织共同发表声明，呼吁各国政府将发展体育运动和促进公共健康作为一项重要的公共政策，要“为健康而运动”。在此背景下，国务院于 1995 年 6 月颁布实施了《全民健身计划纲要》（以下简称《纲要》），这成为我国 20 世纪末 21 世纪初发展全民健身事业的纲领性文件，是我国发展社会体育事业的一项重大决策。《纲要》提出，要用 15 年时间实现“体育与国民经济和社会事业的协调发展，全面提高中华民族的体质与健康水平，基本建成具有中国特色的全民健身体系”。《纲要》揭开了我国全民健身活动的序幕，“全民健身宣传周”活动从此在全国范围内开展起来。各地政府围绕“建设好群众身边健身场地，健全群众身边体育组织，举办群众身边经常性体育活动”这三个环节，努力构建覆盖全社会的全民健身体系。同年，国务院颁布了《体育法》，该法的颁布，是新中国体育事业发展的一座里程碑，填补了国家在体育立法方面的空白，标志着中国的体育事业开始进入法治化的新阶段。

1999 年，国家体育总局发布《关于加快体育俱乐部发展和加强体育俱乐部管理的意见》，该意见的提出有利于促进以俱乐部为代表的休闲体育的规范发展，同时也为实施奥运争光计划和全民健身计划提供了组织保障。2002 年中央 8 号文件《关于进一步加强和改进新时期体育工作的意见》明确提出“构建群众性的多元化的体育服务体系”的任务，表明政府将体育视为群众生活的重要内容，这在一定程度上反映出休闲体育开始成为一种大众化的活动。同时，体育俱乐部尤其是社区体育健身俱乐部逐渐发展起来。2003 年，国家体育总局办公厅下发《关于开展创建社区体育健身俱乐部试点工作的通知》，确立了社区体育健身俱乐部的合理、合法的地位，带动了社区体育的迅速发展，人们在休闲时间可以就近开展体育活动，活动的形式也更为丰富多样。在一些经济发达城市，体育健身消费成为生活质量提高的标志，一些新兴体育项目，如马术、攀岩、滑板、保龄球、沙狐球、高尔夫球、跆拳道、女子拳击等运动逐渐受到人们青睐。2003 年底，世界上第六

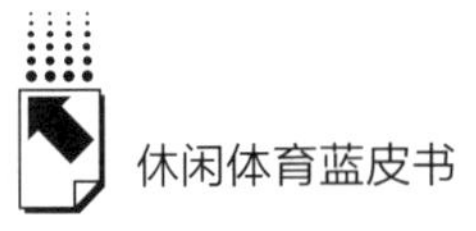

个、中国第一个雪上高尔夫球场在内蒙古的阿尔山市开工建设，投资约10亿元。

在场馆的建设方面，截止到2003年12月31日，我国各系统、各行业、各种所有制形式（不含港澳台地区）共有符合第五次全国体育场地普查要求的各类体育场地850080个，其中标准体育场地547178个，非标准体育场地302902个，占地面积为22.5亿平方米，建筑面积为7527.2万平方米，场地面积为13.3亿平方米。历年累计投入体育场地建设资金1914.5亿元，其中：财政拨款为667.7亿元，占投资总额的34.9%；单位自筹为1032.6亿元，占投资总额的53.9%。以2003年底全国总人口129227万人（不含港澳台地区）计算，平均每万人拥有体育场地6.58个，人均体育场地面积为1.03平方米，人均投入体育场地建设资金为148.15元。同第四次全国体育场地普查（截至1995年12月31日）数据相比，全国体育场地占地面积共增加了11.8亿平方米，增长110.28%；场地面积共增加了5.5亿平方米，增长70.51%。人均体育场地面积增加了0.38平方米，增长58.46%，年平均增长率为5.92%。人均投入体育场地建设资金增加了117.09元。每万人拥有体育场地数增加了1.58个，增长31.6%。场馆的建设为社区体育活动的开展提供了条件，2005年我国绝大多数城镇社区形成了“家庭健身活动、各晨晚练点健身活动、社区单位体育比赛、社区体育单项赛事、社区大型综合赛事”五位一体的健身活动格局。

2006年，国家体育总局发布的《体育事业“十一五”规划》指出，要以筹办2008年奥运会为契机，把满足群众的体育文化需求作为工作的主要出发点，大力发展体育健身休闲市场，为群众提供多元化、多层次的体育健身服务；加强政策指导和扶持，加强对非奥运项目和新兴的健身休闲体育项目的研究和推广。

2008年国务院颁布实施《职工带薪年休假条例》，我国居民的假日时间之和约占全年时间的1/3，为居民参与休闲体育提供了充足的时间条件。2009年，国务院颁布《全民健身条例》，并为了纪念北京奥运会成功举办，确定每年8月8日为“全民健身日”，这进一步为我国休闲体育的发展提供了政策支持。

2010 年，国务院办公厅颁布的《关于加快发展体育产业的指导意见》，将“大力发展体育健身市场”作为首要任务，提出要积极培养群众的体育意识，开拓体育健身市场，引导大众体育消费。加强群众体育俱乐部建设，开发和推广具有地方特色的休闲健身项目和民族民间传统体育项目，发展户外运动、极限运动等新型体育运动项目。

2011 年，国务院颁布《全民健身计划（2011～2015 年）》，提出要遵循“因地制宜、业余自愿、小型多样、就近就便”的原则，开展以冰雪运动、群众登山、元旦登高、健身大拜年、春节长跑、传统武术运动、妇女健身展示、户外运动、江河横渡等群众喜闻乐见的全民健身活动，创新健身活动的形式和内容，使健身活动更加经常化、普遍化、科学化、社会化。同年，国家体育总局发布《体育产业“十二五”规划》，提出要发挥体育健身休闲业的先导作用，开展新型的户外运动项目和体育健身休闲项目，开发民族民间传统体育项目市场；积极发展体育竞赛表演业，引进国际知名的体育赛事，打造有特色、有影响力的赛事品牌，引导赛事表演业有序发展。

2013 年国务院办公厅发布《国民旅游休闲纲要（2013～2020 年）》，提出“到 2020 年，职工带薪年休假制度基本得到落实，城乡居民旅游休闲消费水平大幅增长”的发展目标，进一步为休闲体育的发展提供了制度保障。

在全面健身政策的支持下，体育场馆的建设不断受到重视。截至 2013 年 12 月 31 日，全国共有体育场地 169.46 万个，用地面积 39.82 亿平方米，建筑面积 2.59 亿平方米，场地面积 19.92 亿平方米。其中，室内体育场地 16.91 万个，场地面积 0.62 亿平方米；室外体育场地 152.55 万个，场地面积 19.30 亿平方米。以 2013 年末大陆总人口 13.61 亿人计算，平均每万人拥有体育场地 12.45 个，人均体育场地面积 1.46 平方米。

3. 休闲体育的蓬勃发展阶段（2014年至今）

2014 年开始，我国的休闲体育进入蓬勃发展阶段，相关政策也密集出台。3 月，国务院发布《关于推进文化创意和设计服务与相关产业融合发展的若干意见》，提出要拓展体育产业发展空间。积极培育体育健身市场，引导大众体育消费。支持各地根据当地自然资源和人文资源特色，举办体育活动，丰富传统节庆活动内容，策划参与度高、影响力大的精品体育赛事。该文对于丰富休闲体育的文化内涵起到了一定的推动作用。

同年 8 月，国务院发布国发〔2014〕31 号文件，提出积极推动体育旅游，加强健身休闲、竞赛表演与旅游活动的融合发展，支持和引导有条件的体育运动场所面向游客开展体育旅游服务。该文件首次明确提出支持“体育旅游”的发展，对于促进体育与旅游产业的融合发展起到了一定作用。

同年 10 月，国务院发布《关于加快发展体育产业促进体育消费的若干意见》（国发〔2014〕46 号），该文件明确将全民健身上升为国家战略，将“发展健身休闲项目”“营造健身氛围”作为主要任务。要求大力支持发展自行车、健身跑、健步走、水上运动、射击射箭、登山攀岩、航空、马术、极限运动等休闲体育项目，并鼓励各地方因地制宜开发特色体育项目，如舞龙舞狮、武术、龙舟等，扶持少数民族地区发展传统体育项目，积极开发适合老年人需求的休闲体育项目。该文件对休闲体育的发展起到了明显的刺激作用，有力地促进了休闲体育消费，拉动了休闲体育产业发展。

自国发〔2014〕46 号文件发布后，各地纷纷结合自身的自然和人文资源制定了实施意见，我国的休闲体育进入快速发展时期，反映出政策对休闲体育产业具有明显的刺激和拉动作用。尽管到目前为止仍未出台专门针对休闲体育的政策法规，但从历史发展的渐进过程看，全民健身休闲化、娱乐化的理念会随着社会发展成为未来我国体育发展的潮流，我国体育政策的制定也必然顺势而为，将进一步引导和促进休闲体育的发展。

（三）国外休闲体育政策的特点和成功经验

1. 日本的休闲体育政策

与中国相似，日本的休闲体育政策也具有公益性和政府主导性的特点。在 1961 年和 2000 年制定的《体育振兴计划》中，均提出要以提高民众对休闲体育的参与率、完善学校休闲体育教育、实现终身休闲体育社会为目标，以政府、民间组织和企业为主体，加强基础设施建设、培养休闲体育人才、创新休闲体育项目。日本政府注重刺激休闲体育产业消费，并根据居民的消费情况，有针对性地引导休闲体育产业的发展。近年来，随着日本市场经济程度的不断提高，休闲体育产业化步伐不断加快，政府为减少财政支出，开始鼓励一些非营利社团机构转变为营利性企业，并将其培育为体育产业主体。

2. 美国的休闲体育政策

与中、日不同，美国的休闲体育产业政策相对“消极”，除非非政府主导无法正常运行的产业，否则政府一般不予干预，而是由“市场决定”，这种特点是由美国的市场经济体制决定的。美国政府以增进公民福利水平为目标，主张产业成长优先，通过实施税收优惠、财政援助等政策措施，以户外运动业和体育健身业的快速发展为先导，带动相关产业领域的发展，较好地兼顾了促进产业发展和提升公民公共福利两个政策目标。从政策实施的效果来看，美国民众的休闲体育消费呈现出经常化、普遍化、多元化、生活化的特点，休闲体育市场稳定发展，休闲体育产业持续繁荣。

3. 英国的休闲体育政策

英国政府十分重视休闲体育的社会价值，并将休闲体育看作实现社会发展目标的一种途径。因此，政府介入休闲体育的发展以防止其走向纯粹商业化的极端，损害体育休闲的社会效益。在政府的引导下，休闲体育由最初的少数富有阶层独享向社会大众参与转化。英国政府主要通过两种途径对休闲体育进行治理：一种方法是通过立法来干预，另一种方法是运用经济杠杆进行调控。但近些年，为了减轻政府压力，提高管理效率，英国政府逐渐改变大包大揽的做法，对休闲体育政策进行调整，倡导地方政府、体育俱乐部、体育协会共同参与休闲体育的建设，这与我国的休闲体育政策的发展趋势较为相似。

4. 澳大利亚的休闲体育产业政策

澳大利亚通过“国家体育与休闲政策框架”来引导休闲体育的发展，该框架的制定和实施是澳大利亚各种组织通力协作的结果。该政策框架体现了多主体参与的特征，主要发起者是澳大利亚体育委员会（Australian Sports

Commission，ASC），涉及多个政府部门和各类体育组织，并通过联邦体育部长和联邦下属的8个州的体育、娱乐部长签字确认推行。政策框架明确规定了联邦政府和州政府的职能，并对地方政府和相关体育组织的职责给予建议性指导。为了使休闲体育的发展有序进行，政策框架确立了几个优先发展领域，并在政策推行后进行有效评估。

（四）我国休闲体育政策的制定建议

总体而言，在休闲时代背景下，随着经济的发展和居民对休闲体育需求的日趋高涨，我国关于休闲体育的政策主体越来越亲民，目标越来越贴近民生，内容越来越突出休闲，服务方式越来越社区化，政策措施越来越切实可行。但由于发展基础以及体制、机制的原因，我国的休闲体育政策执行仍不够顺畅，本文借鉴国外的发展经验，提出我国休闲体育政策的制定建议。

1. 提高休闲体育的标准化程度，走内涵式发展道路

我国休闲体育的标准化程度还比较低，与发达国家相比，我国的休闲体育起步比较晚，体系化和系统化的实践尚处于探索阶段。虽然发展速度快，但公共休闲体育服务与管理相对欠缺，众多商业性的休闲体育服务供给缺乏相应的指导，大众休闲体育消费服务的质量和安全还得不到有效的保障，休闲的空间还不够，设施还不足，服务水平有待提高，环境有待优化，存在着重数量轻质量无标准的现象，这就需要我们树立可持续发展的思想，避免走先发展后治理的老路子。从发展之初就要注重休闲体育的内涵与品质，强化对标准化重要性的认识，执行高标准，坚持高品质休闲体育产品的生产，从而引导休闲体育产业朝着高品质、规范化的方向发展。这就要求相关部门要强化标准化建设与执行，使休闲体育的发展做到“有标可依”“有标必依”。

2. 注重休闲体育政策制定与运行的整体性

虽然中国和澳大利亚的政治体制不同，但澳大利亚就休闲体育发展的政策框架，对我国仍具有借鉴意义。我国关于体育发展的五年规划，基本是由国家体育总局颁发总体规划，各地体育局分解落实。而实际上，休闲体育不只是体育部门的工作范围，还涉及旅游部门、文化部门，只有各部门通力协

作，才能保证休闲体育政策真正贯彻落实，而我国的部门主义和地方主义导致的条块分割依然存在。因此，在未来休闲体育政策的制定和执行中，要突破体制、机制障碍，注重多主体参与，共同推动休闲体育政策的落实。

3. 加大力度推动社会资本进入休闲体育产业

我国休闲体育产业是在计划经济的基础上起步的，但单一的行政模式已经不能适应社会的发展，必须向产业化转型。然而，虽然国发〔2014〕46号文件鼓励社会资本进入体育产业领域，开发体育产品，建设体育设施，提供体育服务，但并未出台具体的配套措施，仍存在由于体制原因导致的进入障碍。虽然目前我国还不能像美国那样完全将休闲体育的发展交给市场，但可以在国家的引导下大力推动社会资本进入休闲体育产业。努力在休闲体育市场内推进产权的社会化和多元化，尽快形成以民营为主的休闲体育产业经营格局。产业化的实质是企业化，应加快培育休闲体育企业集团，支持符合条件的休闲体育企业上市。

4. 制定休闲体育设施投入和运行保护政策

休闲体育设施的合理分配和科学保护是保障休闲体育可持续发展的重要保障。传统的“资源—产品—废弃物”单向流动的发展模式不经济、不节约，可借鉴循环经济的思想对休闲体育设施进行运营和保护。首先，应合理规划体育休闲设施在城市的空间分布，特别是要规划好适用于大型体育竞赛表演的体育场馆设施和适应居民日常健身休闲所需的体育场馆设施的空间距离。其次，要促使体育休闲场馆设施的运行模式由传统的事业型向企业型转变，通过市场手段多渠道融资，从而为体育休闲场馆设施的运行和保护提供充足的资金支持。

三　休闲体育教育与学科建设

（一）我国休闲体育教育发展概况

在我国，真正意义上的休闲体育教育起步较晚，从20世纪末的零星启蒙文献到2012年国家教育部将“休闲体育（040207T）”作为“特设专业”列为本科目录内专业，只经历了十几年的发展历程。但随着我国社会经济的快速发展，人们健身观念和追求高质量生活方式的意识觉醒，我国休闲体育教育已步入正轨，逐渐形成了规范的教育体系。如果按照发展阶段划分，我国休闲体育教育大致可分为两个时期。

1. 休闲体育教育萌芽发展阶段（20世纪80年代至21世纪初）

之所以称之为“萌芽阶段”，是因为这一阶段我国国民经济发展保持较快发展速度，人们可支配收入稳步增长，闲暇时间逐步增多，健身意识不断觉醒，以健身运动为主要休闲方式的文化内容已经渗入人们的日常生活。但这一阶段人们参加休闲体育活动的内容还比较单一，组织形式还比较松散，真正意义上的休闲健身意识也比较淡薄。尽管这样，具有敏锐洞察力的学者们还是抓住了这一社会文化现象的发展变化，开展了初步的理论研讨和实践范式的构建。必须承认，这些有益的研究探讨为今天休闲体育的规范化发展起到了关键性的启迪作用。

1979年我国重建社会学以后，闲暇社会学的理论和经验研究逐渐进入学者的视野。

于光远先生是我国著名的经济学家，但他却是最早关注休闲文化现象、并著书立说的领航者之一，这在我国休闲体育教育的萌芽阶段发挥了重要作用。于光远先生曾经说过，在中国的高等学校中没有一门研究游戏的课程，没有一个研究游戏的学者，这不是什么优点，而是缺点。他在《论普遍有闲的社会》一书中提出了“六字玩学说”，他认为：“玩是人生的根本需要之一，要玩得有文化，要有玩的文化，要研究玩的学术，要掌握玩的技术，发展玩的艺术。”① 他认为“玩”是与繁重工作相对而言的轻松愉悦的活动，是一种“自由和创造”。他强调了休闲体育的重要性和必要性，这对于我国休闲体育教育的发展起到启蒙作用。

1983年，卢元镇教授在《体育科学》上撰文《论消遣与娱乐》，从

① 于光远：《论普遍有闲的社会》，中国经济出版社，2005。

体育人的视角阐述了休闲体育这一文化现象的发展端倪。他认为："长期以来，我们已习惯把体育运动概念的范畴划作'学校体育'、'运动训练与竞赛'和'身体锻炼'这样三个比较严肃的部分，然而在现实生活中还存在着一种大量的社会现象：人们怀着轻松愉快的心情自愿参加各种体育活动和娱乐活动，他们既不受限于体育教学的种种严格规定，也不追求高水平的运动成绩，甚至有的也并不把体育的强身祛病作用放在首位，而是把体育运动作为一种有意义的活动形式度过自己的余暇时间，使个人在精神和身体上都得到休息、放松和享受。"① 尽管卢先生当时没有将这一现象称为休闲体育，而称为"游戏、体育娱乐"，但实质上他所描述的内容就是今天我们所说的休闲体育，而且也是迄今最早有关休闲体育研究的文献。

1992 年，由王雅林、董鸿杨主编的《闲暇社会学》是我国休闲理论研究的重要著作。该书介绍了欧美等国家早期休闲教育的相关文献及思想，这些文献资料让我们了解了早期西方国家休闲教育的进展情况，特别是关于"二战"以后、工业社会初期随着社会闲暇时间的变化，学者对这一文化现象的理论剖析，这本著作为我国休闲理论的研究奠定了坚实的基础。

1995 年，双桥在《体育世界》上发表了《为休闲体育开道》的文章，这也是较早关于休闲体育研究的文献。他从休闲体育现象的缘起谈起，论述了休闲体育的概念及其特点，使我国休闲理论的研究从休闲文化现象向休闲体育的细化迈进，是一个重要的突破。

马惠娣研究员也是最早研究休闲的学者之一，2010 年由她主持翻译出版了我国首套"西方休闲研究译丛"，2009 年她又主持翻译出版了第二套"西方休闲研究译丛"，还出版了《休闲：人类美丽的精神家园》《走向人文关怀的休闲经济》《于光远马惠娣十年对话》等 5 本学术著作。她认为，"休闲是人的生命状态的一种形式，一般意义上是指两个方面：一是消除体力上的疲劳，二是获得精神上的慰藉"；"休闲是以欣然之态做心爱之事"。

① 卢元镇：《论消遣与娱乐》，《体育科学》1983 年第 3 期。

马惠娣从哲学的角度解释了什么是休闲，为什么要研究休闲，提高了休闲理论研究的高度，也为休闲理论研究开阔了视野。

通过 CHKI（中国期刊题录）数据库检索系统检索，笔者发现，这一时期休闲体育的休闲文章较少，不到 100 篇，其中以大众休闲方式的描述性文章较多，而专题性研究文章较少，对于休闲体育教育的专项研究论文几乎没有，但必须承认的是，这一时期的理论探索为今后休闲体育教育的发展奠定了坚实基础。

2. 休闲体育教育快速发展阶段（21世纪初至今）

如果说 20 世纪后期是我国休闲体育教育发展的萌芽阶段，那么，进入 21 世纪我国休闲体育就是“百花齐放”的快速发展阶段。通过 CHKI 数据库搜索关键词“休闲体育”就会发现，相关研究已经达到 2000 余篇。从 2000 年每年发表 6 篇文章，到 2014 年 242 篇，呈现出“井喷”的发展态势。究其原因，是居民可支配收入增长和闲暇时间逐渐增多这一外显条件为休闲体育的发展提供了基础条件。而当普通人群的闲暇时间增多，对生活质量的要求逐步提升，休闲健身意识不断提高的时候，主体休闲意识这一内在需求成为休闲体育发展的必要条件。学者敏锐洞察到这一社会文化现象的发展变化，从基础理论的研究探讨发展到休闲体育领域的方方面面。

2000 年，于涛在《天津体育学院学报》上撰文，以哲学方法论为手段，从意义和价值的角度分析了 Leisure Sport 概念内涵。他认为从社会学角度定义的“余暇体育”未能真正揭示出概念的深层含义，从其哲学含义来看，Leisure Sport 应是一个体育行为方式，根据汉语的语法习惯，以“休闲体育”标记更为恰当。刘华平在《21 世纪初的休闲体育》一文中，指出了休闲体育在 21 世纪初的三个发展状况：休闲体育将重返教育的殿堂，休闲体育营利性服务组织机构大幅度增加，休闲体育内容多样化、自然化。[①]

2001 年，李晓东等人在《论我国高校休闲体育》一文中，阐述了高校休闲体育的弊端及其未来发展方向。薛海红等人在《休闲与休闲体育》中

① 刘华平：《21 世纪初的休闲体育》，《北京体育大学学报》2000 年第 2 期。

指出在我国社会转型期发展休闲与休闲体育的必要性及其具体措施。2002年，彭文革撰文《论休闲运动教育》，对休闲教育与休闲运动教育的定义及基础理论作了阐述。

随后几年，学者们开始关注中外休闲体育的比较研究。吴贻刚（2003）发表了《中外休闲体育研究的现状与问题》，刘子众（2003）发表了《中西方休闲体育之差异》等文章，都对国外休闲体育教育的发展现状进行了介绍，并结合我国休闲体育发展现实提出了健康发展的对策与建议。

紧接着，学者们开始关注休闲体育与人的发展、休闲体育与社会的和谐关系。汪玲玲（2006）的《论休闲体育与人的全面发展》，郭琴（2005）《和谐社会与休闲体育的关系》等文章，认为开展休闲体育教育有赖于政府、学校、社区、家庭、社会等多方的共同努力。

这一时期，学者们也开始反思休闲体育发展中存在的问题以及未来发展趋势。梁利民（2007）撰文《当前休闲体育研究若干问题论析》，石振国（2010）撰文《现阶段发展休闲体育的理性分析》，均提出了更新休闲体育观念，加强休闲体育教育，开展休闲体育专门研究等方面的观点。田慧、周虹撰文《休闲、休闲体育及其在中国的发展趋势》，提出了休闲体育将为全民健身活动提供更大的发展空间；休闲体育将从为身体健康的身体锻炼模式发展成为身心健康的休闲体育模式；休闲体育专业研究不断深入，其研究领域的价值和必要性将逐渐引起人们的重视；休闲体育的普及将带动相关体育产业及就业市场的蓬勃发展①等论点。

学者们也从心理学、哲学、伦理学等学科涉足休闲体育教育的研究。徐成立等人（2009）发表的《休闲体育的伦理定位、失位和复位》，石振国等人（2008）发表了《精神视域中休闲体育的意蕴解读》等文章，进一步从不同学科的角度阐述了休闲体育的发展途径。

就休闲体育的教育教学内容而言，学者也进行了较为广泛的理论探讨。薛海红等（2005）认为，休闲教育简单地说就是培养人对休闲行为的选择

① 田慧、周虹：《休闲、休闲体育及其在中国的发展趋势》，《体育科学》2006 年第 26 期。

和价值判断能力，也就是让人们根据个人兴趣爱好、技能环境，从事一些健康、有益的活动，合理、科学地安排余暇时间。栗燕梅（2007）在《论休闲体育教育》中强调，在新时期站在历史的另一个高度，重新认识休闲体育教育的重要性。通过解析休闲与文化、经济、政治的关系，再次说明休闲的重要性。她认为“学会生活”已经成为世界各国深化教育改革的主题，休闲体育教育是“成为人”的过程，自我发展，实现人与人、人与社会的协调发展，不断提高人的生命质量，成为真正心智健全、人格完善和热爱生活的人。休闲体育教育的本质就是要让人们成为真正的人，找到自我，活出自己。

程一军在《休闲体育教育：现代大学生的必修课》中提到，休闲体育教育是提升个人生活质量的教育活动，是培养人对休闲体育行为的选择和价值判断能力的教育过程，亦是“成为人”的重要手段。[①] 在高校中开设休闲体育课程已经成为现在休闲体育教育发展的大趋势，我国高校中已经有多所体育院校开设休闲体育专业，这为休闲体育教育的发展起到重大的推动作用。

李斌（2010）认为生命化、生活化与生态化是休闲与休闲体育教育最本质的内涵。从生命角度来看，休闲与休闲体育教育是对人的全面、自由发展的建构；从生活角度来看，休闲与休闲体育教育是追求健康、科学、文明生活方式的权利保障；从生态角度来看，休闲与休闲体育教育是“原生态”教育的体现与回归。作者全面诠释了休闲体育教育的重要性以及未来发展的趋势。

现今休闲体育教育的专门研究已经进入快速发展阶段，而专属机构的成立更是极大地推动了我国休闲体育事业纵深发展。例如，中国人民大学成立了“休闲经济研究中心”，湖北大学成立了“湖北休闲体育发展研究中心”，华东师范大学成立了“休闲研究中心”、湖南商学院成立了“休闲产业研究所”等等。2014 年国务院印发《关于加快发展体育产业促进体育消费的若

① 程一军：《休闲体育教育：现代大学生的必修课》，《广州体育学院学报》2007 年第 2 期。

干意见》中，明确了休闲体育产业在体育产业中的重要地位，这为今后休闲体育事业的发展提供了政策上的依据。国家政策的支持将会推动休闲体育的进一步发展，为我国休闲体育教育的规范化、专业化、科学化发展提供重要保障。

（二）我国休闲体育专业发展概况

人类梦寐以求的有闲社会已经到来，特别是进入21世纪以来，这种社会特征更加凸显，这是人类追求惬意生活的重要基石。然而，当人们在这种社会氛围中享受社会发展成果时，有时候会面对逐渐增多的闲暇时间和物质增量而不知所措，特别是对如何合理休闲还没有形成科学的休闲思想意识，更没有掌握休闲技能，因此，这种社会需求就必然催生对休闲体育专门人才的要求。在这种社会背景下，为满足社会发展需求，建设休闲体育专业，培养休闲体育所需的高水平专业人才自然成为当下休闲体育教育的重要内容。

1. 专业发展历程

2003年，武汉体育学院联合广州体育学院向教育部申报休闲体育专业，成为专业建设的领头兵。2006年，广州体育学院申报该专业获得批准，并于2007年开始面向全国招生，揭开了我国休闲体育专业发展的新篇章。在教育部公布的2007年本科招生目录中（教高函〔2007〕4号文件），“休闲体育”（040207S）本科专业被纳入目录外专业，标志着该专业已经进入了我国高等教育的规范化教育体系中。随后几年，武汉体育学院、首都体育学院、上海体育学院、沈阳体育学院、西安体育学院、山东体育学院、杭州师范学院、常州大学等院校相继开办了休闲体育专业。在2011年度经教育部备案或审批同意设置的高等学校本科专业名单中，北京体育大学、河北体育学院、南京体育学院、曲阜师范大学、北京师范大学珠海分校、海南大学三亚学院、成都体育学院7所院校获得了休闲体育专业的办学资格。

2011年5月2日，教育部公布的普通高等学校本科专业目录中，“休闲体育”作为“新兴专业”被设为“体育学类”七个专业之一，这是国家层面对休闲体育专业化发展的认可，也对休闲体育专业的规范、有序、科学发展无疑具有重大意义。从2007年的两所院校试办休闲体育专业，发展到2014年已有49所高等院校开设了该专业（见表2）。从开设休闲体育专业的院校分布来看，既有单科体育院校，也有师范类院校和综合性院校。其中，广州体育学院是我国第一所开设休闲体育专业的单科体育院校，杭州师范学院是我国第一所建立休闲体育专业的师范类院校。在培养层次上，除上海体育学院具有“休闲体育学”硕士学位授予权外，其他院校均具备“教育学”学士学位授予权。

表2　我国休闲体育专业开设院校年份统计

年份	院校
2007	武汉体育学院、广州体育学院
2008	上海体育学院、首都体育学院、西安体育学院、沈阳体育学院、山东体育学院
2009	杭州师范大学
2010	常州大学、淮南师范学院
2011	北京体育大学、河北体育学院、南京体育学院、曲阜师范大学、北京师范大学珠海分校、海南大学三亚学院、成都体育学院
2012	河北传媒学院、太原工业学院、吉林体育学院、淮海工学院、常州大学怀德学院、安庆师范学院、黄山学院、池州学院、湖北大学、武汉体育学院体育科技学院、广东海洋大学、广州大学松田学院、琼州学院、成都信息工程学院银杏酒店管理学院、四川师范大学文理学院、贵州大学、贵阳医学院
2013	哈尔滨体育学院、安徽师范大学、福建师范大学协和学院、莆田学院、青岛科技大学、湖北经济学院、乐山师范学院、成都学院、云南大学滇池学院
2014	江苏科技大学、皖西学院、武汉商学院、海口经济学院

说明：截至2014年，资料来源于教育部和各学校网站。

由表2可以看出，在开设休闲体育专业的49所高等院校中，有31所非体育专业院校，占到了所有开设休闲体育专业院校的63.3%（见图1），其中师范类院校占19.3%，综合大学占到了16.1%，其他类院校占到了64.9%。

2. 专业培养目标

培养目标是学校教育教学活动的出发点和归宿，是由特定的社会领域及社会不同层次需求决定的。就目前开设休闲体育专业的院校来看，由于学校

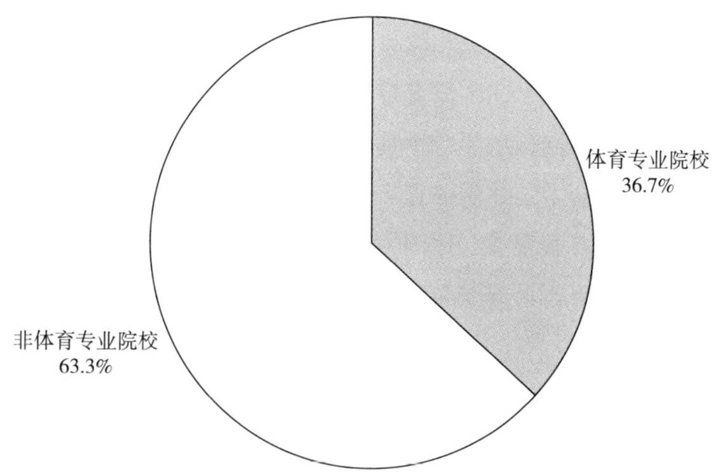

图1　体育专业院校与非体育专业院校所占比重

办学类型、办学方向、所处地域不同，专业培养目标也各不相同。但总体来看，目前我国休闲体育专业的人才培养目标主要包括“应用型人才”和“复合应用型人才”两种类型。应用型人才培养目标主要关注、培养具有休闲体育的基本理论、知识与技能，能胜任在各类学校、企事业单位、协会、社区、健身俱乐部、体育旅游等部门或行业从事休闲体育服务、组织、健康管理等方面的人才，如西安体育学院、首都体育学院等院校的人才培养目标属于该类。而复合应用型人才培养目标主要关注、培养不仅掌握休闲体育基本知识和技能，有较强的休闲体育实践能力，还要懂休闲体育有关的经营与管理，能从事休闲体育相关的指导与服务、经营与管理、策划与设计等工作的人才，如武汉体育学院、上海体育学院等院校的人才培养目标属于该类。这两种培养目标既符合社会发展的人才需求方向，也吻合当前休闲体育领域学术研究的前沿内容。

3. 专业课程设置

课程设置是为实现休闲体育专业培养目标选定的各类各种课程的综合。目前，我国休闲体育专业课程设置主要由公共基础课程、专业基础课程、专业主干课程和专业选修课等课程内容组成。公共基础课程的内容大致相同，

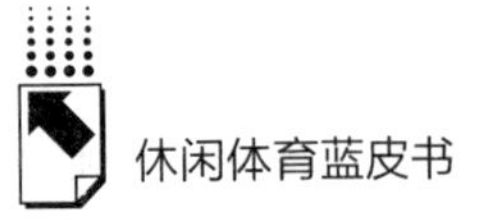

主要包括马列原理、大学英语、计算机基础等课程内容。专业基础课程与之有所不同，但主要课程也大致相同，主要包括体育学概论、体育管理学、体育社会学、休闲学基础、休闲体育导论等课程内容。专业主干课程因地域不同课程内容也有所不同，主要包括基础休闲学、休闲体育概论、休闲体育项概论、休闲体育社会学、休闲体育产业学、休闲体育管理、休闲体育经营与商业开发、休闲体育教育学、休闲体育心理学、运动人体科学、休闲体育理论与方法、休闲体育市场开发与营销。专业选修课程因学校的办学目标以及办学特色不同而不同，有的院校注重休闲体育旅游方面的发展，开设的课程就会围绕旅游学概论、体育旅游学、体育管理学、体育社会学、社会体育学、体育市场营销、体育公共关系等课程展开；有的院校注重休闲体育产业与经济方面的发展，开设的课程就会围绕体育产业概论、体育产业与经济、体育赛事经营管理、体育科研方法、公共关系学、体育产业经济学、休闲体育统计学、休闲体育俱乐部经营与管理等课程展开；有的院校注重休闲体育传统文化的传播，开设的课程就会围绕体育心理学、体育教育学、人体科学基础、中华传统养生、运动损伤防治与急救、运动处方、康乐体育服务与管理等课程展开；有的院校注重休闲体育技能服务方面的发展，开设的课程就会围绕运动训练学、运动生理学、运动心理学、休闲体育活动策划与指导、休闲体育项目管理等课程展开；有的院校注重体育管理方面的发展，课程内容就会围绕体育管理学、运动休闲事业管理、市场调查与预测、休闲娱乐企业运营管理、休闲体育项目策划与管理、体育健身俱乐部经营与管理、体育场馆管理等课程展开等等。

通过梳理休闲体育专业的课程设置发现，围绕专业培养目标而设置的课程主要由五部分组成：一是与休闲学相关的课程；二是与体育学相关的课程；三是与运动人体科学相关的课程；四是与休闲体育管理相关的课程；五是与休闲体育技能服务相关的实践类课程。因每个学校的办学特色、发展方向不同，在专业课程设置上的侧重点也不尽相同，但无外乎是休闲学和体育学两个母学科的交叉融合，这充分体现了休闲体育专业作为新兴交叉学科的特点以及未来发展的方向。

从休闲体育专业的学时、学分比重分配来看，各学校不尽相同，总学时数在2312～2827。其中，广州体育学院休闲体育专业的学时数为2312，在统计的学校中最少，杭州师范学院休闲体育专业的学时数为2827，在统计的学校中最多。各学校的专业学分数也不尽相同，总学分在130.5～174.0。其中，武汉体育学院休闲体育专业的学分为130.5，在统计的学校中最低，上海体育学院休闲体育专业的学分为174.0，在统计的学校中最高。

（三）我国休闲体育教育存在的问题

自设立休闲体育专业伊始，其表现出的良好发展势头有目共睹，但我们必须清醒地认识到，由于中国“勤能补拙”“闲事生非”等传统思想的桎梏，专业发展又面临着基础薄弱、经验不足、师资力量单薄等现实情况，我国休闲体育教育及专业建设都面临着极大的困难和阻力，需要我们共同面对并积极探讨科学发展路径。由于我国整体休闲体育教育起步较晚，系统教育框架还没有完全形成，所以本文只是指出了休闲体育专业教育存在的不足和未来努力的方向。

1. 专业特色不明显，缺乏独立性

由于我国开设休闲体育专业的院校大多是从体育管理、体育经济、社会体育、体育健康等专业划分出来的，因而受原来专业发展规律与惯性的影响，表现出专业特色不突出，人才培养目标缺乏相对独立性的特点。

休闲体育专业作为起步较晚的新兴专业，它是社会发展到一定阶段的必然产物，应该与体育类其他专业存在着较大不同。这是因为休闲体育与社会经济发展密切相关，它强调人的自觉性、主动性和自由性，特别重视人的精神层面的价值意蕴，具有前瞻性和时尚性。因此，在专业人才培养过程中，除传授符合休闲体育发展规律必需的基础理论知识外，还要介绍健康管理方面的健身技能和技巧、休闲体育活动的策划与营销、健身俱乐部的经营与管理，更要加强诸如户外运动、高尔夫、龙舟、毽球等新兴休闲体育运动项目的技能实践。只有这样，才能真正凸显休闲体育的专业特色，才能使培养出来的专业人才适合现今社会普通人群的休闲需求，开展休闲体育健康指导、

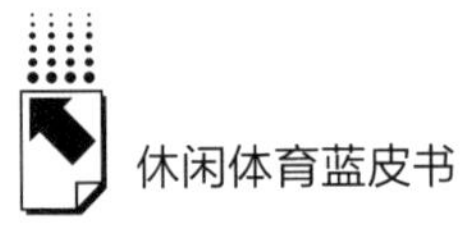

体育旅游、休闲体育产品策划与设计等方面的工作。因此，休闲体育专业要真正从其他的专业或者院系中剥离出来，形成自己独立的专业特色和办学方向，不断探寻专业特有的发展路径，推动休闲体育专业的规划化和科学化发展。

2. 人才培养目标不统一，缺乏指向性

休闲体育专业究竟培养什么样的人才是我们必须在办学前首先应考虑的问题。是培养应用型人才还是复合型人才，这当然要根据社会发展的需求来决定，但同时要考虑学科发展特点和教育发展规律为依据。在确定好人才培养目标的同时，当然也要考虑地域特色、学校办学层次、师资力量、办学条件等方面的实际情况。目前，造成学校间人才培养目标不尽相同的原因主要包括以下几个方面：一是各高校可利用的教学资源、教学条件不同造成人才培养目标的不统一。这是因为我国休闲体育专业建设虽然发展速度很快，但整体尚处于起步阶段，很多学校是为了适应社会发展需求而仓促“上马”该专业，在整体培养目标、师资力量以及其他教学条件等方面存在不足。有时候会出现因人设课、因教学条件设课等现象，从而造成培养目标上缺乏科学性和规范性。二是有些学校的专业人才培养方案是在借鉴其他学校专业培养方案基础上稍加修改而仓促确定的，没有结合自己学校的实际情况制定较为科学合理的方案，因而在培养目标上存在着不确定性。三是人才培养目标在很长一段时间内没有根据社会发展变化以及学科发展需求而改变，从而导致人才培养目标缺乏时代性和系统性，这限制了随社会发展需求变化而定期修改培养目标的灵活性。四是目前国家教育部没有出台相应的休闲体育专业规范导致各学校人才培养目标缺乏指向性。由于缺乏专业规范，各高校在制定人才培养目标的时候就没有可依照的指导意见，因而后来开办该专业的学校基本上参照了较早开办休闲体育专业学校的经验，再结合自己学校的情况来稍加改造，就完成了本学校的休闲体育专业人才培养方案，这显然不能适合该专业各具特色、个性培养、符合社会需求的专业人才培养目标。

3. 课程设置不合理，缺乏科学性

课程体系是实现人才培养目标的重要环节，是回答“培养什么样的人才”“掌握怎样的知识结构”以及反映知识、素质、能力等方面的具体表现形式。因此，课程设置是否合理、是否科学，不是某个人或某几个人说了算，而是要经过专门的科学论证才能最终确定。在美国，专业课程设置是要经过全国教学指导委员会审定后才能实施的。目前，我国休闲体育专业的课程设置在有些方面缺乏科学性，主要表现在：第一，有些学校的专业课程体系结构基本沿袭了其他体育类课程设置的模式，即“专业基础课程 + 专业核心课程 + 专业方向课程 + 专业选修课程”。这样的课程体系设置具有一定的层次性和递进性，但在一定程度上缺乏灵活性，与休闲体育未来发展的社会需求产生了较大差异。第二，有些学校的休闲体育专业的课程设置还延续了“体育教育专业”的课程设置模式，利用较大的学分和学时数开设了较多的技术课程；更有甚者，有的学校还开设了两年的“专项课”。毫不否认，休闲体育专业的学生应该具备指导体质健康、运动锻炼等方面的技能，但他一定与体育教育方向的学生的侧重点不一样，因为休闲体育专业的人才培养目标是适应社会发展需要的休闲体育专门人才，学生应该是休闲体育教育、休闲健康管理、休闲产业管理、体育健身休闲服务业等方面需求的人才，因而在课程设置上要注重学生社会实践能力的培养，是走向社会，而不是拘泥于校园内的“闭门造车”。要完成这个目标，在课程设置中就要充分考虑休闲体育的性质和特点及社会需求。通过系统的学习专业课程，学生就会比较掌握异于其他体育类的知识和技能，才能适应社会发展对该专业人才培养的需要。第三，有些学校没有划分明确的人才培养方向，在课程设置时没有充分考虑学生的个性化需求，而一个健全的课程体系应满足学生不同的兴趣爱好和发展志向，只有让学生有不同课程方向选择，才能培养出各具特色、个性化极强的专业人才。这也是现今社会休闲体育发展的重要特征，符合休闲社会的趋势方向。

4. 师资力量匮乏，缺乏专业性

目前，我国休闲体育专业的教师队伍多数是从原有专业的师资力量中分离出来或是兼任该专业的教师，没有现成的休闲体育专业教师，因而专业师资力量匮乏是制约专业发展的事实。因为各学校选配的专业师资队伍都将考虑这些教师的知识水平能否适应专业发展需求，所以这部分教师应该是学校中比较适合的师资力量，但这部分教师来自本学校各专业，带有体育教育、社会体育、体育管理、体育经济等专业的从教痕迹，而休闲体育专业是一个新兴专业，对教师队伍有严格的要求，这就会导致专业教师队伍的不专业或者不合理，这不利于休闲体育专业长效地发展。因此，专业师资力量匮乏是目前专业发展中的一个现实问题。从调查的高校师资队伍来看，其师资队伍的年龄结构、知识体系以及从教经历与专业建立之初所依托的院系有很大关系。例如，上海体育学院的休闲体育专业设在社会体系下面，与社会体育管理与指导专业、舞蹈专业构成新的系别，这在人才培养过程中难免有重叠现象。而且，专业师资队伍主要依托于原来的社会体育专业，因而其社会体育理论和技能课程较强，但休闲体育专业所要求的经营管理、休闲娱乐、休闲体育技能等方面的教学能力则比较欠缺。武汉体育学院依托经济管理学院设立了休闲体育专业，所以该专业的体育管理、经济管理方面的师资力量较为雄厚，但其休闲体育技能方面师资力量却相对薄弱。当然，经过近几年的发展，武汉体育学院围绕经营管理在休闲体育专业的建设方面已经形成了自己的特色，打造了像“江城 e 家”这样的集教学、实习为一体的经营品牌，但毫不否认，作为休闲体育专业开办最早的学校，设立之初也存在师资力量匮乏的阵痛。所以，随着休闲体育教育专业化进程的加速，开展休闲体育教育的专门人才教育是推动我国休闲体育健康发展面临的重要瓶颈。

以上几个方面是休闲体育专业发展过程中面临的重要问题，但其他教学条件欠缺导致专业发展缓慢也不容忽视。

（四）我国休闲体育教育的未来发展

休闲体育教育是为适应不断增长的社会休闲需求，开展诸如休闲体育教育、休闲体育管理、体育健身休闲服务、不同人群休闲健身需求等方面的教育文化活动。作为培养专门人才的休闲体育教育，因其社会需求巨大必然推动专业快速发展；作为发展历程较短的专业，其潜力无穷、发展势头迅猛，因而我们必须对休闲体育专业的建设予以高度重视。

1. 建设专业规范，形成专业特色

为了使休闲体育专业健康快速发展，形成专业特色，应加快对休闲体育专业的专项研究，建设休闲体育专业规范就是首要任务。因为专业建设规范是在教育部高教司领导下，由全国该领域专家根据未来专业发展需要制定的，所以覆盖面广、立意深远。建立专业规范应重点考虑以下两个环节：一是规范涵盖内容要广，更要准确，但不能太具体，主要是指导性意见，起着指导性作用，所以不能“统”得太死，要为各学校办学提供灵活性的发展空间。具体内容应包含招生对象及学制、培养目标、主干课程、知识结构与就业方向，等等。二是要凸显专业特色，时代感要强。作为新兴专业，休闲体育专业不同于其他体育类传统专业，制定休闲体育专业规范要充分体现出专业特色，不仅要考虑国内休闲体育未来发展趋势与方向，而且也要学习借鉴国外知名高校成熟的专业发展模式，以形成自己独有的专业规范，打造特色鲜明的专业。

2. 明确培养目标，确立专业发展方向

专业培养目标究竟是培养“专门应用型人才”还是“复合应用型人才”，应该根据地域特点、学校层次和办学条件等内容予以考虑。一旦明确了人才培养目标，就要确立专业发展的未来方向，特别是围绕专业特色建立起的课程体系，就要考虑理论课程与实践课程的学分分配，学分、学时数的科学搭配等内容。这里不仅考虑针对性较强的休闲体育运动技能、基础知识、实践操作能力，还要考虑具有专业特色的休闲体育经营管理、休闲体育健身指导、体育健身休闲服务、休闲体育设施的规划设计等高层次培养目标。

3. 立足社会发展需求，建设科学课程体系

课程体系是为实现专业培养目标而设置的课程群，是人才培养环节中的显性展现，因而课程设置得合理与否直接关系到培养目标能否实现。所以，各高校应结合社会发展中的具体要求，科学配置专业课程群。休闲体育专业必修课程除各学校要求的通识教育课程外，还要根据本学校实际情况而设置专业基础平台课程、专业基础核心课程、专业方向主干课程、专业技能课程、专业实践课程和专业选修课程等。这些课程组成的课程群要经过校内外

专家的充分论证，有条件的院校也可以通过国外专家的论证后予以实施。在学校要求的通识教育课程不能改变的情况下，其他专业课程都可以根据专业发展需求有所改变，但一定要符合教育发展规律和专业发展需求。

4. 畅通师资建设渠道，打造专业教师队伍

教师队伍是高质量完成课程目标的支柱力量，因此，一支高水平的专业师资力量是实现休闲体育专业人才培养目标的重要保障。目前的专业师资力量是从其他专业引进或是一些新兴项目中选拔出来的，这些师资力量尽管很强，能较快适应专业发展需求，但毕竟留有在其他专业的教学经历，特别是一些专业性很强、技能要求极高的课程，也会对教师提出很高的要求。所以，为了办好休闲体育专业，畅通师资建设渠道，打造一支专业化的教师队伍是迫切的任务。通过“走出去、引进来”的方式，培养一批专业教师队伍是解决目前专业核心课程师资队伍匮乏的基本途径。“走出去”是指根据专业发展需求，选派部分专业教师到休闲体育专业发展比较好的高校学习，这些高校既可以是国内的，也可以是国外的，只要符合本学校专业发展需要就要支持和鼓励。“引进来”是指加强专业教师的流动，既可以引进国内的专家学者，也可以引进国外的专业教师；既可以是短期讲学，也可以是专任教师，只要能吸收、借鉴到先进的专业知识，为专业发展提供“正能量”、为我所用就可以。从这方面来说，为了我国休闲体育专业的健康发展，就必须积极吸收利于专业发展的多样师资力量，通过吸收先进的休闲体育新思想、新理论、新方法，构筑我国休闲体育专业的发展平台。

休闲体育作为“人类着力建造的美丽精神家园”，是一种文明、健康、科学的休闲生活方式，它对于促进人格完满、提升人类生活（生命）质量无疑具有重要意义和价值。休闲体育教育在培养人的科学休闲体育意识、传播休闲体育理念、传授休闲健身知识、体育健身休闲服务等方面都起到了引领作用，它是经济社会发展的必然产物。在我国休闲体育教育的起步阶段，需要专业人士的共同研究，不论是科学研究还是实际操作，不论是专业建设还是服务管理，都需要大家在广阔的发展空间中努力。我们可以通过成立研究机构，开办休闲体育研究刊物、编写实用性的教材或大众读

物，提高人们的科学休闲素养；通过科学安排、利用体育场地器材，引导人们建立健康的休闲体育生活方式；通过研发新型休闲体育用品来促进休闲体育的大众消费。总之目标只有一个，那就是推动我国休闲体育事业的健康发展。

四　中国城乡居民休闲活动参与时间研究①

休闲活动参与时间也可称为个人自由支配时间，反映的是人们工作之余、从事个人维持生存所必要的活动之外，能用于娱乐、个人发展、公益等方面的时间。随着我国社会经济的发展，生命中休闲时间所占的比重成为衡量人民生活质量的重要标志。众多文献研究显示，中国城乡居民的不同年龄世代在休闲活动参与时间上存在差异。引起这种差异的根本原因之一，在于社会的变迁发展，各个世代人群在成长期经历的主要社会历史事件不同，由此形成的生活体验和观念亦相应不同。由此推论，中国社会近 40 年的高速发展和变迁可能导致中国不同年龄世代人群的生活和消费方式存在显著差异，这在有关中国城乡居民的世代行为差异的文献中有较为详细的阐述。本研究采用中国家庭动态调查 2010 年数据对我国城乡居民的休闲活动参与时间从城乡、性别、学历、婚姻等多个方面进行分析，探讨我国城乡居民休闲活动参与时间的年龄世代效应。以期为我国城乡居民丰富休闲活动种类，增加休闲活动参与时间提供理论上的帮助。

（一）研究目的与研究对象

1. 研究目的

本研究为探索性研究，旨在确定中国世代人群之间休闲活动参与时间有无差异；这种差异是什么因素造成的。如果有，这种差异是否和城乡居民年龄世代在影响个人成功因素观念、个人精神状态、教育、社会地位等上的差

① 基金项目，2013 国家社会科学基金项目（项目号：13BTY019），2012 北美体育管理年会墙报。

异相一致？另外，究竟是哪些因素造成了我国城乡居民的休闲活动参与时间的年龄世代？上述问题是本研究的目的。

2. 研究对象

本文的研究对象是我国城乡居民的休闲活动参与时间，这里的休闲活动参与时间是以周为单位，分为休息日的休闲活动参与时间和工作日的休闲活动参与时间。具体活动来自调查问卷中的休闲活动，它由体育锻炼、健身活动、业余爱好、阅读传统媒体、游戏和消遣活动、玩耍、使用互联网娱乐等九个休闲活动的参与时间构成。

（二）研究方法

1. 文献资料法

文献资料法以休闲、休闲活动参与、参与时间、年龄世代为关键词进行文献搜集，共搜集相关的文献 50 多篇。学者从生活时间结构与时间消费来分析中国城乡居民的休闲活动参与时间，得出我国城乡居民应更加积极地参与休闲活动。有学者用计量方法对中国城乡居民的休闲活动参与时间的数据进行检验与分析，表明中国改革开放以来休闲活动参与时间对居民的消费增长有明显的正向影响。还有学者认为健康的休闲活动参与能促进经济增长，但工业化阶段居民较低的休闲偏好会拉低经济增长率，因此总体上休闲活动参与时间对我国经济增长展现出微小的副作用。国外学者对休闲活动参与时间的研究无论从数量，还是从研究的设计上，都有很多可供国内学者学习的地方。例如，有国外学者对孕期妇女的休闲活动参与时间的体力活动对婴幼儿的影响进行了研究，认为在孕期的体力活动会对婴幼儿的形体具有持续的影响作用。有学者对全美在校儿童的休闲活动参与时间久坐和肥胖的相关性进行了研究。有学者发现，家庭中男性与女性在休闲活动参与时间上不相同，此外家庭中男性与女性休闲活动参与时间非常短暂，但是男性相对来说具有的休闲活动参与时间稍微多于女性。有研究认为，体育教育的内部动机是不会受到之前的休闲动机的影响。也有学者研究遛狗对休闲活动参与时间中体力活动的影响。研究认为这些文献给本研究提供了巨大的理论支持，通过分析，本研究认为目前应做以下研究，首先，分析当前中国城乡居民的休闲活动参与时间究竟受哪些因素影响；其次，这些因素对休闲活动参与时间的影响究竟有多大。

2. 问卷调查法

本研究的数据来自中国家庭动态跟踪调查 2010 年调查项目（Chinese Family Panel Studies，CFPS），受国家“985 工程”支持。该数据是由北京大学中国社会科学调查中心实施的一项旨在通过跟踪搜集个体、家庭、社区三个层次的数据，反映中国社会、经济、人口、教育、体育健康的变迁，为学术研究和政策决策提供以数据为目标的重大社会科学项目，堪称当前中国社会研究的重要数据。2010 中国家庭动态调查于 2013 年 4 月由北京大学中国社会科学调查中心向社会公布，通过调查中心的网站注册填报使用申请，均可获得数据使用。本次调查依据第六次人口普查，采用多阶分层随机抽样方法完成抽样，样本覆盖全国 25 个省级单位的 16 岁以上的城乡居民，以整群分层多阶段抽样发放问卷 35000 份，回收 33000 份问卷，有效样本 32800 份。

3. 数理统计法

本研究重点采用多因素方差来分析休闲活动参与时间在年龄世代、教育学历、社会地位、婚姻、城乡、性别等方面的差异。另外，采用具有虚拟变量的线性回归来探索究竟是哪些因素对城乡居民的休闲活动参与时间有影响，本研究使用 stata13. 0 软件进行统计。

（三）调查对象与样本描述

1. 调查对象

本研究仅使用 2010 年中国家庭动态调查项目的成人问卷，调查对象涉及全国 25 个省市的城乡 35000 个样本，调查对象的年龄为 16 岁以上的成年人，调查单位是以城乡的家庭为调查单位。

2. 调查样本的描述性统计分析

笔者将学者王海忠的中国消费者世代及民族中心主义轮廓研究的结果与

菲利普·科特勒的《市场营销学》中的中国消费者的世代特征作为本研究分组依据，该研究是目前研究我国年龄世代中社会现象的重要参考文献，其被引次数达到300次，下载量达到近2000次。本文参照其文的年龄分组，传统一代（1921～1945年）的样本占到调查总体的16.95%，失落一代（1946～1960年）占到调查总体的15.73%，幸运一代（1961～1970年）占到调查总体的30.56%，转型一代（1971～1980年）占到调查总体的25%，独生一代（1981年至今）占到调查总体的11.76%。学历分组为三个，小学及小学以下、初中与高中、大学，具体为小学及小学以下占调查总体的48.96%，初中与高中占到调查总体的42.64%，大学学历占调查总体的8.38%。调查对象中男性占到调查总体的48.77%，女性占到调查总体的51.23%。婚姻的分组为，未婚占到调查总体的12.98%，已婚的占到调查总体的80%，离异的占到调查总体的7.02%。城乡居民中城镇居民占到调查总体的46.63%，农村居民占到调查总体的51.23%。

表3　自变量与因变量的描述性统计分析

变量名称	变量类别	休闲活动参与时间 Mean(SD)
男性	分类变量,自变量	8.77(5.48)
女性	分类变量,自变量	7.68(5.14)
传统一代(1921～1945年)	分类变量,自变量	9.63(5.32)
失落一代(1946～1960年)	分类变量,自变量	7.68(4.71)
幸运一代(1961～1970年)	分类变量,自变量	7.34(4.8)
转型一代(1971～1980年)	分类变量,自变量	8.13(5.58)
独生一代(1981年至今)	分类变量,自变量	9.29(6.26)
小学及小学以下	连续性变量,自变量	7.02(5.13)
初中与高中	分类变量,自变量	8.91(5.23)
大学	分类变量,自变量	11.60(5.01)
未婚	分类变量,自变量	10.32(5.45)
已婚	分类变量,自变量	7.80(5.13)
离异	分类变量,自变量	9.02(6.03)
城市	分类变量,自变量	6.90(4.84)
农村	分类变量,自变量	9.71(5.51)
个人年收入(取对数转换)	连续性变量,自变量	2038.53(1173.93)

说明：表中的均值与标准差为所对应自变量的休闲活动参与时间的均值与标准差。

（四）分析与讨论

1. 我国城乡居民休闲活动参与时间的多因素方差分析

对城乡居民每周休闲活动参与时间进行多因素方差分析，自变量为城乡、性别、年龄世代、学历、婚姻状态，将个人每周工作时间、个人年收入两个连续性变量作为协变量。针对城乡居民休闲活动参与时间的多因素方差分析表明，年龄世代（$F = 11.09$，$p = 0.000$）、性别（$F = 583.49$，$p = 0.000$）、学历（$F = 247.98$，$p = 0.000$）、婚姻状态（$F = 185.65$，$p = 0.000$）对城乡居民休闲活动参与时间有影响。周工作时间（$F = 5721.83$，$p = 0.000$）与个人年收入（$F = 415.93$，$p = 0.000$）作为控制变量对城乡居民的周休闲活动参与时间具有显著影响。可见，上述变量均对我国城乡居民休闲活动参与时间有影响。究竟有什么样的影响？每个自变量对因变量的影响效力有多大？多元方差分析只是一个定性分析，无法回答上述问题。因此必须进行稳健回归研究，来分析对因变量个人休闲活动参与时间的影响效果。

表 4　我国城乡居民休闲活动参与时间的多因素方差分析

Source	Partial SS	Df	Ms	F	Prob > F
Model	209494. 64	12	17457. 87	915. 03	0. 000
年龄世代	846. 12	4	111132. 48	11. 09	0. 000
性别	211. 53	1	11132. 48	583. 49	0. 000
城乡	10975. 24	1	10975. 245	575. 30	0. 000
婚姻状态	7083. 89	2	3541. 94	185. 65	0. 000
学历	9462. 48	2	4731. 24	247. 98	0. 000
年收入	7935. 57	1	7935. 57	415. 93	0. 000
周工作时间	109167. 04	1	109167. 04	5721. 83	0. 000
残差	468295. 04	1	19. 077		0. 000
total	468295. 2	24557	27. 60		0. 000

2. 我国城乡居民休闲活动参与时间的回归方程分析

对个人每周休闲活动参与时间进行线性回归。对个人年收入进行了取对数转换，使其符合正态分布。其中年龄世代、性别、学历、婚姻状态、城乡户口为虚拟变量，每周工作时间、个人年收入为连续性变量。分析结果如下：回归模型（R-squared = 0. 301，Prob > F = 0. 000）、（F12，2454）模型通过检验，说明抽样可向总体推断。从自变量年龄世代来看，以传统一代为参照，失落一代每变动一个标准差，城乡居民周休闲活动参与时间将减少0. 749 小时；以传统一代为参照，幸运一代每变动一个标准差，城乡居民周休闲活动参与时间将减少 0. 561 小时；以传统一代为参照，转型一代每变动一个标准差，城乡居民周休闲活动参与时间将减少 0. 417 小时。以传统一代作为参照，独生一代每变动一个标准差，城乡居民周休闲活动参与时间将减少 0. 42 小时。

从自变量学历来看，以小学及小学以下为参照，初中与高中每变动一个标准差，城乡居民休闲活动参与时间会提高 1. 136 小时。以小学及小学以下为参照，大学学历每变动一个标准差，城乡居民休闲活动参与时间会提高2. 296 小时。说明我国城乡居民随着学历的提高，休闲活动参与时间在增多。

从自变量婚姻状况来看，城乡居民以未结婚为参照，已婚每变动一个标准差，休闲活动参与时间会减少 2. 272 小时。这个推论符合社会事实，婚后人们承担家庭责任后会相应地减少休闲活动参与时间。以未结婚为参照，离异的城乡居民每变动一个标准差，休闲活动参与时间将会减少 1. 607 小时。在性别中，以女性为参照，男性城乡居民每变动一个标准差，休闲活动参与时间会增加 1. 444 小时。在自变量户口中，以农业户口的城乡居民为参照，具有非农业户口的城市居民每变动一个标准差，休闲活动参与时间将会增加1. 502 小时。个人年收入每变动一个标准差，休闲活动参与时间会增加0. 411 小时。收入是休闲活动消费支出的基础，两者是正相关关系。因此，收入同休闲活动参与时间呈现正向变化。工作时间与休闲活动参与时间呈反比例关系。因此，个人周工作时间每变动一个标准差，休闲活动参与时间会减少 0. 321 小时。

表 5　我国城乡居民休闲活动参与时间线性回归分析

休闲活动参与时间	Coef.	RobustStd. Err Err	t	$P>t$	95%	CI
年龄世代						
失落一代	-0.749	0.114	-6.54	0.000	-0.974	-0.525
幸运一代	-0.561	0.110	-5.07	0.000	-0.779	-0.344
转型一代	-0.417	0.119	-3.49	0.000	-0.652	-0.182
独生一代	-0.420	0.156	-2.69	0.007	-0.726	-0.113
性别						
男	1.444	0.060	23.88	0.000	1.325	1.562
城乡						
城市	1.502	0.062	23.87	0.000	1.379	1.626
婚姻						
已婚	-2.272	0.129	-17.57	0.000	-2.525	-2.018
离异	-1.607	0.189	-8.51	0.000	-1.978	-1.237
学历						
初中与高中	1.136	0.064	17.56	0.000	1.009	1.263
大学	2.296	0.115	19.94	0.000	2.070	2.521
个人年收入	0.411	0.0232	17.73	0.000	0.366	0.457
周工作时间	-0.321	0.004	-76.41	0.000	-0.329	-0.313
常数项	7.668	0.208	36.80	0.000	7.259	8.076

（五）讨论

1. 我国城乡居民地域、性别与休闲活动参与时间分析

我国城乡居民传统一代（1921～1945 年）出生的人目前年龄在 71～95 岁，这部分人群已步入晚年，个人的主要时间可以用作休闲活动。这部分人的休闲活动参与时间达到平均每周 9.64 小时。1946～1960 年出生的这类人群目前在 56～70 岁之间，从年龄特征来看他们已过事业的巅峰，同时具有一定的社会地位，他们已从追求物质财富转移到追求精神财富、自身健康上。1961～1973 年出生的这类人群目前属于 43～55 岁，这类人群从年龄特征来看已处于事业的巅峰，同时承担着家庭发展的责任，因此他们的休闲活动参与时间比其他年龄世代的人群要少。1974～1984 年出生的这类人群目前处于 32～42 岁之间，这类人群从年龄特征来看属于步入社会时间不长，走上工作岗位不久，其休闲活动参与时间会多于 43～55 岁的人群。独生一代（1981 年至今）目前刚步入工作岗位，刚刚组建家庭，但是这代人开放、

个性化，注重自我和显示感受，具有工作休闲化的发展趋势。因此，其休闲活动时间多于其他年龄世代的城乡居民，而少于传统一代的城乡居民。这个特征符合我国当前城乡居民锻炼参与特征——哑铃形，即两头大中间小——老年人与青少年参与频率高于中青年人。从图 2 可以看出我国男性、女性城乡居民休闲活动参与呈现出两头参与率高，中间参与率低的态势，凸显出年龄分布的“U”形特征。对于男性休闲活动参与时间多于女性休闲活动参与时间，从休闲活动的构成可以得到解释，其中九类休闲活动很大一部分都是男性休闲活动。因此，男性休闲活动在不同阶段的年龄世代上都高于女性。

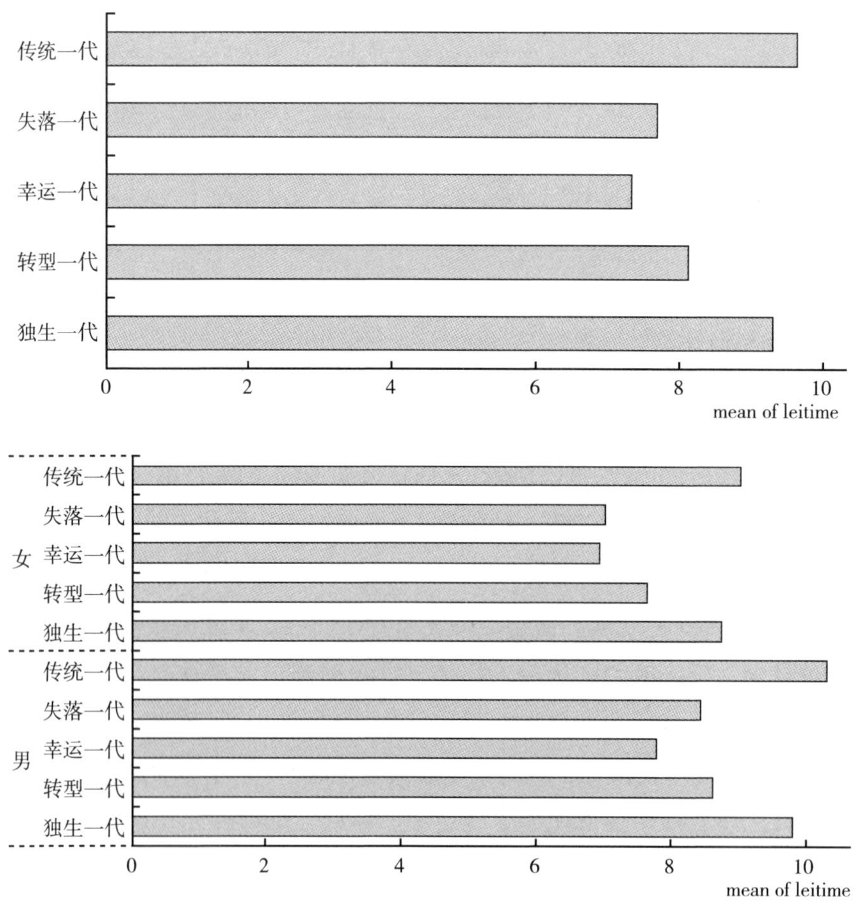

图 2　我国城乡男女居民休闲活动参与时间与年龄世代分布

2. 我国城乡居民的地域与休闲活动参与时间分析

从图3可以看出我国城市居民休闲活动参与时间多于农村居民。在前文中所述的休闲活动参与涵盖的九个方面，具体有体育健身锻炼、使用媒体娱乐（互联网）、阅读传统媒体、看电视（光盘）听广播、旅游、业余爱好、社会交往、社区服务与公益活动。从上述休闲活动参与的硬件条件分析，我国农村地区所具备的休闲活动参与硬件设施条件要差于城市。就体育场地设施来说，90%以上的体育场馆都集中在城镇。我国农村的体育场地设施基本以体育场地为主，而且分布还很分散。以上网条件来说，从中国互联网调查中心公布的数据来看，我国农村网民的平均上网时长17.4小时/周，城镇网

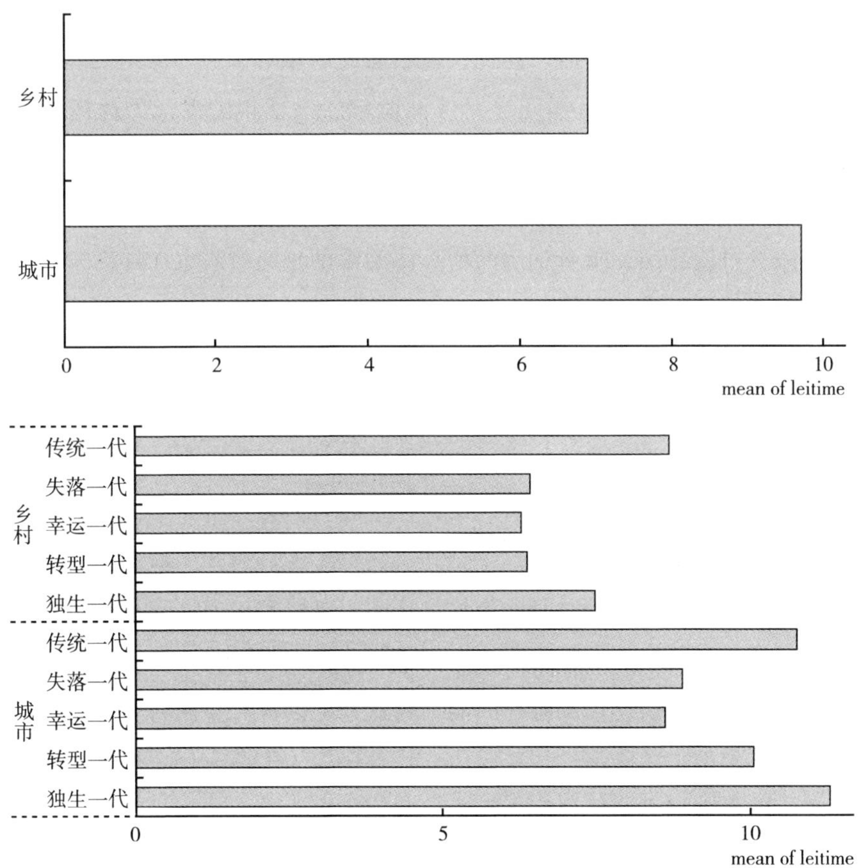

图3　我国城乡居民休闲活动参与时间与年龄世代分布

民 21.7 小时/周。究其原因是城乡二元结构导致城乡互联网普及率差距较大，农村互联网普及率仅为 23.7%，与城镇相差 35.4 个百分点，不及城镇的一半，造成城镇居民上网时间多于农村居民。其次，农村居民国内旅游的人均花费、出游率都远远低于城镇居民，城镇居民比农村居民花费高约 4 倍，城镇居民国内旅游消费水平是农村居民的 6.4 倍。另外，我国城镇居民与农村居民在社区服务与公益互动上体现着巨大的差异，例如从社区的基本单位来说，农村是一个社区，但是其社区服务在我国农村开展率非常低，更不用提公益互动活动。2013 年我国城乡公益捐赠城镇是农村的 21 倍。还有，阅读传统媒体，我国城乡差异较大，我国农村居民年人均图书阅读量为 3.11 本，低于城市居民的 5.62 本。农村图书阅读率仅为 29.9%，不及全国平均水平。此外，乡村与城市相比，城市居民的年龄世代的休闲活动参与时间的 U 形结构要比乡村更加明显，可见地域加大了年龄世代的休闲活动参与时间差异。

3. 我国城乡居民的学历与休闲活动参与时间分析

从图 4 可以看出，随着学历的增高休闲活动参与时间也在逐渐增加。不同地域的城乡居民在年龄世代上呈现出随着学历增高休闲活动参与时间递增的趋势。在社会学研究中，学历是个人社会地位构成的一个变量，学历可以反映出个人对事物的认同度及观念、价值观等。西方经济学指出，学历层次的提高，会带来个人年收入的增长，收入增加的边际效应会让人们降低对收入的需求，转而对生活的品质进行改善，这就是西方经济学中的工资拐点效应。这对本文的启示有，学历水平升高，增大了人们对休闲活动的需求，导致城乡居民参与休闲活动时间的增加。从图 4 可以看出，在三个学历层次上的年龄世代都存在“U”形现象，但随着学历层次的提高，U 形由扁平向深凹变化。这表明，休闲活动参与时间在向低龄化的人群方向增多，休闲活动参与时间的过度点由失落一代、幸运一代直接变为失落一代。可见，学历水平的提高除了对城乡居民休闲活动参与时间有影响外，也能改变城乡居民休闲活动参与的时间点，提高大学学历的城乡居民转型一代的休闲活动参与。学历越高，收入越高，社会地位稳定，这部分人从休闲学的角度来定义就是

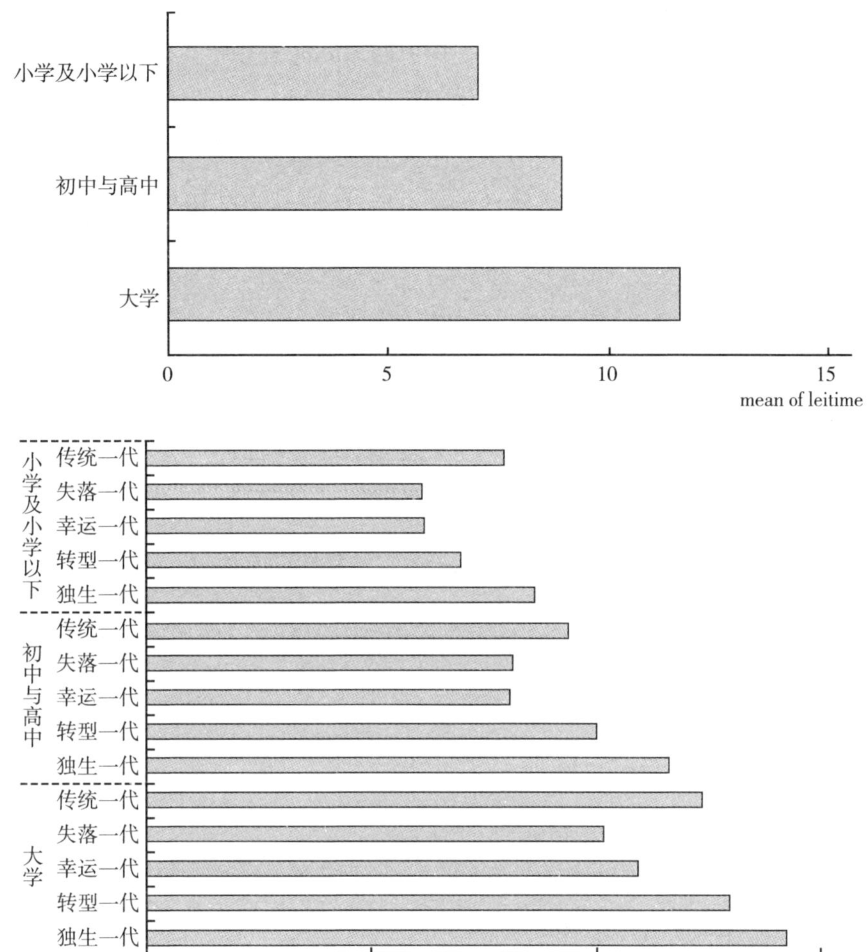

图 4　我国城乡居民休闲活动参与时间的学历分析

“有钱、有闲”，休闲对其意识与思维有很大的改进：工作为了生活，生活重在休闲，休闲已成为人们生活中不可或缺的重要组成部分。

4. 我国城乡居民的婚姻与休闲活动参与时间分析

相比已婚城乡居民，未婚的城乡居民没有繁重的家务活动，家庭生活单一，很多活动只需要考虑自身因素，不用考虑其他因素，在休闲活动参与的种类与时间上都比其他两类婚姻状态所需的条件要低。已婚的城乡居民在婚后，个人休闲活动让位于家庭生活，担负起家庭的事务和责任，个人休闲活动被家庭生活所挤占。因此在参与休闲活动的时间上，已婚的城乡居民休闲活动参与时间是最少的。离异的城乡居民和未婚的城乡居民休闲活动参与时间接近，两者都属没有家庭生活（见图5）。这种U形结构与前文的年龄世代不一样，年龄世代的U形结构的论点侧重于工作对休闲活动的影响，而婚

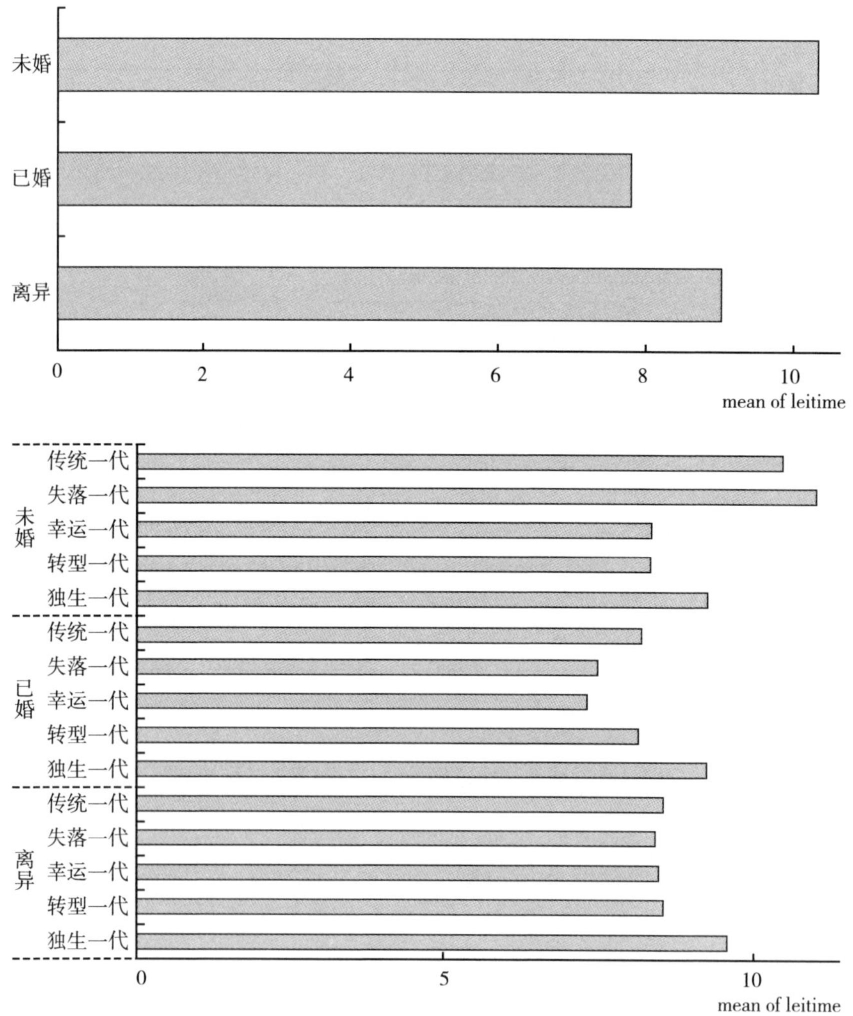

图5　我国城乡居民休闲活动参与时间的婚姻分析

姻的 U 形结构则侧重于家庭生活对休闲活动参与时间的影响。这种 U 形结构在独生中不明显，其休闲活动参与时间趋于一致，说明婚姻状态对独生一代的休闲活动参与时间没有影响，反映出独生一代在休闲活动参与上价值观有所改变。

从图 5 上下两图对比发现，未婚、已婚、离异的休闲活动参与时间差异比较明显，但是增加年龄世代变量后，未婚、已婚、离异的转型一代、独生一代的休闲活动参与时间趋于一致。可见年龄世代效应有利于婚姻状态中转型一代、独生一代的休闲活动参与。不同婚姻状态中的城乡居民的休闲活动时间呈现 U 形结构，但是在不同年龄世代的城乡居民中，这种 U 形结构由未婚最显著向离异最不显著的扁平型发展。还有从社会学、休闲学的综合视角来分析，个人时间分为休闲时间、生存时间、家务时间、劳动（工作）时间，婚后城乡居民的生活满意度要高于前两者，个人时间转向家务时间，休闲时间减少。

5. 我国城乡居民的个人年收入、周工作时间与休闲活动参与时间分析

休闲学提出，出于将休闲活动定位为工作替代品的考虑，西方学者对闲暇时间的研究重点放在闲暇时间对劳动供给的影响上，劳动供给的直接体现是工作时间，其与休闲时间两者是一种此消彼长的关系，劳动经济学认为休闲活动对劳动（工作）能力有一定的促进意义。本研究选择这样三个连续性的变量是基于这样的考量，劳动供给（工作时间）决定收入，收入决定休闲消费，休闲消费决定休闲活动参与；休闲活动与劳动供给在时间维度上相斥，但这两者在劳动经济学上相互支持。失落一代、幸运一代的工作时间多于其他三类年龄世代，这两类人群目前处于事业的高峰期，个人年收入高，工作时间长，休闲活动参与时间少。从图 6 可以看出，在个人年龄世代上个人休闲活动参与时间与工作时间呈现开口相反的 U 形，表明休闲活动参与时间与工作时间如前文所述的此消彼长；休闲活动时间与个人收入在不同年龄世代上呈现同步增长，同步减小。唯有在独生一代上稍有不同，究其原因可以解释为这代人参加工作时间短、收入少、个性化、注重自我和显示感受，适应多元变化与刺激。其休闲的价值观要优于其他年龄世代。所以，

其休闲活动参与的时间要多于其他年龄世代，独生一代是工作时间与休闲时间差异最大的，但是个人年收入并没有因工作时间的减少而减少，其中缘由是值得本课题后续研究的。

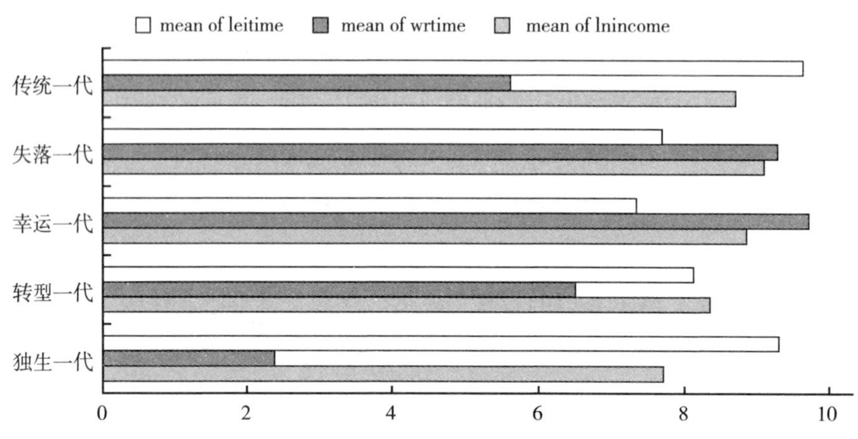

图 6　我国城乡居民休闲活动参与时间、周工作时间、个人年收入的分析

（六）结论

中国城乡居民休闲活动参与时间受到年龄世代、性别、学历、婚姻状态、城乡户口与个人年收入、个人周工作时间的影响。其中，性别、年龄世代、学历、婚姻与个人年收入、个人周工作时间对其具有显著性影响。中国城乡居民的休闲活动参与时间的年龄世代呈现出 U 形结构，传统一代休闲活动时间最多，其余依次是独生一代、转型一代、失落一代、幸运一代。从城乡居民的学历状况来看，学历越高，其休闲活动参与时间越多，并且学历加大了不同年龄世代的休闲活动参与时间差异。从城乡居民婚姻状况来看，未婚比已婚、离异的城乡居民的休闲活动参与时间多，年龄世代弱化了离异的城乡居民的休闲活动参与时间效应。在城乡居民中，女性比男性的休闲活动参与时间要少，这种趋势在不同年龄世代的城乡居民中没有加大差异。城市居民的休闲活动参与时间要多于农村居民，这种地域区别加大了不同年龄世代休闲活动参与时间的差异。还有，个人年收入与个人周工作时间对城乡居民的休闲活动时间有影响，这种影响表现在，个人年收入对城乡居民休闲活动参与时间有正向影响，同增加同减少；个人周工作时间对城乡居民的休闲活动时间有反向影响，是一种此消彼长的关系。

参考文献

邰爽秋：《历届教育会议议决案汇编》，教育编译馆，1935。

国家体委体育文史工作委员会等：《中国近代体育史》，北京体育学院出版社，1989。

冯文彬：《使新中国的体育运动成为经常的广泛的运动》，《新体育》1951 年第 12 期。

国家体委政策研究室编《体育运动文件选编（1949～1981）》，人民体育出版社，1982。

来德淳、董晓春：《建国后中国政府发展国民体育侧重点的社会学初探》，《沈阳体育学院学报》2001 年第 4 期。

曹磊：《我国社区体育俱乐部发展的主要影响因素与发展阶段研究》，福建师范大学硕士学位论文，2006。

国家体育总局：《第六次全国体育场地普查数据公报》，2014。

张森：《我国休闲体育产业核心理念与政策选择研究》，《体育科研》2013 年第5 期。

唐建军：《日本职业体育产业发展及其启示》，《体育科学》2001 年第 5 期。

Ball. T，Michael，Markets and the Structure of Sport Industry：An International Perspective，*Urban Studies*，2006.

周武：《美国职业体育产业政府规制体制探析》，《中国体育科技》2008 年第 3 期。

潭湘辉：《美国休闲产业的发展及对中国的启示》，《求索》2010 年第 5 期。

张森：《我国休闲体育产业核心理念与政策选择研究》，《体育科研》2013 年第 5 期。

胡军：《英国休闲体育政策的演进特点与启示》，《成都体育学院学报》2012 年第 1 期。

李真真：《澳大利亚体育与休闲政策的特征及其启示》，《体育文化导刊》2014 年第 3 期。

于光远：《论普遍有闲的社会》，《自然辩证法研究》2002 年第 1 期。

卢元镇：《论消遣与娱乐》，《体育科学》1983 年第 3 期。

马惠娣：《休闲：人类美丽的精神家园》，中国经济出版社，2004。

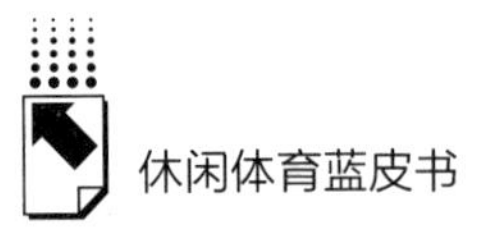

李相如：《休闲视野下我国休闲体育专业建设的思考》，《首都体育学院学报》2009年第2期。

于涛：《余暇体育？还是休闲体育？关于 Leisure Sport 概念和定义的批判性回顾》，《天津体育学院学报》2000年第1期。

刘华平：《21世纪初的中国休闲体育》，《北京体育大学学报》2000年第1期。

李晓东、彭钢：《论我国高校休闲体育》，《武汉体育学院学报》2001年第5期。

彭文革：《论休闲运动教育》，《武汉体育学院学报》2002年第4期。

郭琴：《和谐社会与休闲体育之关系》，《上海体育学院学报》2006年第1期。

梁利民：《当前休闲体育研究若干问题论析》，《成都体育学院学报》2007年1期。

石振国：《现阶段发展休闲体育的理性分析》，《武汉体育学院学报》2010年第1期。

田慧、周虹：《休闲、休闲体育及其在中国的发展趋势》，《体育科学》2006年第4期。

徐成立、田静：《休闲体育的伦理定位、失位与复位》，《天津体育学院学报》2009年第2期。

石振国：《精神视域中休闲体育的意蕴解读》，《武汉体育学院学报》2008年第1期。

郭鲁芳：《中国休闲研究综述》，《商业经济与管理》2005年第3期。

薛海红、李志翔、高连春：《高等学校体育与休闲体育教育》，《西安工程科技学院学报》2005年第3期。

栗燕梅：《论休闲体育教育》，《广州体育学院学报》2007年第6期。

程一军：《休闲体育教育：现代大学生的必修课》，《广州体育学院学报》2007年第2期。

张红：《我国休闲体育教育研究的文献计量分析》，《体育科技》2014年第3期。

孟凡强等：《休闲体育教育内涵解读》，《山东体育学院学报》2008年第9期。

卢锋：《休闲体育学》，人民体育出版社，2005。

刘海春：《多元化的现代休闲生活方式》，《华南师范大学学报》（社会科学版）2007年第3期。

陈金鳌、徐勤儿：《国外休闲体育教育现状、趋势及对我国休闲体育教育发展的启示研究》，《吉林体育学院学报》2013年第5期。

陈琦、倪依克：《休闲体育专业人才培养的思考》，《体育学刊》2008年第7期。

金银日、李学武、卫志强：《体育院校休闲体育专业人才培养现状调查与分析》，《上海体育学院学报》2010年第3期。

郭修金：《我国高等体育院校休闲体育专业建设比较研究》，《上海体育学院学报》2010年第1期。

曾思麟、刘永光：《论知识结构视野下休闲体育专业的课程设置》，《广州体育学院学报》2007年第4期。

王琪延：《中国城市居民生活时间分配分析》，《社会学研究》2000年第4期。

王海忠:《中国消费者世代及民族中心主义轮廓研究》,《管理科学学报》2005 年第 8 期。

科特勒、凯勒:《营销管理》(第 13 版),卢泰宏、高辉译,中国人民大学出版社,2009。

李明:《休闲活动参与时间与健康体育》,《南京体育学报》2002 年第 2 期。

魏翔、惠普科:《休闲活动参与时间与消费增长关系——对中国数据的实证研究》,《财贸经济》2007 年第 7 期。

魏翔:《休闲活动参与时间与经济增长——兼对中国数据的实证检验》,《财经研究》2005 年第 31 期。

马惠娣:《休闲文化哲学层面的透视》,《自然辩证法研究》2000 年第 1 期。

马惠娣:《人类文化思想史中的休闲》,《自然辩证法研究》2003 年第 1 期。

王雅林、刘耳、徐利亚:《上海、天津、哈尔滨城市居民时间分配考察》,社会科学文献出版社,2003。

王琪延:《中国人的生活时间分配》,经济科学出版社,2001。

李仲广、卢昌崇:《基础休闲学》,社会科学文献出版社,2004。

KELLY, "Situational and Social Factors in Leisure Decision", *Pacific Sociological Review*, 1978, (21).

KELLY, "Later Life Satisfaction: Does leisure contribute", *Leisure Sciences*, 1987, (9).

ISO-AHOLA, "Starting, Ceasing and Replacing Leisure Activities over Life-span", *Journal of Leisure Research*, 1994, (26).

KellyMattran, Lanay M. Mudd, Rebecca A. Rudey, and Jeannette S. C. Kelly," Leisure-Time Physical Activity During Pregnancy and Offspring Size at 18 to 24 Months", *Journal of Physical Activity and Health*, 2011, (8).

Margaret E. Becka and Jeanne E. , "Arnoldb. Gendered time use at home: an ethnographic examination of leisure time in middle-class families", *Leisure Studies* 2009, (28).

Mathew J. Reeves, Ann P. Rafferty, Corinne E. Miller, and Sarah K. Lyon-Callo, "The Impact of Dog Walking on Leisure-Time Physical Activity Results From a Population-Based Survey of Michigan Adults", *Journal of Physical Activity and Health.* 2011, (8).

DUMAZEDIER, *Sociology of Leisure* , New York: Elsevier North Holland, 1974.

SEARLE, MACTAVISH, "Integrating Ceasing Participation with Other Aspects of Leisure Behavior: A Replication and Extention", *Journal of Leisure Research*, 1993, (25).

Susan B. Sisson, Stephanie T. Broyles, Birgitta L. Baker, and Peter T. Katzmarzyk, "Television, Reading, and Computer Time: Correlates of School-Day Leisure-Time Sedentary Behavio and Relationship With Overweight in Children in the U. S", *Journal of Physical Activity and Health* 2011, 8 (2).

专 题 篇

Special Reports

B.2 中国山地运动发展现状与趋势分析

许 军 张素婷 冯 勇*

摘 要： 本报告重点介绍了中国山地运动的发展现状。首先，概述山地运动的概念、特点和分类，并对国内有关山地运动的政策法规进行了全面梳理；在分析参与人群和项目特点的基础上，对山地运动项目进行了难度等级划分。其次，从山地运动资源的开发与利用、高校山地运动的人才培养模式、山地运动的培训体系、山地运动赛事和山地运动的救援与保险体系五个方面探讨了影响中国山地运动发展的因素。最后，提出山地运动项目未来势必呈现全球化、多元化、大众化和人性化的发展趋势；山地运动作为一项

* 许军，四川旅游学院教授，研究生导师，研究方向为休闲体育；张素婷，四川旅游学院讲师，研究方向为体育社会学；冯勇，四川旅游学院讲师，研究方向为户外运动。

新兴的休闲运动开始逐渐成为我国休闲体育经济不容忽视的增长点，并将成为推动我国休闲体育产业蓬勃发展的重要力量。

关键词：　山地运动　发展现状　影响因素　前景展望

一　山地运动的概述

山地运动，通常又称之为山地户外运动，是指在山地实施具有典型山地属性的一类体育运动项目集群和运动型的休闲娱乐活动。2005 年 4 月，山地户外运动被国家体育总局批准，成为正式开展的体育运动项目，隶属登山运动下属分项，由国家体育总局登山运动管理中心管理。当前，国内学者对山地运动特点的研究，局限于运动项目本身的特点，如自然性、探险性、团队性和综合性，没有体现出山地运动开展过程中的安全问题、资源环境以及参与者的指导训练和技术装备等方面的特性。因此，其特点与户外运动并没有实质上的差异。对于山地运动的传统观分类标准，按照开展山地运动的空间结构，通常可分为陆地运动、水上运动和空中运动；结合参与人群，则可以将山地运动分为初级型、中级型、高级型和极限级四种类型。

近年来，随着旅游业的快速发展，山地运动已成为旅游休闲与户外度假的新动力，它与当地多姿多彩的民族文化融合，给山地资源富集地区带来巨大的市场价值，并受到各级政府的高度重视。因此，大力开展山地运动研究，对实现山地运动规范、科学、快速地发展以及促进区域经济增长，均具有极其重要的现实意义。

二　国内山地运动发展现状

（一）山地运动的政策法规与管理现状

中国是一个山地运动资源丰富的国家，我国对山地运动的政策制定和管理一直较重视，先后出台了《国内登山管理办法》《外国人来华登山管理办法》等针对性较强的管理办法，同时《国务院关于印发〈全民健身计划（2011～2015年）〉的通知》和国务院印发《关于加快发展体育产业促进体育消费的若干意见》等重要政策，都将山地运动列为重要内容，对推动我国山地运动科学、规范发展起到重要作用。

1. 山地运动政策法规梳理

2010年以前，国家先后制定了与山地运动相关的政策、法规共8部，如表1所示。

表1　山地运动的国家政策法规梳理（2010年及以前）

政　策	颁布年份	颁布机构
《外国人来华登山管理办法》	1991	国务院批准，国家体育运动委员会令
《高山向导管理暂行规定》	2002	国家体育总局
《国内登山管理办法》	2003	国家体育总局
《攀岩攀冰运动管理办法》	2003	国家体育总局
《全国攀岩运动员注册与交流管理办法》（试行）	2004	国家体育总局
《国家体育总局关于下发总局行政许可项目审批条件及程序的通知》	2005	国家体育总局
《全民健身条例》	2009	国务院
《中国登山协会全国山地户外运动员注册与交流管理办法》（试行）	2010	国家体育总局

资料来源：国家体育总局网站政策法规专栏。

2010～2015年，国务院与国家体育总局分别出台3部和1部相关政策法规。

2011年《国务院关于印发〈全民健身计划（2011～2015年）〉的通知》中明确提出：遵循“因地制宜、业余自愿、小型多样、就近就便”的原则，组织开展以冰雪运动、户外运动、群众登山、江河横渡、元旦登高等具有品牌特色、形式多样、丰富多彩的全民健身活动，不断创新活动形式和内容，提高活动普遍化、经常化、科学化、社会化水平。

2012年国务院专门针对贵州省出台了《国务院关于进一步促进贵州经

济社会又好又快发展的若干意见》，提出支持贵州省建设国家生态型多梯度高原运动训练示范基地和山地户外体育旅游休闲基地。这是我国首次专门针对地方出台的山地运动相关政策法规。

2013 年，国家体育总局第 17 号令公布了《经营高危险性体育项目许可管理办法》，对高危险性体育项目实施行政许可。同时，国家体育总局、人力资源和社会保障部、国家工商行政管理总局、国家质量监督检验检疫总局、国家安全生产监督管理总局公告了“第一批高危险性体育项目目录公告”，将攀岩、滑雪（包括高山滑雪、自由式滑雪、单板滑雪）等作为我国首批高危险性体育项目。这些政策法规的制定，为保障消费者人身安全，促进山地运动市场健康发展均有重要意义。

2014 年，《国务院关于加快发展体育产业促进体育消费的若干意见》指出：支持中西部地区充分利用江河湖海、山地、沙漠、草原、冰雪等独特的自然资源优势。在有条件的地方制定专项规划，引导发展户外营地、徒步骑行服务站、汽车露营营地、航空飞行营地、船艇码头等设施。鼓励保险公司围绕健身休闲、竞赛表演、场馆服务、户外运动等需求推出多样化保险产品。与此同时，各地方相继出台了有关山地运动的配套文件，这些政策对规范我国山地运动的发展都将起到积极指导作用。

2. 山地运动政策对管理的影响

有关山地运动的管理现状，目前主要是参考《行政处罚法》和《行政许可法》，缺少针对山地运动行政审批、监管、执法内容的量化。除此之外，存在多部门管理现状，目前运动项目归体育局管理，土地属于国土资源部管理，涉及森林问题又属于林业局管辖，工商局或民政部门（非营利社团、俱乐部性质）则是参与经营管理，由于各部门之间缺乏协同执法机制，因此造成问责不清和管理效果不佳的现状。

（二）山地运动项目及参与人群情况

1. 山地运动项目分类

现阶段，山地运动项目繁多，一般按照项目开展的空间结构可分为陆地运动、水上运动和空中运动。陆地运动包括绳索类（攀岩、登山等）、冰雪类（高山滑雪等）、徒步类（行走、山地跑等）、骑术类（骑马等）、自行车类（山地自行车和公路自行车）、机动车类、定向—探险—多项目类和狩猎—垂钓类；水上运动包括活水运动类（溪降、活水漂浮）和静水运动类（轻帆、划桨）；空中运动包括三角翼类、滑翔伞类和速降滑雪类等（说明：山地运动中的空中项目是指利用山地地形开展而非借助动力开展的项目）。

而结合参与人群的情况，可将山地运动按照开展的难易程度标准，分为初级型、中级型、高级型和极限级四种类型。

2. 参与人群

表2中所呈现的四个等级以及特点代表着项目开展的难度，这种难度直接影响参与人群的情况。

（1）参与者的装备。初级型项目属于纯休闲类项目，对参与者装备无要求；中级型项目兼有休闲性与竞技性，需要参与者提供适合爬山或徒步的鞋子、简单的露营装备以及食物和饮用水等；高级型项目多为专业级项目，对参与者装备要求较高，需要参与者提供专业的背包、登山鞋、冲锋衣裤、地图、急救药品以及食物和饮用水等；极限级项目对参与者装备要求最高，参与者必须配备专业的帐篷、睡袋、防潮垫、背包、露营用具、登山鞋、冲锋衣、急救药品以及食物和饮用水等。

（2）参与者的基本状况。参加初级型项目的参与者，主要在无疾病的前提下以兴趣、结交朋友、锻炼身体为主要参与动机；中级型项目强度略大，需要参与者有良好的身体素质和心理素质，并掌握初步的山地运动知识；高级项目难度大，需要参与者在拥有良好体能的基础上，同时具备过硬的心理素质，熟练掌握项目相关知识并能灵活运用，参与中级型和高级型项目的参与者以体验刺激、挑战自我为主要参与动机；极限级项目难度极大，要求参与者具备超强的身体与心理素质、完整的专业知识体系和丰富的实践经验，富有挑战人类极限的冒险精神。

表 2　山地运动项目分类（2015 年）

等级	特点	项目
初级型	海拔 2000 米以下，大众参与、技术装备无特殊要求	群众性登山、人工岩壁攀岩、定向越野、徒步穿越、越野行走、拓展训练活动
中级型	海拔在 2000～3500 米，对参与者身体素质和装备有要求，运动项目难度不大	滑草、漂流、高原徒步、丛林穿越、山地自行车、直排轮滑穿越、丛林宿营、登山
高级型	海拔在 3500～5000 米，对参与者身体素质和装备有较高要求，参与运动项目需要训练基础	已知洞穴探险、搭索过涧、溯溪、溪降、自然岩壁攀岩、岩降、攀石、攀冰、丛林觅食、滑索、大江大河源头探险、竞技山地自行车、蹦极
极限级	海拔在 5000 米以上，对参与者的身体素质和装备有特殊要求，参与者必须经过专门训练	传统大岩壁攀爬、未知洞穴探险、极限登山、翼装飞行（野外环境）、山地滑轮速降、山地滑板速降、岩跳、滑翔伞、DH 山地车速降

资料来源：笔者整理。

三　影响山地运动发展的因素

（一）山地运动资源的开发与利用

1. 山地运动资源

山地资源属于自然资源，既是区域范围内开展山地运动项目的必要条件，又是针对相关项目进行休闲体育产业开发的重要物质载体和基础。山地运动资源是指在人们对山地运动的意识及需求的基础上，有目的性地开发和利用部分山地资源，并能开展一些特殊性体育项目，如登山、攀岩、丛林穿越、探险的一种体育自然资源。

2. 山地运动资源的区域分布

以四川、云南、青海和新疆为代表的西部地区，拥有世界上最为丰富的山地运动资源。如四川境内海拔在 5000 米以上的山峰多达 97 座，青海省区域内对外开放的海拔在5000米以上的山峰有14座，云南境内则以海拔在5500米以上的玉龙雪山和梅里雪山为代表，这些丰富的山地资源均为开展登山、野营、徒步、攀岩、山地越野和穿越探险等提供了良好的山地运动资源。而新疆维吾尔自治区拥有的山地运动资源，其丰富性和多样性位居全国前列，也是开展登山、攀岩、沙漠徒步、越野等户外体育赛事的绝佳场地。以山西、湖北、安徽和江西为代表的中部地区，山地运动资源主要以太行山、五台山、武当山、黄山和庐山等山脉为代表，多数海拔在3200米以下，比较适合于登山、徒步、森林探险和野外宿营，也可开展攀岩、蹦极、速降等极限运动。其中，位于山西省壶关的太行山，已被列为国家攀岩训练基地。东部地区山地运动资源偏少，主要以长三角地区的浙江省为代表。现阶段，浙江省将其拥有的山地运动资源打造成适合于登山、攀岩、溯溪、漂流、岩（瀑）降、野营、定向越野、徒步穿越等带有体验探险性为主体的山地户外活动，受到山地运动爱好者的青睐。

3. 山地运动资源的开发现状

由于山地资源分布不均衡，各区域对于山地资源的认识与重视程度存在差异，因此各地的山地资源开发状况呈现差异性。现阶段，各区域主要以政策导向型、赛事推动型以及结合旅游开发型三种方式在积极推动山地资源的开发。

（1）政策导向型案例。贵州省是以政策导向推动山地运动资源开发的代表。贵州省境内92.5%为山地和丘陵，喀斯特地貌占全省总面积的61.9%，高原、亚高原、平原等各类地形齐全，山地资源极其丰富。贵州省根据国发2号文件以及贵州省体育事业“十二五”规划，积极开发山地运动资源，结合多民族文化资源，大力建设山地户外体育旅游休闲基地，打造中国首个山地户外运动大省。同时，贵州借助得天独厚的自然条件，积极承办民族传统竞技活动和特色体育赛事并持续打造国内外顶级户外运动赛事。贵州省开发山地运动资源的经验表明，国家和地方的配套政策给山地运动资源的开发提供制度保障，可以快速推动区域内山地运动资源的开发。

（2）赛事推动型案例。“中国重庆武隆国际山地户外运动公开赛”是山地运动赛事不断推动地方开发山地运动资源的典范。为科学合理布局比赛的赛道和路段，在武隆县委、县政府和重庆市体育局的大力支持和帮助下，中英美联合科考探险队曾7次到武隆考察，中国登山协会的专家也多次深入武隆反复实地勘察，结合武隆特有的喀斯特地形地貌不断开发山地运动资源，以促进山地运动比赛项目的发展。目前，“中国重庆武隆国际山地户外挑战赛”已经成为国家体育总局长期主办的高水平品牌赛事，也是世界户外运动三大品牌赛事之一。从最初只是通过举办赛事推广重庆景区，到该赛事成为重庆市体育和文化的品牌和名片，对于重庆武隆山地资源的开发，已升级为优势资源的开发。这为利用大型户外赛事推动区域优势资源开发、打造优势市场和提高知名度提供了新思路。

（3）旅游开发型案例。四川省结合旅游业开发山地运动资源的战略布局在各著名山地型旅游景区体现得非常突出。比如坐落在四川省西北部的小金县，依托国家级重点风景名胜区的四姑娘山，结合当地的红色文化和藏族传统文化，正在将其独特的山地资源打造成世界顶级山地户外运动度假胜地。而作为5A级旅游景区的都江堰，其虹口景区根据当地山地资源特点试图打造以山地运动为特色，集多形态漂流、温泉疗养、拓展运动、康体健身、峡谷观光、生态旅游、商务接待、避暑度假为一体的综合性旅游目的地。还有作为国家重点风景名胜区的西岭雪山，打造的是集观光、户外探险、运动休闲等为一体的国际山地旅游景区。结合旅游规划开发山地运动资源，是带动山地运动产业经济增长的可实行策略与方法，“体育搭台，旅游唱戏”是未来山地运动资源开发的趋势所在。

（二）高校山地运动的人才培养模式

1. 高校山地运动人才培养的作用

随着我国山地运动的蓬勃发展，对山地运动人才需求的增加和人才的匮乏已经成为制约山地运动发展的重要因素。由于专业人员缺乏，很多丰富的山地资源得不到有效开发，不得不禁止山地运动活动的开展；很多项目开展缺少专业人员的技术指导，致使安全得不到保障，伤害事故频发，严重影响了山地运动的发展。

高校作为山地运动文化传播的重要载体和山地运动人才培养的主要机构，一直在为我国山地运动培养输送一大批理念先进、操作水平高、专业知识全面的专业人才，很大程度上弥补了山地运动人才的空缺，提高了山地运动从业者的专业素质，对推动我国山地运动科学化、规范化、现代化发展发挥着极其重要的作用。

2. 高校山地运动人才培养的现状

对全国在山地运动人才培养方面具有代表性的23所高校培养现状调研的结果表明（见表3）：由于教育部还没有设置山地运动专业目录，这23所高校现阶段主要培养模式是在5个本科和1个专科专业下设户外运动方向，然后再根据户外运动方向课程需要设置山地运动内容。由于高校山地运动人才培养规模较小，且没有建立健全的培养体系，这与强大的市场人才需求极其不匹配。

表3　23所高校山地运动人才培养现状（2015年）

学校名称	四川旅游学院、北京体育大学、中国地质大学（武汉）、沈阳体育学院、成都体育学院、上海体育学院、天津体育学院、武汉体育学院、广州体育学院、河北体育学院、西安体育学院、贵阳医学院、贵州医科大学、四川师范大学、成都学院、西南科技大学、乐山师范学院、山东体育学院、郑州大学体育学院、华侨大学、北京师范大学珠海分校、广东体育职业技术学院、云南体育运动职业技术学院
开设专业	休闲体育、体育教育、社会体育、运动训练、运动休闲服务与管理、旅游管理
开设方向	户外运动方向
培养重点	1. 户外体育体验旅游产业规划与服务 2. 户外俱乐部运动开展的组织管理 3. 户外领队 4. 野外拓展训练 5. 高海拔攀登
主要课程	攀岩、户外拓展、野外生存训练、拓展训练、户外运动、定向运动、户外领队、户外运动实践与指导

资料来源：各高校网站公布的人才培养信息以及电话访谈结果，经笔者整理。

（三）山地运动培训体系

为了加强山地运动的组织管理，国家人力资源与社会劳动保障部已经将山地运动社会体育指导员纳入《国家职业大典》，依据《社会体育指导员国家职业标准》《体育行业特有工种职业技能鉴定实施规程》《体育行业特有工种职业资格证书管理办法》《体育行业特有工种职业技能鉴定实施办法》（试行）等行业法规性文件，山地运动的从业人员必须通过社会体育指导员国家职业资格培训、认证，其他行业或机构主办的各种培训、发证活动，均没有法律效力。但是，目前除山地运动社会体育指导员培训体系外，还存在国家、协会、行业等多种培训形式，不同培训机构的认证体系并不相同。

1. 国家层面培训体系

国家培训体系，主要是国家体育总局下属机构，如国家社体中心、中国登山协会、中国定向协会、中国滑雪协会等组织以及中国就业培训技术指导中心（中华人民共和国人力资源和社会保障部下属部门）等颁发资格证书。根据中国登山协会、中国定向协会、中国滑雪协会、中国就业培训技术指导中心截至2015年公布的培训目录，目前有攀岩、山地户外、山地救援、山地裁判、拓展、定向越野等培训项目，如表4所示。

表4 国家层面的山地运动培训体系

培训机构	类别	发证名称	级别	颁发证书单位
中国登山协会	攀岩	社会指导员（攀岩）	初级、中级、师资、考评员	国家人社部 中国登山协会
	户外运动	户外指导员	初级、中级、师资	国家体育总局 中国登山协会
	高山技能	结业证	无	中国登山协会
	攀冰技能	无	无	中国登山协会
中国定向协会	定向教练	教练证	初级、中级	中国定向协会
	定向制图员	制图员	初级、中级、高级	中国定向协会
	定向拓展师	培训师	初级、中级	中国定向协会

续表

培训机构	类别	发证名称	级别	颁发证书单位
中国滑雪协会	滑雪教练	社会指导员（滑雪）	初级、中级、高级	国家人力资源和社会保障部 中国滑雪协会
中国就业培训技术指导中心	户外领队	CETTIC 户外领队岗位资格证书	初级、中级	中华人民共和国劳动和社会保障部
	拓展培训师	就业能力证书（CAEP）	初级、中级	国家劳动和社会保障部
		职业技能培训证书（CETTIC）		国家劳动和社会保障部
		职业能力测评证书（NOCE）		人力资源和社会劳动保障部 中国就业培训技术指导中心
		职业培训证书（CETTIC） 就业能力证书（CAEP）	高级	人力资源和社会劳动保障部 中国就业培训技术指导中心 中国就业促进会

资料来源：中国登山协会官方网站、中国定向运动协会官方网站、CETTIC 培训课程网站、中国滑雪协会网站。

2. 行业层面培训体系

行业层面培训体系主要由地方协会承担，主要代表有深圳登山协会针对山地运动领队开展的山艺培训，四川登山户外运动协会针对当地原住民的高山协作、职业俱乐部探险登山向导开展的高海拔向导培训，北京登山运动协会和西安登山协会针对山地运动领队开展山地户外培训。虽然培训体系水平参差不齐，培训体系的监督、管理不够完善，但为提高山地运动参与者的技术技能以及山地运动的发展起到一定的推动作用。

（四）山地运动赛事

1. 赛事级别

目前，根据中国登山协会官方网站发布的山地运动竞赛组织办法将全国及国际山地运动竞赛划分为 A、B、C 三个等级，并分别进行规范管理，分级如表 5、表 6 所示。

表5　赛事级别

A级	国家体育总局登山运动管理中心或中国登山协会承办或主办的国际性或全国性的规范性的竞技比赛，有规定的比赛项目，参赛人员为符合专项要求的国外运动员和国内注册运动员，副总裁判长以上的裁判员、定线员均要求国家级，严格按照中国登山协会《山地户外运动竞赛规则》执行
B级	国家体育总局登山运动管理中心或中国登山协会主办，可由其他具有资质的办赛机构承办，有规定的比赛项目，参赛人员为专业的运动员和非专业运动员，总裁判长、定线员要求为一级以上技术职称，参照中国登山协会《山地户外运动竞赛规则》执行
C级	国家体育总局登山运动管理中心或中国登山协会主办，由其他具有资质的办赛机构承办，具有比赛性质的活动及活动性质的比赛，参赛人员以非专业运动员为主，总裁判长、定线员要求具备二级以上技术职称。参照中国登山协会《山地户外运动竞赛规则》执行

资料来源：中国登山协会官方网站，2010。

表6　赛事名称级别划分

<table>
<tr><td rowspan="8">国际赛
（均为A级）</td><td>国际锦标赛</td><td>A级</td><td rowspan="8">国内赛
（专业赛事为A级，其他为B级或C级）</td><td>全国锦标赛</td><td>A级</td></tr>
<tr><td>国际公开赛</td><td>A级</td><td>山地运动会—山地多项</td><td>A级</td></tr>
<tr><td>世界杯</td><td>A级</td><td>全国冠军杯赛</td><td>A级</td></tr>
<tr><td>国际邀请赛</td><td>A级</td><td>全国俱乐部联赛</td><td>A级</td></tr>
<tr><td>国际越野挑战赛</td><td>A级</td><td>全国精英赛</td><td>B级</td></tr>
<tr><td>洲际锦标赛</td><td>A级</td><td>全国邀请赛</td><td>B级</td></tr>
<tr><td>洲际杯赛</td><td>A级</td><td>全国挑战赛</td><td>B级</td></tr>
<tr><td>洲际邀请赛</td><td>A级</td><td>全国性的大奖赛</td><td>C级</td></tr>
</table>

资料来源：中国登山协会官方网站，2010。

从2003年起，我国正式山地运动赛事举办场次逐年增加。经调研发现，近年来，随着办赛经验的丰富与赛事水平的提高，由中国登山协会主办、承办的山地运动赛事数量稳健上升（见图1），且国际影响力日趋扩大。

2. 赛事影响

目前，随着山地运动的普及发展与体育赛事改革的推进，山地运动赛事举办越来越频繁，规模也越来越大。通过调研得出，山地运动赛事的影响主要有以下两个方面。

（1）对山地运动发展的推动。各级赛事的成功举办，使广大民众对

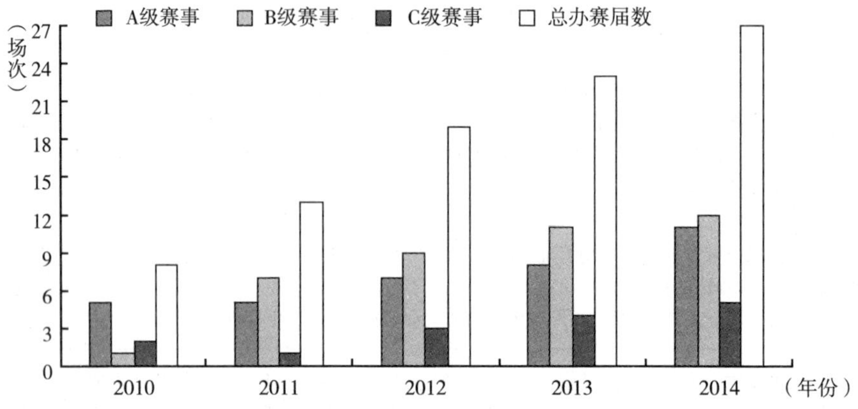

图1　2010～2014 年我国山地运动赛事统计

山地运动由不知转为了解再到熟悉，最终喜爱上这项运动，特别是水平高的国际性赛事，辐射面广且影响力巨大。这种以自身独有体育文化为吸引力，把受众群体由居住地带到赛事举办地的赛事，属于典型的“观众驱动型”体育赛事，对山地户外运动的推广起到至关重要的作用。除此之外，高水平的品牌性赛事，无论从山地户外运动资源开发，还是赛事品牌营销，都具有非凡的意义。这里以最具代表性的武隆国际山地户外运动公开赛为例，该赛事连续成功举办了十二届，以其独特的赛事魅力，获得了国内外户外运动专家的高度赞赏，积极推动了山地户外运动向纵深发展。自赛事举办以来，重庆地区山地运动参与者数量迅速增加，相关的俱乐部及品牌专卖店也如雨后春笋般急剧增多。如今，重庆武隆国际山地运动公开赛是由国家体育总局、国家广电总局和重庆市人民政府联合主办的国内唯一的国际山地户外体育运动 A 级赛事，是亚洲最具影响力、规模最大、水平最高的户外越野赛事，也是世界顶级山地运动赛事之一，被国家体育总局誉为“中国户外运动的鲜艳旗帜”。此类中国举办的国际性山地运动赛事还有：中国百色国际山地户外运动挑战赛、中国宁海山地户外运动公开赛、中国遵义国际山地户外运动邀请赛等，山地运动赛事已成为中国户外运动的一面旗帜，积极推动着户外运动的发展。

（2）对举办地及周围的影响。山地运动赛事的举办，不但对运动本身的推广起着带动、示范作用，而且给赛事举办地的经济、文化等带来较大影响。大多赛事场地选择以旅游景点为中心，选择性向周边区域扩散，通过自然资源与赛事路线的有机配置和整合，借赛事宣传展示了市容、市貌和环境。成功的体育赛事提高了赛事举办城市知名度，改变其形象，增强了举办地的社会凝聚力，带动了举办城市的体育消费、旅游资源开发及相关社会市政改造，提高了民众对公共事务的认识，认可及参与度得到提高，并开阔了民众的文化视野认知范围。除此之外，交通基础设施、大众健身设施及社会生活环境都随之得到巨大改善，对当地居民文化素质及城市文化品位都产生深远影响。

综上所述，举办山地运动赛事一方面能为举办城市创造众多发展机遇，加快推动体育、旅游经济的发展，促使地方经济快速发展；另一方面，经济的发展也为赛事提供了更好的基础保障和便利，并进一步促进山地户外运动的普及。

3. 赛事发展趋势

随着我国经济的飞速发展，人民休闲生活不断丰富，山地运动以其独特的魅力满足了人们对身心愉悦的追求，以迅猛的发展态势成为大众广泛参与的休闲运动。山地运动赛事的发展逐渐呈现出普及化、国际化、项目多样化以及与旅游结合等特点。同时，赛事相关的政策法规、行政管理及组织运作也将逐步完善。

（五）山地运动的救援与保险体系

根据中国登山协会官方网站 2014 年公布的《2013 年中国大陆山难报告书》，2001 ~2013 年我国户外运动山难事故呈现上升趋势，表明随着国内参与户外运动人数的增多，户外运动项目的多元化发展，我国的山地救援体系建设并没有跟上发展的节奏。笔者通过分析十多年来户外运动事故的详细报告，对我国山地救援现状进行如下梳理。

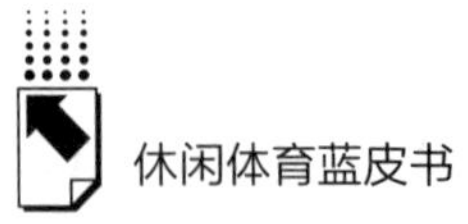

1. 我国山地救援现状

健全的山地救援体系与反应机制是保障参与者安全、顺利参与山地户外运动的重要因素。目前，我国参与山地运动的人数逐年上升，这给我国山地运动的救援工作带来了巨大的考验。目前，国内救援队伍是由自发性救援组织、公益性救援组织、登山协会、红十字会为主导的救援组织。但是，经过对国内大部分救援案例的分析，笔者发现目前相关救援过程为：事故发生初期的参与者自救—事故衍生中期的报警—消防警察系统的联动—实施施救过程—120 急救的事后处理。救援技术的匮乏、野外环境的限制以及消防武警与医疗急救缺乏常设性联动，导致整个救援过程极度缓慢，救援成功率极低。

2. 山地运动救援联动保障体系的建立

首先，山地运动因其环境的特殊性，要求建立以政府为主导，整合公益救援力量，同时联合武警消防及医疗的快速联动救援体系，这是提升救援效率的关键性因素。其次，救援原始信息是展开山地救援的基础，也是决定救援成功的决定性因素。现阶段，国内大部分山地运动活动的组织，具有非常大的自发性与随意性，这导致相关事故发生后，如果参与者不能及时发出求救信号，救援组织就难以开展救援工作。因此，建立完善的活动信息备案是救援体系中的重要环节。

3. 保险与救援系统有机结合

保险体系是山地运动参与者的重要保障，而将保险与救援体系进行有机结合，不仅可以在风险事故发生后有效降低山地运动组织者和参与者的经济损失，同时也能提升自身品牌。但是，目前国内保险机构并没有建立自己的救援体系，只是推出了对山地运动事故结果的保障险种。比如中国平安保险推出的“慧择——畅享户外”户外运动保险，“畅游华夏”境内旅行保险，“众行天下——慧择户外运动”保险，美亚“畅游神州”境内旅游保障，太平洋保险境内旅行综合及紧急救援保险精英计划等。目前，这些保险承保的项目范围、年龄阶段等因素对山地运动项目风险转移起到了重要作用，能够保障事故发生后的理赔程序得以顺畅实施。

四　中国山地运动发展趋势及前景展望

我国山地运动正处于快速发展阶段，山地运动项目开展的全球化必将是未来发展的趋势，也势必带来山地运动文化的多元化，山地运动项目的多样化及人性化。随着参与山地运动人群数量的爆发式增长，山地运动的教育不应局限于高校教育，在扩大健全高校教育体系的基础上，应大力推广普及。同时在发展山地运动的过程中，需要不断完善政策法规、规范山地运动行业培训体系以及建立开展山地运动过程中的救援与保险体系，促进山地运动健康有序地发展。

总之，我国山地运动的发展不仅会提升国民的休闲运动方式，也会成为我国休闲体育经济不容忽视的增长点，不断推动我国休闲体育产业的发展。

参考文献

法国旅游发展署：《山地旅游与休闲运动开发》，四川科学技术出版社，2015。

任海、王凯珍、肖淑红、赵书祥、陈国强：《论体育资源配置模式——社会经济条件变革下的中国体育改革（一）》，《天津体育学院学报》2001 年第 6 期。

谢英：《区域体育资源研究——兼论西部体育资源的开发》，上海体育学院博士学位论文，2009。

刘霞：《山地旅游竞合模式研究——以中法山地中心为例》，西南交通大学硕士学位论文，2010。

马慧敏、孙中伟：《新疆体育旅游资源开发及可持续发展战略》，《体育学刊》2009 年第 7 期。

石晓峰：《中国中部地区体育旅游资源开发研究》，山西大学博士学位论文，2011。

周红伟、虞超英：《浙江省户外运动发展现状及对策研究》，《浙江体育科学》2009 年第 6 期。

童莹娟、陶文渊、丛湖平：《我国东部省份体育产业的行业结构布局及政策研究》，《体育科学》2012 年第 2 期。

李亚慰：《区域体育经济产业布局与结构研究——以长江三角洲地区为例》，苏州大学博士学位论文，2014。

邬孟君、刘进：《构建贵州体育旅游品牌链：以民族地域特色的山地运动为依托》，《西南师范大学学报》（自然科学版）2014 年第 8 期。

陈强、宋海滨、唐新宇：《贵州山地户外运动产业发展制约因素及其对策研究》，《贵州民族大学学报》（哲学社会科学版）2013 年第 6 期。

夏欢：《重庆武隆国际山地户外运动公开赛运营研究》，首都体育学院硕士学位论文，2012。

张小林、张天成、朱福军：《我国西部地区户外运动资源开发与营销——以重庆武隆国际山地户外挑战赛为例》，《西安体育学院学报》2007 年第 3 期。

陈松：《体育赛事旅游研究》，华东师范大学硕士学位论文，2006。

霍宁波：《小县城办大赛事对当地旅游业的影响研究——以重庆武隆国际山地户外运动公开赛为例》，西南大学硕士学位论文，2014。

施维：《浅析户外运动飞速发展下的体育教学》，《才智》2014 年第 21 期。

《2013 年中国大陆山难报告书》，中国登山协会官方网站，http：//cmasports. sport. org. cn/sshd/xhgg/2014 －03 －14/431615. html，2014。

B.3

中国滨海休闲体育发展现状与趋势分析

曹 卫*

摘 要： 滨海休闲体育是人类在滨海的生活与实践，是人类与滨海最亲密的接触方式，是人类海洋文化的展现。越来越多的人选择滨海休闲体育，促进了滨海休闲运动的迅速发展。滨海休闲体育丰富多彩，已在人类休闲、旅游、娱乐、运动中发挥着积极的作用，成为人类回归自然，积极健康的生活方式之一。本文从滨海休闲体育与滨海旅游的关系入手，阐明了滨海休闲体育不仅是体育的组成部分，也是滨海旅游和海洋产业的重要组成部分。文中以我国滨海旅游产业发展为背景，列举了我国河北、山东、浙江、福建、广东、海南等省份开展滨海休闲体育活动的实际案例；描述了我国滨海休闲体育的发展现状；分析了我国开展滨海休闲体育的社会效应和经济效益；阐述了滨海休闲体育的发展趋势。

关键词： 滨海 休闲体育

一 滨海休闲体育与滨海旅游

在百度网上搜索“滨海休闲”，显示的相关结果已超过200万条信息、

* 曹卫，广东海洋大学教授、研究生导师，研究方向为休闲体育、滨海体育。

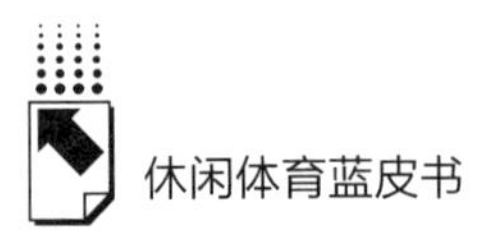

“滨海旅游”超过700万条、“休闲体育”已有上亿条信息。毋庸置疑，随着滨海休闲、旅游的快速发展，“滨海休闲体育”已成为社会关注的热点之一，滨海休闲体育是人类与滨海亲密接触的方式之一，已成为滨海休闲、旅游中最具生命力的内容。

滨海休闲体育在欧洲，最早涉足的滨海休闲活动可同早期罗马人的习惯联系起来，比如，早期的罗马人就有喜欢海边并在海边安下第二个家的习惯。赖安（Ryan，2003）说，上层罗马人到了夏季就会迁往海边的家，以避开城市的喧闹和酷暑。同样，从美学上、身体上和精神上来说，“接近水域”也适合罗马人的做法，尤其是和罗马式沐浴有联系。随着工业革命的开始，工作条件的变化，特别是交通技术的发展，使得普通大众也大量涌向滨海，大大促进了滨海旅游的快速发展。从国际视野的历史角度来看，体育运动和休闲、旅游的融合已成为必然趋势。滨海休闲体育与滨海休闲、旅游相互依托共同发展，体现着体育与休闲进一步融合的发展态势，丰富多彩的滨海休闲体育项目已成为滨海旅游中最具生命力的活动或旅游产品。

“滨海旅游”是我国海洋产业的专有名词，是重要的海洋产业之一。在我国海洋行政主管部门——国家海洋局每年公布的中国海洋经济统计公报中，近些年“滨海旅游”产业产值已占到我国整个海洋产业产值的30%以上（见表1），列海洋产业之首。基于这种趋势及休闲体育的发展，2003年广东海洋大学体育与休闲学院率先设立了“滨海体育休闲管理”的专业，提出了“滨海体育”一词，意与“滨海旅游”相对应，为滨海体育、休闲产业等培养相应的实用型管理人才。体育与休闲、旅游的结合是我国经济社

表1　我国滨海旅游产业产值及其占比情况

单位：亿元，%

年份	2010	2011	2012	2013	2014
海洋产业总产值	15531	18760	20575	22681	25156
滨海旅游产值	4838	6258	6972	7851	8882
滨海旅游产值占海洋产业总产值的百分比	31.2	33.4	33.9	34.6	35.3

会发展的必然结果，是推动全民健身、加快体育产业开发的具体体现。2009年国家旅游局为青岛奥林匹克帆船中心挂牌，成为“国家滨海旅游休闲示范区”，也是滨海体育与休闲、滨海旅游结合的必然要求。

21世纪被称为“海洋世纪”，阳光、大海、沙滩、岛屿、滩涂等滨海资源为人们提供了滨海休闲活动的场地和空间；滨海休闲体育为人们的闲暇时间提供积极而健康的活动方式。在滨海休闲体育产业中，主要涉及游艇、帆船、帆板、海上摩托运动、海上拖伞、冲浪、钓鱼、皮划艇、游泳、休闲潜水、沙滩排球、足球等沙滩运动、滩涂泥地活动、海岛探险等滨海休闲体育活动。目前，我国尚无专门的滨海休闲体育产业综合统计，但有一些具体项目的产业统计报告，如《中国游艇产业报告》显示了游艇的产业数据。游艇行业普遍预测，中国游艇行业在未来几年将保持甚至超过30%的复合增长率，产值有可能达到2000亿元。

二　我国滨海休闲体育的发展现状

我国沿海岸线自北向南分布的省市分别是辽宁、河北、天津、山东、江苏、上海、浙江、福建、台湾、广东、广西、海南、香港、澳门等。近些年，随着滨海旅游的快速发展，位于海岸线的各个省市都积极开展滨海休闲体育活动以及滨海体育赛事与节庆活动联动的社会体育文化活动。鉴于资料的来源和篇幅有限，这里主要介绍河北、山东、浙江、福建、广东、海南等省市开展滨海休闲体育活动的发展情况。

（一）河北省开展滨海休闲体育的情况

河北省东临渤海，有著名的秦皇岛和昌黎黄金海岸等滨海资源，开展滨海旅游和滨海休闲体育活动历史悠久。秦皇岛港、黄骅港、唐山港均跻身亿吨大港行列。2013年京津冀一体化上升为重大国家战略。2015年7月31日，北京携手河北省张家口获得2022年冬奥会举办权。

早在20世纪90年代，秦皇岛市先后举办过沙滩排球、沙滩足球、沙滩

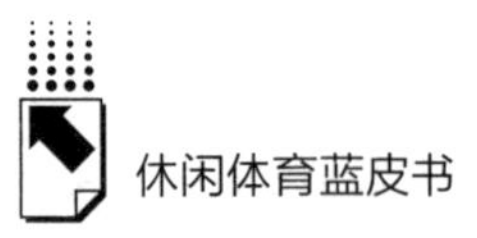

风筝、万人下海等比赛活动。近年来依托靠近京津的区位优势、环境优势、资源禀赋，结合当地实际和发展潜力，秦皇岛将发展定位于休闲之都、训练之城、体育强市。在长达 162.7 千米的海岸线上，秦皇岛开展了游艇、帆船、帆板、游泳、沙滩足球、沙滩排球、垂钓等项目，巩固赛艇、皮划艇等优势项目；大力发展集阳光、海水、沙滩为一体的海滩休闲健身运动；打造品牌赛事，举办代表秦皇岛特色的沙滩休闲运动会以及每年一届的秦皇岛体育旅游文化节。政府要求体育、文化、旅游部门围绕沙滩休闲运动会等活动的举办，成立专门的组织机构，市财政保证活动经费，形成以体育健身娱乐、体育竞赛表演、体育休闲旅游、体育用品开发制造和经营销售为重点的体育市场，使体育产业成为秦皇岛市全新的经济增长点。

昌黎黄金海岸可与澳大利亚著名的昆士兰海岸相媲美，这里有水上自行车、海上交通艇、游乐艇、豪华艇、沙滩越野车、海上快艇、拖曳伞、出海打鱼、深海垂钓等项目。翡翠岛位于黄金海岸南部的沿海，由绿色植被和黄色细沙相间构成，南北主峰分别高 44 米，面积 7 平方千米，岛上沙山连绵起伏，素有“京东大沙漠”之称。依托翡翠岛的地形地貌，岛上还开展滑沙、沙滩排球、沙滩足球、卡丁车、渔船出海、快艇、摩托艇、动力三角翼、海上飞伞等活动；这里还是帆板、滑翔伞、水上风筝的训练基地，也是沙雕活动和拓展训练基地以及房车的露营地。

（二）山东省开展滨海休闲体育的情况

山东东部半岛伸入黄海，北隔渤海海峡，东隔黄海，东南则临靠黄海。山东滨海资源十分丰富，是我国滨海休闲体育活动开展得最活跃的地区之一。青岛、日照、威海、烟台等城市已成为我国滨海城市开展滨海休闲体育活动的典型代表。

青岛作为 2008 年奥运会帆船比赛的举办城市，拥有奥林匹克帆船中心即青岛国际帆船中心。青岛利用“山、海、城”，展现人与自然和谐共处的城市特点，做好海上运动文章，将青岛塑造为我国的“帆船之都”。近几年，青岛还打造了“鲁商杯”青岛国际帆船赛、青岛国际 OP 帆船营暨 OP

帆船赛、日照—青岛帆船拉力赛等赛事；举办了中国国际航海博览会暨中国（青岛）国际船艇展览会，2011 青岛蓝色海洋经济及海洋文化发展论坛、“博纳多”游艇试乘体验及航海大课堂、游艇丽人大赛、青岛帆船周旅游纪念品开发和展销活动等。青岛除了优质的资源，也因举办各类帆船赛事和相关活动带来了帆船产业的发展。

近几年，日照市充分利用水上运动、滨海休闲的自然资源，彰显滨海体育的魅力，2004 年至今，已经成功举办 2004 年全国帆船锦标赛暨全国青年帆船锦标赛、2005 年全国翻波板锦标赛、全国青少年帆板锦标赛、欧洲级帆船世界锦标赛及国际游艇展览交易会、2006 年 470 级帆船世界锦标赛、2007 年首届中国水上运动会、2008 年第 29 届奥运会帆船帆板热身赛、2008 年全国沙滩排球冠军赛、2009 年第 11 届全运会的帆船帆板比赛、2010 年全国帆船锦标赛、全国帆板锦标赛、2010 年中日韩国际帆船赛、中国水上运动会等多项赛事；2011 年 7 ~ 12 月举行第六届日照国际帆船夏令营、日照—青岛帆船拉力赛、第四届中日韩国际帆船赛、全国青少年帆板锦标赛等。这些重大滨海体育赛事，促进了经济社会事业的发展，使日照市体育产业实现了较快发展。日照市还积极组织群众滨海休闲体育健身项目，如游泳、龙舟、帆船、滑水、沙滩排球、沙滩拔河、沙滩拎包赛跑等群众体验的赛事活动，创建了具有日照特色的全民健身品牌。日照将水上运动与水上休闲结合，打造了“水上运动之都”，为日照增添了一张亮丽的城市名片。

（三）浙江省开展滨海休闲体育的情况

浙江省东临东海，是中国岛屿最多的省份。特别是 2011 年 6 月 30 日“浙江舟山群岛新区”被国务院正式批准设立，成为中国第一个以“海洋经济”为主题的国家级新区。

近几年，舟山滨海休闲体育活动异军突起。2011 年 5 月 25 日，舟山市举办全国首创的特色性的海洋运动会，共设 23 个大项 99 个小项，分沙滩、海上、海泥三大块，既有传统赛事，也有缘于沙滩抛蟹笼、沙滩拔河、沙滩爬船网和以拖渔船、背渔网、抱渔具为主要内容的沙滩大力士等特色海洋运动比赛，还有沙滩抛蟹笼和沙滩捡花蛤比赛等渔民劳动和生活的趣味赛事，有新开发的沙滩铁人三项、海涂摔跤等海洋新型休闲运动比赛，参与人数达到3600余人，与此同时还举行了海洋体育和休闲运动论坛。有资料显示，运动休闲旅游业已成为岱山岛旅游经济一大亮点，2010年岱山共接待游客191万人次，同比增长22.7%，创旅游收入12.8亿元；继2004年以来，浙江成功举办“中国舟山群岛国际海钓邀请赛”、“‘亚细亚’国际海钓大会”“全国海钓锦标赛”、“中国嵊泗国际海钓邀请赛”、“中国海洋文化‘衢山杯’海钓大赛”、2008中国舟山群岛国际海钓邀请赛暨全国海钓锦标赛举行；2009年舟山普陀区举办了第七届民间民俗体育大会暨滩涂嘉年华活动；2009年衢山镇举办第二届渔农民运动会、第四届海洋文化节、“海泥狂欢节”等活动与赛事，这些活动与赛事中设有沙滩障碍接力、沙滩迎娶新娘、抛鱼入网斗、沙滩套缆绳、沙滩拔河五项等项目，娱乐性强，深受人们的喜爱。舟山市紧紧围绕“建设海洋体育强市”的目标，促进舟山海洋体育休闲业的发展。

朱家尖的沙滩被国际沙雕组织WSSA确认为世界上沙质和景色最好的沙滩之一。自1999年以来，国际沙雕艺术节每年7~11月在舟山朱家尖举行，也是进行沙滩球类、驾艇飞舟等运动的优质场地。游艇及海钓俱乐部、沙滩运动娱乐城、国际会议中心等主体产业群已初步形成。朱家尖已奏响“时尚海洋，自在生活”的主题曲，进一步吸引了国内外旅游者和投资者，创造了良好的经济效益和社会效益。

（四）福建省开展滨海休闲体育的情况

福建省位于中国东南沿海，东隔台湾海峡，福建以侵蚀海岸为主，是我国东海与南海的交通要冲，由海路可以到达南亚、西亚、东非，是历史上海上丝绸之路、郑和下西洋的起点。福建沿海的文明是海洋文明，依山傍海的特点也造就了福建丰富的旅游资源。

著名的鼓浪屿，海岸线蜿蜒曲折，天然海滨浴场环布四周，鼓浪屿的大德记浴场和港仔后海滨浴场，都已成为开展滨海休闲体育的重要场所。游泳、游艇及摩托艇等水上休闲娱乐项目已成为常态化；1998 年在此成功举办过全国 OP 级帆船锦标赛、中国（厦门）国际游艇帆船展览会以及“游艇帆船厦门大巡游活动”等活动。

厦门观音山沙雕公园是目前亚洲规模较大的集沙雕艺术和沙滩体育文化为一体的复合型沙雕文化公园，分别设有沙雕主题区、沙雕竞赛区、沙雕家庭 DIY 体验区、沙雕休闲配套区和文体活动区，也是“中国排球协会全国沙滩排球赛事基地”。每年举办全国沙滩排球锦标赛和海峡两岸沙滩排球友谊比赛、国际风筝文化节、沙滩文化节以及海峡青年中秋联欢晚会等，活动期间还有沙雕互动体验“DIY 大赛”、沙雕征文、沙雕摄影比赛、沙雕宝贝选拔、沙滩排球、沙滩足球比赛和沙滩特技风筝表演等。此外，作为岛内外一体化建设和集美新城建设的重点项目之一的水上运动中心，不仅是水上运动重要的训练基地和赛场，也是配套齐全的观光胜地。海峡杯帆船赛在厦门和澎湖之间举行，举办海峡杯帆船赛对发挥厦门对台体育交流与合作基地的作用，促进闽台体育合作与交流向更深层次和更高水平发展具有十分重要的意义。

（五）广东省开展滨海休闲体育的情况

广东省位于南海之滨，是我国海岸线最长的省份。主要的海滨城市有汕头、汕尾、深圳、阳江、湛江等，这些城市都有丰富的滨海体育休闲活动，并促进了城市的发展。

汕头南澳岛东侧的青澳湾素有“东方夏威夷”之称，金黄柔软的沙湾绵延 2400 多米，是省 A 级沐浴海滩之一。青澳湾努力朝着办成国际性旅游度假区的目标发展。2011 年 5 月 11 日，由汕头市人民政府、中国帆船帆板活动协会主办，汕头市旅游局、汕头市兴达游艇俱乐部有限公司等单位承办以“浪漫海湾幸福扬帆”为主题的中国·汕头帆船巡游活动暨“潮人杯”帆船巡游赛，同时还有帆船市民开放日、南澳帆船拉力赛等活动。

深圳大梅沙沙滩长约 1.8 公里，设有游泳区、运动区、休闲区、娱乐区、烧烤场等，开展有滑水索道、摩托艇、沙滩车、水上降落伞、沙滩排球、沙滩足球等众多的项目及保安、救生等一流配套服务；深圳小梅沙现拥有小梅沙海洋世界、小梅沙度假村、小梅沙大酒店三大经营实体，已形成集旅游、度假、休闲、健身等功能于一体的综合性度假区。设有水上摩托艇、香蕉船、水上降落伞、小型游艇等飞艇冲浪活动，举办沙滩拔河、堆沙造型、沙滩排球、沙滩足球、海边垂钓等各类沙滩竞技运动和各种沙滩游戏活动，还有岸潜、船潜和夜潜三种潜水项目。

阳江海陵岛是国家 AAAA 级旅游景区。拥有海上“世界之钻”之美誉，1994 年被上海大世界吉尼斯总部评为中国最大的海滨浴场。海陵岛曾先后举办南海（阳江）开渔节、沙滩欢乐节等活动，主要有冲浪、橡皮艇、摩托艇、沙滩赛马、沙滩骑骆驼、沙滩排球、逐浪溜冰、钓鱼等滨海项目。2009 年游客首破 200 万人次，收入超 10 亿元。

茂名放鸡岛是广东沿海最理想的潜水基地和垂钓基地，是海岛滨海休闲体育开发的典型代表。开设的项目有：摩托艇、游艇、快艇、香蕉船、海泳、潜水（浮潜、夜潜和船潜）、钓鱼和滑水等。

湛江东海岛龙海天旅游度假区沙滩 28 公里长，150 ~ 300 米宽，被誉为“中国第一长滩”。开展的滨海休闲体育项目有轻型航空飞机、空中拉伞、海上摩托艇、香蕉船、沙滩跑车、骑骆驼等。2007 年由东海岛管委会与湛江市旅游局等单位共同举办了“中国湛江东海岛人龙沙滩旅游文化节”，开幕式上，由 188 名表演者舞起 76 米长的“人龙”，被载入“上海大世界基尼斯之最”纪录。“东海岛人龙舞”起源于东海岛东山镇，始于明末清初，流传 300 多年的民间表演艺术，被誉为“东方一绝”，2006 年入选首批国家非物质文化遗产名录。

（六）海南省开展滨海休闲体育的情况

海南省位于南海。国务院在 2010 年 1 月 4 日发布《国务院关于推进海南国际旅游岛建设发展的若干意见》，建设海南国际旅游岛正式开始。作为国家的重大战略部署，海南岛将在 2020 年初步建成世界一流的海岛休闲度假旅游胜地，使之成为文明之岛、和谐之岛、开放之岛、绿色之岛。

三亚市拥有海棠湾国际休闲度假区、亚龙湾国家旅游度假区、西岛海上游乐世界以及大东海等著名景区。2007 年 5 月 26 日，海南省政府批准将海棠湾总体定位为“国家海岸”国际休闲度假区，赋予其世界旅游度假天堂、国际休闲度假、多元化热带滨海旅游休闲度假功能，同时也赋予其国家海洋教育、科研、博览等综合功能，这些功能决定了海棠湾在我国的战略地位。亚龙湾国家旅游度假区是 1992 年国务院批准建立，曾成功承办了 1996 年中国度假休闲游开幕式、第二届全球化论坛、第四届世界岛屿观光论坛、APEC 高官会议筹备会等活动。景区开展的滨海休闲体育项目有潜水、摩托艇、快艇、帆板、滑板、香蕉船、拖伞、海底观光、垂钓、沙滩摩托车等。

西岛也是三亚主要的海水浴场和潜水目的地，并开展摩托艇、香蕉船、滑水、钓鱼潜水、拖曳伞、帆板、沙滩摩托车、帆船、海底漫步、玻璃船底观光、豪华快艇、游艇垂钓、深海垂钓、冲浪、沙弧球、水上篮球、漂流、岸潜、船潜、水肺体验潜水、岸礁潜水、珊瑚礁潜水夜潜海底摩托等活动。大东海以“水暖沙白滩平”的名声早已蜚声海内外，区内海滨度假旅游设施配套齐全，建有风格各异的酒店，大型海滨广场，是潜艇、潜水和跳水的基地，常年开展潜水、观光潜艇、摩托艇、香蕉船、滑水、拖伞以及沙滩车、沙滩排球等沙滩运动。但值得注意的是，三亚生活污水、海岸垃圾等污染不容忽视，需要大力治理，保护整治海湾环境刻不容缓。

三　滨海休闲体育的社会效益和经济效益

滨海休闲体育对社会、经济和文化的发展起到了积极的作用。实践证明，发展滨海休闲体育在推动城市建设、改善城市面貌、提高城市知名度、强化沿海居民的健身意识、培育体育生活方式等方面都有明显作用，社会效益和经济效益十分显著。

（一）推动沿海城市建设

滨海城市可充分利用当地的文化和自然资源，精心组织与经营，这对提

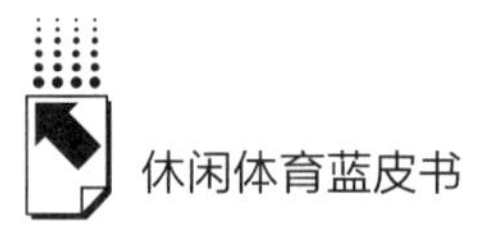

升沿海城市特色具有显著的作用，可满足人们迅速增长的体育需求，可改善滨海休闲体育基础设施，带动完善相关设施或活动场景的建设，从而促进海滨城市公共基础设施的发展，对城市空间和景观环境产生良好影响。比如青岛以2008年奥帆赛为契机，建设帆船赛基地、国际会议中心，扩建奥运村，完善滨海旅游设施、滨海广场、文化娱乐设施等，有力地改善了城市面貌。

（二）提升沿海城市品位，提高城市知名度

滨海休闲体育活动绚丽多彩，具有较强“眼球效应”，能有效地吸引媒体的关注。开展滨海休闲体育能有力地宣传、展示和传播城市形象，提高城市知名度，对沿海城市发展产生积极而长远的影响。借助滨海休闲体育活动的开展，打造具有滨海特色的体育建筑、体育公园和个性化的沿海空间环境，能给人们带来视觉冲击与心灵震撼，营造独特的视觉体验，增加城市的识别元素，如青岛、日照以打造“帆船之都”和“水上运动之都”的城市品牌，给人们留下了深刻的记忆与感受。

（三）滨海体育也能展示民族精神

中国航海第一人翟墨，2007年单人驾驶无动力帆船“日照号”，开创了中国环球航海的里程碑。用滨海体育的方式展示了中华民族崇尚和谐、爱好和平、自强不息、百折不挠、敢为人先、拼搏进取的民族精神，为日照市塑造了一张值得骄傲的城市名片。另一位航海人是荣获“青岛市打造帆船之都特殊贡献奖”的郭川，他于2012年11月18日驾驶“青岛号”帆船，经历海上航行138天，至2013年4月5日荣归母港青岛，成为“单人不间断帆船环球航行”的首位中国人。他艰苦航行超过21600海里，创造了40英尺级帆船单人不间断环球航海的世界纪录，又一次展示了中华民族顽强的民族精神，也成为青岛市一张亮丽的名片。

（四）强化滨海居民的休闲健身意识，培育休闲体育生活方式

随着经济水平和生活水平的提高，沿海居民同样开始追求健康的生活方

式。沿海地区经济发展很快，滨海休闲体育活动引导人们的生活方式和健身意识，滨海休闲体育活动的健身、娱乐等消费意识有了明显增强，提升了人们生活品位，陶冶了人们高尚情操。根据威海市体育局的统计数据，常年参加体育活动的人口数量逐年提高，经常参加体育活动的老人占老龄人口的比例已达到60%以上，人均期望寿命的信心大幅提高，这说明体育、健身、娱乐活动的广泛开展使广大市民对自身身体健康的信心有了明显增强。滨海休闲体育活动的开展迎合了人民群众“求新、求变、求乐、求效”的精神需求。人们从享受“5S”（阳光 Sun，大海 Sea，沙滩 Sand，运动 Sport，海鲜 Sea-food）到“3N”（自然 Nature，怀旧 Nostalgia，天堂 Nirvana）。在滨海的环境中，人们享受到精神上的解放和自由，宣泄心中的烦恼和郁闷，体现了人性的回归，促进社会的和谐发展。

（五）带动其他相关产业的发展

滨海休闲体育与滨海休闲、旅游、娱乐、节庆各类活动的举办，可以直接吸引各类人群，扩充旅游客源地人群。滨海休闲体育活动消费产生的乘数效应，能直接带动城市经济与相关产业的发展，形成相互促进和谐发展的局面，为当地经济发展注入新的动力，优化沿海城市经济结构，为沿海城市带来经济效益和社会效益。比如厦门市举办的海上马拉松以及中国俱乐部杯帆船挑战赛等，聚集了来自四面八方包括对岸金门同胞的众多爱好者，成为国内极具影响力的成功赛事，推动了厦门滨海休闲体育的快速发展。

滨海休闲体育是沿海城市休闲、旅游、娱乐、运动等活动的承载体，它能使举办城市的经济、社会等实现可持续发展，对周边地区产生辐射扩散效应，可逐渐发展成为一个地区的贸易、生产、交通运输以及金融服务、信息等中心，成为带动本地快速发展的增长极。围绕东海、渤海海域的大连、青岛、日照、烟台等滨海城市正是以滨海休闲体育活动为纽带，产生了良好的辐射扩散效应。海南省国际旅游岛的建设、舟山市海洋经济开发区的建设以及我国首批无人海岛的市场开发等，都会使滨海休闲体育大有作为。

（六）推动游艇产业的发展

国家旅游局“十二五”发展规划指出，将努力培育游轮游艇等高端旅游市场、大力发展旅游装备制造业，将游艇作为发展水上项目的重要载体；国家发改委将豪华游艇开发制造及配套产业纳入鼓励发展产业目录。

研究表明：游艇产业每投入1美元可带来6.5～10美元的回报效益；游艇游轮产业具备巨大的产业带动作用，能够吸引资金和人才，撬动经济的发展。游艇业的产业链，涉及研发、设计、制造、销售、培训、旅游等一系列活动，带动社会就业和服务产业链条的发展，包括餐饮服务、酒店服务、医疗服务、养生服务等链条。目前，国内制定游艇产业规划的省市多达17个，包括海南、广东、福建、上海、广西、湖南、重庆、天津、山东等。目前，在海上丝绸之路战略的推动下，包括上海、三亚、秦皇岛、中山、杭州等地也纷纷加快推进游艇产业建设。我国沿海城市已掀起游艇产业建设热潮，在建和规划俱乐部数量是目前的2.5倍，在建和规划泊位是目前国内泊位总数的3倍；多地政府开始规划建设公共码头泊位，以降低游艇停泊成本，推广游艇水上休闲活动、发展游艇经济。珠海、山东、天津等地规划打造游艇产业集群，中国交通运输协会游轮游艇分会预测，十年内中国游艇保有量将增长13倍。协会预测，2015年、2020年、2025年，我国游艇总数将分别达到17350艘、38100艘、163510艘，按照均价每艘50万～100万元计算，市场总容量200亿～400亿元。2009年厦门游艇产值超过4亿元，出口3423万美元，占中国内地32%份额，出口市场以欧美、我国香港地区、东南亚等地为主。游艇行业被喻为“漂浮在黄金水道上的巨大商机”，游艇能带动码头运输、游艇维修、燃料加注、滨海娱乐、餐饮服务等一大批相关产业的快速发展。青岛相继举办国际游艇展暨高端消费品展览会、“荟龙轩”游艇之夜名流晚宴等，促进了帆船和游艇的联动发展。

毋庸置疑，滨海休闲体育项目内容丰富，是人类休闲、旅游、娱乐、运动中不可或缺的组成部分，是一种人类社会回归自然、积极健康的生活方式。滨海休闲体育在蓝天碧海、金色沙滩、植被茂盛的环境下开展，就是人类海洋体育文化的彰显，就是社会进步、人与自然和谐的具体体现。

参考文献

Jennings G., *Water-Based Tourism. Sport, Leisure, and Recreation Experiences*, New York: Butterworth-Heinemann, 2007.

《中国游艇产业渐入黄金期未来产值预估2000亿元》，中国新闻网，http://www.chinanews.com/cj/2012/04-13/3818877.shtml。

《关于创建体育名城的实施意见》（秦发〔2009〕10号文）。

《第八届中国国际航海博览会暨中国（青岛）国际船艇展览会》，2010，http://scp.haozhanhui.com/exhinfo/exhibition_eimgk.html。

《浙江省首届海洋运动会今天在浙江岱山县开幕》，中国广播网，http://www.cnr.cn/newscenter/gnxw/201105/t20110525_508033038_1.shtml。

《浙江岱山：海洋体育助推运动休闲游》，CCTV县域经济报道，http://jingji.cntv.cn/20110601/111151.shtml。

史望颖：《舟山群岛上演国际海钓盛事》，http://www.farmer.com.cn/wlb/yyb/yy8/200810290283.htm。

舟山市体育局：《衢山镇举办第二届渔农民运动会（岱山县体育局）》，http://www.zstyj.com/typenews.asp?id=559。

《普陀区第七届民间民俗体育大会暨滩涂嘉年华活动隆重举行》，http://www.zstyj.com/typenews.asp?id=570。

《2009浙东地区海洋体育活动在岱举行》，http://www.zstyj.com/typenews.asp?id=547。

蓝丝带海洋保护协会：《三亚海岸线徒步环保调查报告》，http://www.sanya.gov.cn/govpub/zcqgh/hygh/data/t20110110_23928.shtml。

中华体育总会：《体育助推威海人居奖时尚城市更添新衣裳》，http://www.sport.org.cn/sfa/2004-10-13/162590.html。

孔庆波、张玲燕：《体育赛事产品及其特性分析》，《浙江体育科学》2011年第4期。

《2014中国游艇行》，中商情报网，http://www.askci.com/chanye/2014-12/06-121433yuux.shtml。

崔昕：《游艇经济成福建海西经济新引擎》，《福州日报》2010年7月1日。

《2011青岛国际帆船周》，青岛体育局，2011年8月4日，http://www.qingdaoweek.com。

B.4
休闲产业视角下的我国冰雪运动发展状况研究

张士波*

摘　要：　休闲时代背景下冰雪运动及相关产业迅速发展，追溯项目起源与国内外研究得知，冰雪运动有其独特的魅力，项目的发展与季节、地域有着直接的关系，以东北、北京、新疆、内蒙古等地区为主。冰上运动开展较多的项目有速度滑冰、花样滑冰、冰球等；雪上运动开展较为普及的项目有高山滑雪、越野滑雪、单板滑雪等。本报告结合冰雪运动的发展历程，按照时间的推移阐述冰雪运动及相关产业的大事件。

关键词：　休闲时代　冰雪运动　冰雪产业　冬奥会

一　冰雪运动的基本定义

（一）冰雪运动及主要项目介绍

1. 冰雪运动

冰雪运动是指在天然或人工冰场、雪场借助各种装备进行的体育运动，冰雪运动项目通常分为冰上运动和雪上运动两大类。

---

* 张士波，沈阳体育学院讲师，研究方向为冰雪体育。

2. 分类及主要项目介绍

冰上运动主要包括速度滑冰、短道速度滑冰、花样滑冰、冰舞、冰球、冰壶等运动。雪上运动主要包括自由式滑雪、单板滑雪、高山滑雪、跳台滑雪、越野滑雪、冬季两项、北欧两项、雪橇等运动。

（1）速度滑冰是一项比滑行速度的冰上体育运动，滑冰运动是历史最为悠久、开展最为广泛的项目，比赛在周长400米的跑道上进行，选手按逆时针方向滑行，以速度的快慢决定比赛的名次。

（2）短道速度滑冰简称短道速滑，起源于加拿大。比赛场地的面积有统一的规定，固定的长度和宽度，跑道周长也是固定不变的，比赛分轮次进行，利用抽签来决定运动员比赛的道次，也是按照比赛所用时间的多少决定比赛的名次。

（3）花样滑冰运动，是结合冰上技巧与动作艺术性的一个冰上运动项目。在选定的音乐背景环境下，在花样滑冰规定的场地内滑出各种动作图案、表演各种冰上技巧以及冰上舞蹈动作，由裁判员根据运动员的动作表现评分，来判定选手名次先后。比赛项目有单人的、双人的以及冰上舞蹈三个比赛项目。

（4）冰球又称冰上曲棍球，起源于加拿大，是借助球刀、冰球杆、冰球为器材，在冰球场地上进行的一种具有身体对抗性的多人的运动项目。比赛时每队上场六人，前锋三人，后卫两人，守门员一人。运动员用冰球杆将球击入对方球门，以进球多方为胜。

（5）冰壶又称掷冰壶，由苏格兰最先兴起，每个队由4人组成，在冰上进行的一种投掷类运动项目，是冬奥会的正式竞赛项目。比赛是按一定的顺序进行，按照各垒队员的顺序进行投掷，双方队员交替进行，最后按照所得的分值来决定胜负，分数多方为胜利。

（6）自由式滑雪，始于20世纪60年代，在高山滑雪运动项目的基础上逐渐演变而成。主要由空中技巧、雪上技巧、雪上芭蕾三个项目所构成。空中技巧，是运动员从助滑坡滑下经过跳台起跳在空中做空翻转体等难度动作，落在着落坡上。新规则规定由以前的两跳决定成绩改为一跳决定。成绩由裁判员根据运动员动作完成的质量给出空中动作分数和着陆动作分数，将其加在一起乘以动作难度系数，即为跳跃的得分，得分多者名次在前。雪上技巧，是由在一定坡度的线路上设置一系列雪包进行滑行，在雪道中间的两段设有两个跳台，运动员经过跳台进行跳跃、空翻、转体等空中动作，并快速地滑到终点，该项目有单人雪上技巧和双人雪上技巧。雪上技巧的场地有严格的长度和宽度以及坡度，并且运动所使用的雪板也有男、女，长、短之分。名次是由回转动作和空中动作分以及计时成绩分相加所构成的。

（7）雪上芭蕾，是在规定长度、宽度、坡度的场地上进行的，滑雪板不得短于运动员个人身高的81%。成绩是由运动员完成动作情况的技术分和艺术效果分所构成，总分多者成绩靠前。

（8）高山滑雪，又称阿尔卑斯滑雪，有资料显示高山滑雪是在越野滑雪基础上演变过来的，比赛项目有回转、大回转、超大回转、滑降、全能；而大众的高山滑雪有双板滑雪、单板滑雪，还有部分城市进行大众的越野滑雪项目。高山滑雪主要技术是在滑雪场地内进行S形状的转弯、过旗门等。

（9）越野滑雪，起源于北欧，故是北欧滑雪的核心项目，雪板的形状略比高山滑雪板窄，固定器后跟可以脱离，雪杖比较长，滑行主要采用传统技术和现代技术，是世界运动史上最古老的运动项目之一。

（10）跳台滑雪又称跳雪，运动员穿着比自己的身高还要长的滑雪板在高跳台上经过助滑道助滑、起跳点起跳、空中飞行数秒、最后在着落坡着落，最终的成绩是由运动员的飞行距离分加上飞行姿势分以及落地分数组成。

（11）冬季两项，由越野滑雪和射击两个项目所构成的竞赛项目，运动员在越野场地内完成一定距离的越野滑行，在规定靶场进行射击，以滑雪时间和射击成绩来决定最终的比赛名次。冬季两项也是冬奥会的正式项目之一。

（12）北欧两项起源于北欧，因此被称为北欧两项，由越野滑雪和跳台滑雪所组成，比赛是先进行跳台滑雪比赛，将成绩得分换算为提前出发时间，最终以先到达终点的运动员获胜。

（13）无舵雪橇，雪橇运动项目之一。运动员仰面躺在雪橇上，双脚在前，进入赛道，通过变换身体姿势来操控雪橇，是非常刺激的一项运动。

（14）雪车，是4人同坐一辆车，比速度的运动项目，其速度极快，最高速度可达至每小时130公里，对运动员的身高、体重都有严格要求，要求运动员短跑速度快，爆发力强，反应快、灵活，平衡能力强，心理素质好等。

（二）休闲化的冰雪运动

新形势下我国社会经济快速发展，人民业余生活内容丰富多彩，同时也认识到运动健康的重要性，众多的体育运动走进了人们的空闲时间，成为当下的主流和浪潮，以满足人们追求更高层次的生活方式和质量。伴随着冰雪运动逐步走向大众化，越来越受到人们的青睐，参与的人群也在逐年地增多。特别是在冰雪资源较为丰富的东北部地区，部分冰雪项目已经走入了人们休闲生活当中，如高山滑雪、单板滑雪、速度滑冰、花样滑冰、冰球等这些项目已在很多城市内迅速地发展起来。这些项目已经成了人们业余休闲的体育项目之一。

二　我国休闲经济背景下冰雪运动产业的发展历程

（一）休闲经济发展与冰雪运动产业

2010年国务院办公厅颁布的《加快发展体育产业的指导意见》，对体育产业快速发展，拓展体育的发展空间，丰富人民群众的体育文化生活，培养专业的体育人才，提高我国的竞技体育水平、全民族的身体素质，促进经济社会的协调发展等，都具有非常重要的意义。

体育产业隶属于第三产业，是其中重要的一部分，其作为新形势下我国新兴的产业，并带动体育经济迅速增长，越来越凸显它的产业功能，已经成为我国经济发展的一个方向。随着国民收入的提高和人们对自身健康的关

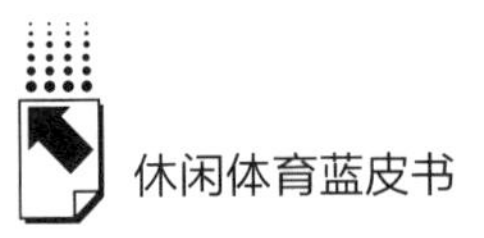

注，促使体育休闲行业快速发展，其发展劲头十足、发展空间很大，并且会成为带动我国体育产业发展的核心力量之一。冰雪运动是一项集运动、休闲、娱乐于一体的、大众性体育运动项目，当下正如火如荼地开展，逐渐成为人们喜爱的大众文化体育项目，并且已经形成具有中国特色的冰雪体育产业。

随着时代的向前发展，我国冰雪运动事业也蓬勃发展，自从获得第一块雪上奥运金牌，人们对冰雪的关注度大幅提高，参与人数也在逐年地增加，其本身自在的休闲娱乐等功能也显现出来，逐渐成为一项深受人们喜爱的大众性的体育项目，并且已经形成独有的冰雪体育产业。

体育产业的发展潜力已经是众所周知，它有着存在的价值，而冰雪产业作为其中的构成部分，有着重要的作用和巨大的发展空间。冰雪产业是一个集运动、休闲、娱乐为一体的季节性产业项目，其围绕着体育运动和冰雪旅游为主题的产业链条，包括了周边的相关产业，并带动了其相关产业的共同发展。目前国外的冰雪产业发展较为完善，例如瑞士、瑞典、美国、法国、韩国、日本等国家冰雪产业的发展的确很好，值得我国借鉴和参考。而我国冰雪运动确实在迅速发展，但是与之相关的产业发展还在路上，服装和器材还在引进国外的，国内还没有属于自己的品牌，随着参与人群的增加，相关产业的发展和崛起必然得到促进。而且冰雪运动的附属产品的发展空间很大，根据它的季节性和地域性的特点，多集中在我国的东北部与北京、新疆等地区，但是，随着近些年冰雪运动的发展势头，很多地方修建了室内的滑冰场，以此来满足人们的需求，这样就会让该类项目全天候地开展；同时很多城市由于天气比较暖和，一年当中只有一两个月的雪期，但是也在大力发展冰雪事业，修建滑冰场、滑雪场，并且还有政府的支持和帮助，如陕西、山东等省都正在大力发展冰雪产业及其相关产业。

近几年，我国能够承办大型赛事的、够规模的滑雪场所比较有限，只有黑龙江省的亚布力滑雪场、帽儿山滑雪场，吉林省北大壶滑雪场，新疆的丝绸之路滑雪场，其他各省市的滑雪场，只能协助承办部分项目。我国的滑雪场所也在逐渐地趋向于大众化，走群众路线，在注重专业的同时更注重服务质量的提高，发展较好的冰雪产业多集中在大型集团旗下的投资项目，比如长白山万达滑雪场，具有专门的机场到雪场的接机班车，并配有度假助理全程接待，住宿酒店是三星级以上的条件，既有滑雪运动，还有休闲度假，综合配套设施相当完备，打造了集休闲运动、餐饮住宿、旅游度假于一体的冰雪产业。类似的滑雪场地还有万科旗下的万科松花湖滑雪场，北京南山滑雪场、万龙滑雪场、太舞滑雪场、多乐美地滑雪场等。

参与冰雪运动人数的增加，与国民经济的发展是分不开的，生活方式的改变是与时俱进的，同时受个人的兴趣爱好所左右，近几年冰雪行业的发展极其迅速，主要源于体育运动休闲娱乐功能的充分体现，让人们所接受，伴随着体育产业的不断成熟，冰雪产业也存在更大的发展空间和广阔的施展平台。

（二）我国冰雪运动产业的业态构成

冰雪运动休闲产业是我国体育休闲产业的一个重要组成部分，主要源于冰雪运动的特点和特征所决定的。冰雪运动是一项竞速滑动类的运动项目，既有竞赛的激烈也有大众休闲的娱乐，是在运动中体会“滑行自如与平衡驰骋”的畅快感受，对人们的身体健康和心理感受具有极高的实用价值。根据联合国《国际产业划分标准》冰雪运动产业是体育产业和旅游产业的重要组成部分，属于跨行业发展的不同体系，包含餐饮业、住宿业、运动旅游业、休闲娱乐业等相关行业，同时，滑雪用品也是其重要的组成部分，如服装行业、器材制造与研发生产业、各级冰雪管理机构及行业组织等也是滑雪产业的重要组成部分。

围绕着冰雪运动，冰雪产业作为其核心内容，对其相关产业的各个层次起着承上启下的作用，它们之间是相辅相成、目标一致、协同发展。与冰雪运动相匹配的运动器械制造产业、冰雪运动服装业、冰雪运动技能培训产业、冰雪地域的观光产业、冰雪运动配套服务娱乐产业、交通运输业等相关产业构成了冰雪运动产业的链条，构建了以冰雪运动为中心，各产业辅助发展的业态体系。

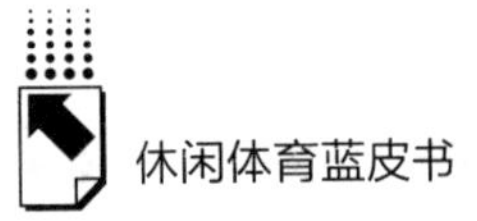

（三）我国冰雪运动产业发展及其阶段性特征

我国冰雪运动产业的发展，得益于人们生活水平的不断提高，物质生活和精神生活的改善。第四届亚洲冬季运动会举办是一个转折点，是我国冰雪产业发展的里程碑。几家滑雪场的诞生，如二龙山滑雪场、亚布力风车山庄、北京南山滑雪场，标志着我国冰雪产业初具规模，从冰雪运动单一的模式逐渐转化为产业化发展的模式，并伴随着北雪南移，将冰雪运动逐渐移向人口多和消费水平较高的大都市，带动了一部分人群参与到冰雪运动中来，其影响很大，一度发展较快，同时也带来了可观的经济收益。

进入 21 世纪，冰雪运动的发展不是单一的运动研究，开始了以产业论坛方式与世界接轨，交流学习。在哈尔滨举办了国际滑雪产业论坛，从政府的角度将滑雪运动提高到了产业的高度，同时，为滑雪产业服务的国际滑雪产品博览会在哈尔滨国际博览中心举办，哈尔滨成为滑雪相关的器材、设备等生产厂家的云集地，是众多前来学习者、参观者的最佳圣地。亚布力滑雪场被人们认为是滑雪产业发展最好的地方，至今还有很多人，以此地为名外出从事滑雪技术指导、雪场管理等相关的工作。在此阶段，东北三省利用便利的地理环境和得天独厚的气候条件，滑雪场的数量迅速增加，一时掀起了滑雪热，人们争先恐后地都想参与体验一下滑雪运动。与此同时新疆地区也充分利用其地理环境，借助国家开发大西北的相关政策，将滑雪产业和振兴区域经济紧密地联系在一起，短短几年的时间里就修建了 7 家滑雪场，并以滑雪为主，结合当地的地貌与人文资源，大力发展冰雪产业，做得非常成功，也为 2016 年全国冬季运动会的承办奠定了坚实的群众和文化基础。

2006 年雪季结束后，国家滑雪协会统计资料显示，我国的滑雪场已达 260 家。在四川、湖北、云南等地区，也相继出现了多家滑雪场，并且在深圳和上海还修建了室内滑雪场，虽然规模比较小，但是也为冰雪产业的发展开了先例，成为当时比较流行的运动，在炎热的夏天还能体验冬天的凉爽。

2006~2016年，我国冰雪产业处于相对稳定发展阶段，在这段时间里，我们获得了雪上项目的第一枚奥运金牌，以及2015年的北京—张家口申办2022年的冬奥会成功，这两个大事件带动了我国冰雪产业的急速发展，最为明显的是张家口地区的雪场建设。总结冰雪产业的发展时期，可分为启动期、初始期、成长期、成熟期四个阶段。启动期，滑冰以小型滑冰场地出现，滑雪以亚布力旅游滑雪场诞生为代表，时间为1996~1998年；初始期，滑冰以东北地区沿河周边、学校操场室外冰场较多，以小型初级滑雪场的投资蜂拥而至，起止时间为1998~2006年；成长期，以各大城市内的室内滑冰场逐渐增多，以滑雪为目的的休闲滑雪市场形成规模并迅速增长，时间从2006年到现在；成熟期，以滑冰进入室内、形成全天候的休闲运动项目，以花样滑冰为主，速度滑冰次之的特征，滑雪以滑雪场建设为主，发展双板滑雪和单板滑雪为主的大众休闲娱乐的运动。

三　我国冰雪运动休闲产业的发展状况

（一）我国冰雪运动产业的地域特征

冰雪运动产业受冰雪运动项目的地域性特点所影响，季节性项目分布有其地域特点，由于我国北方城市的气候、温度、地理环境等影响因素，为冰雪运动的开展奠定了基础，具备了其开展冰雪运动的自然条件，东北地区的省份都不同程度和规模地开展了以冰雪运动为主的冬季体育运动，黑龙江、吉林、辽宁、北京、内蒙古以及新疆等地区是开展冰雪运动的重点省份，其中北京、黑龙江、辽宁的冰雪运动发展势头最为强劲。这些地区每年结冰期、雪期达三四个月，有许多河流结冰形成的天然冰场、人工冰场和雪场供大众从事滑冰、滑雪等活动，并且带动其相关的冰雪产业发展也比较迅速。冰雪运动产业的发展受地域特征的影响，这样的影响是深刻的，而且区域位置是不可逆的，尤其是大型场馆的建设，需要长远布局，持续发展，比如吉

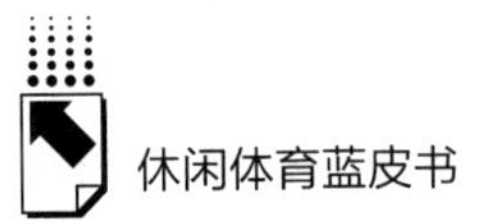

林的北大壶滑雪场、黑龙江的亚布力滑雪场，十几年还能保持规模够大的领先地位，依然可以承办大型的赛事活动，不难排除其有赖于所处地理位置的优势，但其冰雪产业的发展也相对较快，为其他地区做出了非常好的榜样。

随着冰雪运动的发展，滑雪项目在一定程度上还依托季节变化而靠天行事，毕竟修建大型的室内滑雪场规模相对较大，建设难度很大，至今国内也没有几家室内滑雪场，在北方人们还没有夏天进滑雪场滑雪的习惯，活动人群不多，2015 年辽宁省抚顺市建有冠翔室内滑雪场，每逢周末人数还算可以，人们对冬天滑雪还有期待，毕竟冬天可以去大规模的滑雪场滑雪，其对夏天小规模的室内雪场不太感兴趣，受众人群比较单一。而南方修建的室内滑雪场，发展也并不好，人们已经习惯没有滑雪的季节，很难想起去参与滑雪这项运动，还没有滑雪的理念，滑雪产业文化很难深入当地人们的思想，致使很多最早建立的室内滑雪场很难维持生计。伴随着国家实行西部大开发的优惠政策出台，大量的资金、相关技术、专属人才大量西行，率先将冰雪文化注入当地人们思想中，为将来的发展打下基础。但是，由于前期冰雪资源的开发难度较大，继续发展的空间相对较小，需不断推陈出新、打造适合本地域的产品才能维持稳定增长。并且要充分考虑不同地域之间冰雪产业发展水平的差异，这一点与其各自的冰雪资源条件和经济发展水平也是紧密关联的。要突出项目特色，合理区域定位。

（二）我国冰雪运动产业的人口特征

有资料通过调查得出，我国冰雪运动参与人群的年龄多集中在 10 ~ 50 岁，约占所有消费人群的 90%；其中参与人群的文化水平多是高中以上的学历；参与人群中基本上是学生和工薪阶层收入的人群，而且参与人群多集中在比较发达的城市和比较富裕的大中型城市。从其参与人群的分布特征和现状可以分析出，不同层次的参与人群对冰雪运动的认识和理念略有不同，其对冰雪运动产业的消费观念也不同。大多数参与人群对冰雪运动投入不多，而笔者通过对冰雪发烧友、冰雪运动参与者以及冰雪从业人员的调查得知，滑雪项目的参与人数明显多于滑冰人数，滑雪室内场地较少，室外场地受季节的约束，滑冰室内场地逐年增多，参与的总体人数在迅速增加，并且冰雪发烧友对冰雪产业的拉动巨大，据对沈阳市滑雪人口的问卷调查得知，滑雪发烧友的每年人均消费在万元左右，拥有滑雪器材好几套，服装多件，甚至比从业人员的装备都要齐备，呈现出冰雪项目由竞技转向大众化，滑雪技术由大众转向专业化的趋势。大众性比赛增多了，冰雪装备的品牌知名了，冰雪人群的需求量大了，这才是关键。

综合不同的冰雪参与人群和冰雪消费情况来看，冰雪的参与人群基数很大，长期参与的较少，相关产业的带动，部分人群贡献较大，待发展的空间很大。

四　我国冰雪运动休闲产业的发展趋势

（一）冬奥会与冰雪运动发展的契机

近十年来是我国竞技体育发展速度最快的十年。在奥运发展的战略当中，我国在近十年来取得了比较好的成绩，在 2002 年我国参加冬奥会，实现了金牌零的突破，这也是我国参加奥运会的一个重要的里程碑。从 1980 年我国参加奥运会起到 2014 年，一共参加了十届，几十年的历程，我们每个阶段都有不同的发展、不同的进步，但是近十年来，随着我们国家的经济发展、社会进步、体育事业的快速发展，冬季项目也是在快速发展当中的一个重要组成部分，2002 年，杨扬在盐湖城冬奥会上实现了金牌零的突破；2006 年都灵冬奥会上，我国又实现了雪上项目金牌零突破，韩晓鹏在自由式滑雪空中技巧的比赛当中，为中国拿下了第一枚雪上项目的金牌。

2010 年的温哥华冬奥会，实现了冬季奥运历史上的重大突破，我国获得了 5 枚金牌及 12 枚奖牌，金牌总数排到世界第 7 位，这也是中国冬奥会历史上第一次进入前 8 名；短道速滑王濛等一批优秀运动员为中国冬季项目实现历史性突破做出突出贡献。2014 年的索契冬奥会上，我国金牌总数首

次在亚洲获得了第一名，整体水平取得了长足的进步。

（1）申办冬奥会给中国冰雪运动带来新的发展契机，通过申办冬奥会可以更好地推动冬季体育运动，使更多的人关心、参与和支持冬季项目，无疑会更好地推动我国冬季体育活动的开展。通过申办冬奥会，促使进校园、进商业园、进公园的冰雪系列活动能够更好地开展，使我们的冰雪运动能够更系统。在运动当中，增进健康、增强体魄、陶冶情操，这本身也是一种教育，是对青少年进行奥林匹克教育的一个重要组成部分，这是一个很好的机会，会更好地推动我们国家冬季项目的发展。申办冬奥运会的成功，会使中国冰雪运动获得更多的发展空间。“特别是在一些基础大项当中，能够采取一些措施，能够加大投入的力度，能够进一步坚持科学训练，坚持请进来、派出去的一些训练思路，我们可以使这些比较弱或者是水平相对较低的项目逐渐提高它的水平，使我们的规模进一步扩大。”

目前，世界上开展冰雪运动比较好的国家都是发达国家，而且都是有百年以上历史的传统国家，与它们相比，中国是有自身的优势和自身的特色的。我国近些年来冰雪项目发展得快，和我国现有的人民生活水平的提高和不断增长是密不可分的，大家都有参加冬季项目的需求，因此，我们觉得我国有很好的发展空间，要能解决这些差距，也是可以实现的。”“我们会更加努力地做好工作，在未来的若干年当中，我们将会努力地发扬中国悠久的冰雪运动传统，向着冰雪运动强国迈进。

（2）习总书记在接见冬奥会中国体育代表团的时候就讲道，我们通过申办奥运会，能够带动3亿人上冰雪运动。通过申办冬奥会能够组织更多的人参加到冰雪运动当中来，3亿人上冰雪的目标是有条件、有潜力可以完成的。具体怎么来实现？一是搞好规划，使得整个推进3亿人上冰雪的活动变成各个方面，包括政府、教育、体育各方面的一项重要的工作，使大家都能够积极参与其中。二是更好地在青少年中普及奥林匹克知识。在青少年中组织一些活动，使我们开展的这些活动能够更普及，面更大，青少年受益也能更广。三是组织的活动多元，包括有在冰场、雪场的群众上冰活动，同时还有一些与雪和冰有关的健身活动。这里完全可以把它纳入上冰雪活动中来，使得上冰雪活动的面更广，参与的人也会更多。

（3）申办冬奥会对我国群众参与冰雪运动有着深远的影响，增加我国冰雪运动参与人口的数量，我国的冰雪运动发展已经由集中东北地区到全国动员的发展进程中，它受气候和温度的影响越来越小，很多南方的爱好者得知申办冬奥会成功特意冬季到东北来感受冰雪，参与其中体验冰雪的乐趣。参与的人群在逐年增多，在冰雪项目开展较好的地区，参与的人群也在逐渐地增加，受申办冬奥会成功的影响，人们都争先恐后做3亿人中的一员。可以借此契机发展滑雪旅游，为人们提供便利的交通、旅游条件，扩大冰雪产业的影响面，通过冬奥会让全国人民真正有意愿、有条件参与到冰雪运动之中，让人们真正感受着冰雪运动的刺激，“北冰南展”“南冰北练”“北雪西拓”这些具有划时代意义的冰雪产业正有条不紊地向前发展。我国申办冬奥会成功，对普及冰雪运动知识、提高全民参与冰雪运动的理念、打下坚实的冰雪运动群众基础、提高冰雪运动的全民参与人数、发展冰雪运动的后备人才、提高冰雪运动竞技水平等，将会带来积极的促进作用。

我们在加强冰雪基础建设的同时，还应该组织开展内容丰富的集体性的体育活动，以大家都来参与其中为目标，借助申奥的成功提升我国参与体育运动的人口数量，从而促进冰雪运动的长久健康发展，使得大众参与体育运动的人群更加牢固，使冰雪运动及其相关产业得到有效的发展。

（4）在新时代的背景下，科学技术的迅速发展，使得南方很多地区建设了室内的滑冰场和滑雪场，它们借助冬季降雪与人工造雪，从而将冰雪运动从属于北方独有的特色变成了全天候的体育运动。以前南方的人民群众想要进行冰雪运动，只能选择去东北，相信申办冬奥会将促使南方城市兴建更多的室内滑冰场和滑雪场，以往的触不可及，如今可以近距离接触，申办冬奥会的成功将会改变冬季人们的运动方式，人们走出室内，参与到冰雪项目中来。虽然我国的冰雪运动水平在不断地提高，但是大众的普及率并不高，群众的基础还是不够强大，离冰雪强国的目标还有很大的差距，审时度势，借助冬奥会的申办成功，找准方向大力推广冰雪运动，组织相关的冰雪赛事，设置奖项，动员更多的人参与其中，让广大群众充分体验冰雪运动带来的快乐感受，最终实现大众参与冰雪运动得到运动中的乐趣和身心的健康，提高人们体育锻炼的意识，激发体育热情，提高国民的生活质量。

（二）我国冰雪运动产业发展的新趋势

我国冰雪运动产业的发展趋势是，加大力度推动冰雪产业化进程，带动相关产业的融合发展，冰雪运动作为人们喜爱的体育运动，给人以惊险感受和快速位移刺激，有着很大的发展前景。随着人们对健康生活的需求和向往，“谁运动谁健康”的理念已经深入人心，成为一种社会想象。赛场上运动员们的拼搏奋斗，你争我夺，深深地吸引着广大群众对冰雪运动的关注，他们跃跃欲试地参与其中。当下，我国冰雪运动产业的发展正值冬奥会申办成功的契机。与冰雪运动相关的产业很多，它们之间的协同发展，有利于冰雪产业的长久发展，并能带动地方就业，增加居民收入。围绕冰雪运动可以发展装备、器材制造业，这必将是冰雪产业的一大发展趋势，利用已有的基础设备，研发适合我国国情的品牌；让冰雪走出少数人的圈圈，迈向大众。组织大型的群众性冰雪赛事，吸纳更多的爱好者参与进来，同时也给其他人参与其中的机会，厂家从中进行赞助与宣传，创造属于我国自己的品牌形象，最终使得冰雪运动产业蓬勃发展。只有做到冰雪可持续发展才能取得最大效益，这已成为国际社会的共识。各省市应依据本地域的特点和便利条件，抓住机遇，积极构建与冰雪运动相关产业模式，提高以体育产业为新兴经济增长点的认识，促进我国经济的可持续和迅速发展。

参考文献

张贵海：《中国滑雪产业发展研究》，黑龙江科学技术出版社，2013。

倪莎莎等：《冰雪体育文化产业的发展对地方经济和社会发展的积极影响》，《理论观察》2014 年第 9 期。

陶玉晶、张强:《冰雪运动的产业化发展》,《冰雪运动》2004 年第 7 期。

王诚民:《申办冬奥会对我国冰雪运动发展的影响》,《体育文化导刊》2014 年第 11 期。

孙威、刘明亮:《我国冰雪消费及相关产业发展的对策研究》,《北京体育大学学报》2009 年第 11 期。

韩永君、芦平生:《我国冰雪运动发展现状及对策研究》,《黑龙江生态工程职业学院学报》2009 年第 2 期。

安妮:《我国冰雪运动现状与发展趋势探讨》,《东北农业大学学报》2011 年第 2 期。

B.5
我国沙漠、草原休闲体育发展报告

殷俊海　徐立红*

摘　要：　我国的沙漠和草原资源十分丰富，近年来，各省区依托自身独特的自然资源和人文景观，将体育与休闲旅游相结合，逐步开发出多种多样的沙漠休闲、草原休闲体育旅游产品，形成了各具特色的休闲体育项目。本文在简单介绍我国各省区沙漠及草原资源实际情况的基础上，就近几年沙漠资源富集地区开展沙漠休闲体育活动的情况进行梳理，分析了当前我国在发展沙漠休闲体育运动过程中存在的问题，提出了解决对策。考虑到我国草原休闲体育运动的发展状况以及本文的篇幅，在此仅以内蒙古为例，简要地阐述草原休闲运动的开展情况、存在的问题及发展对策。

关键词：　沙漠休闲　草原休闲　休闲旅游

一　沙漠

（一）中国沙漠的分布

中国是世界上沙漠分布最多的国家之一。根据钟德才（1998）利用我

* 殷俊海，内蒙古体育职业学院教授、博士，研究方向为休闲体育、草原体育；徐立红，内蒙古体育职业学院讲师，研究方向为休闲体育。

国沙漠地区的TM卫星图像资料进行的全面量算，在我国沙漠分布的几个主要省份中，新疆和内蒙古的沙漠面积相对较大。新疆沙漠总面积43.8万平方公里；内蒙古沙漠总面积22.79万平方公里，居全国第二。

表1 我国有沙漠的主要省（区）的沙漠（沙地）分布面积

单位：平方公里，%

省(区)	沙漠面积	占全国沙漠面积比例
新疆维吾尔自治区	438100	54.0
内蒙古自治区	227900	28.0
甘肃省	30530	3.8
青海省	19390	2.4
陕西省	12110	1.5
吉林省	11340	1.4
宁夏回族自治区	8030	1.0
黑龙江省	5510	0.7
辽宁省	620	0.1

资料来源：见吴正，《中国沙漠及其治理》，科学出版社，2009。

（二）我国开展沙漠休闲体育运动主要省份的沙漠资源情况

1. 新疆

新疆沙漠面积约为438100平方公里，涵盖了著名的塔克拉玛干沙漠、古尔班通古特沙漠、库姆塔格沙漠。根据钟德才1998年的调查结果，塔克拉玛干沙漠作为中国最大的沙漠，其面积为36.5万平方公里，仅次于撒哈拉沙漠。古尔班通古特沙漠是我国第二大沙漠，其面积为5.113万平方公里。库姆塔格沙漠是我国第九大沙漠，其面积为2.197万平方公里。

2. 内蒙古

内蒙古沙漠面积仅次于新疆，是中国第二大沙漠分布区。从空间上看，从内蒙古西部到中东部均有沙漠分布，西部沙漠区域包括巴丹吉林沙漠、腾格里沙漠、乌兰布和沙漠、库布齐沙漠和毛乌素沙地，东部沙漠区域包括浑善达克沙地、科尔沁沙地。从沙漠景观看，内蒙古沙漠景观丰富独特，沙山、湖泊、生态景观相得益彰。

3. 甘肃

根据1994年首次沙漠化普查结果，甘肃沙化土地面积1428.9平方公里。2009年完成的第四次监测结果显示，甘肃沙化土地面积减少为1192.2平方公里，主要分布在河西地区，境内有腾格里、巴丹吉林、库姆塔格三大沙漠，其中腾格里沙漠主要分布在石羊河流域下游的民勤县、凉州区、古浪县和景泰县；巴丹吉林沙漠分布在黑河流域下游金塔县境内、弱水以东；库姆塔格沙漠分布在疏勒河流域下游敦煌市和阿克塞县境内。

4. 宁夏

宁夏沙漠总面积1.26万平方公里，占土地总面积的24.3%，高于17.6%的全国平均水平。从分布来看，宁夏沙漠遍布北部地区，主要分布在腾格里沙漠的东南边缘、沙坡头附近以及贺兰山山前冲积扇的沙漠区。黄河以东、鄂尔多斯台地西南边缘沿长城还有呈带状分布的多条沙带。

（三）中国主要省份沙漠休闲体育运动开展情况

我国沙漠休闲体育运动始于20世纪80年代末，是一种新兴的户外运动形式。目前我国沙漠休闲体育运动尚处于起步阶段，主要在新疆、内蒙古、甘肃、宁夏等沙漠资源相对富集的地区开展。

1. 新疆

新疆是我国沙漠资源最富集的地区，这里开展的沙漠休闲体育运动在我国影响也是最大的。新疆早期的沙漠休闲体育以沙漠徒步为主，随着徒步活动的开展，与沙漠相关的其他休闲体育活动也逐步发展起来。

（1）沙漠娱乐项目

以娱乐性、趣味性为主，在沙漠旅游景区开发沙漠娱乐项目，如滑沙、滑翔、赛马、赛驼、射击、射箭、沙疗等。

（2）沙漠考察项目

沙漠地貌特征独特，开展沙漠考察探险活动，可同时满足游客增长知识、科学研究、猎奇探险的需求，如丝绸之路大海道—罗布泊科考、丝绸之路考古越野探险。

（3）沙漠探险项目

最早的沙漠探险活动是1993年由新疆大自然旅行社组织的“中英联合首次横穿塔克拉玛干探险”活动。自此，新疆沙漠徒步穿越和汽车探险活动陆续展开，先后举办了多届国家沙漠健身休闲大会、国际沙漠健身休闲大会、国际沙漠徒步越野挑战赛、国际沙漠马拉松赛、中国沙漠汽车越野挑战赛、中国环塔拉力赛等赛事。赛事的成功举办，凸显了新疆开展沙漠休闲体育运动的潜力。

根据新疆维吾尔自治区2014年国民经济和社会发展统计公报，新疆全年接待旅游总人数4952.69万人次，同比下降4.9%；实现旅游总收入650.07亿元，下降3.4%。

2. 内蒙古

依托丰富的沙漠资源，内蒙古西部地区形成了以库布齐沙漠、巴丹吉林沙漠、腾格里沙漠为核心的恩格贝、神光响沙、七星湖、月亮湖、阿拉善沙漠地质公园等景区，内蒙古东部地区开发了以赤峰玉龙沙湖和通辽库伦银沙湾为代表的沙漠特色旅游区。伴随着沙漠旅游产业的发展，内蒙古沙漠休闲体育运动的内容也越来越丰富，具体可概括为沙漠休闲娱乐、沙漠探险两类。从地理位置看，活动的开展主要集中在以下区域。

（1）阿拉善沙漠区

近年来，阿拉善先后承办过汽车摩托车马拉松越野赛、中国越野汽车精英挑战赛、“中国穿罗”汽车越野赛、汽车摩托车沙漠越野挑战赛、中国超级皮卡大赛等重大赛事活动，在汽车运动、探险旅游和户外活动等专业领域已有很高的知名度。2012年阿拉善右旗被国家体育总局汽车摩托车运动管理中心命名为“中国汽车沙漠训练基地”，并于2014年成为越野e族英雄会的永久举办地。

（2）鄂尔多斯沙漠区

依托库布齐沙漠，鄂尔多斯的沙漠汽车摩托车越野赛事开展得如火如荼，先后举办了全国汽车越野系列赛内蒙古库布齐U2沙漠挑战赛、全国汽车场地越野锦标赛、国际户外越野挑战赛、汽车摩托车沙漠越野赛、摩托车沙漠越野拉力赛等一系列国际国内重大赛事。此外，还举行了集户外民族表

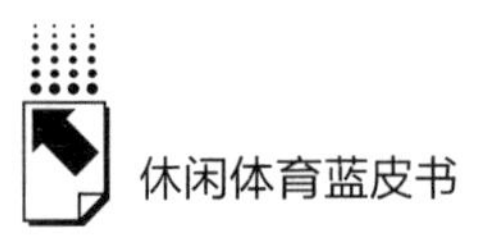

演、户外露营、户外挑战赛、徒步穿越为一体的露营大会暨库布齐沙漠露营摇滚音乐节，集观赏性、趣味性为一体的沙漠露天游泳比赛，已连续举办两届“亿利杯”环七星湖自行车沙漠公路挑战赛，鄂尔多斯国际户外越野挑战赛等丰富多彩的沙漠休闲体育活动。

（3）赤峰玉龙沙湖

2013～2014 首届玉龙沙湖沙漠越野挑战赛是赤峰推出的冬季旅游项目之一，也是赤峰举办的第一个国家级汽车赛事。

2014 年 6 月，以“全民运动，快乐单骑”为主题的玉龙沙湖自行车嘉年华暨首届环玉龙沙湖山地自行车越野赛开赛，与赛事同时进行的还有自行车及骑行装备户外展、自行车特技表演、沙漠音乐摇滚夜、世界杯比赛直播、野外露营大会等活动。

2014 年 9 月，国家体育总局汽车摩托车运动管理中心批准的 A 级赛事——中国玉龙沙湖越野挑战赛开赛。赛道复杂、地形复杂、沙质复杂、线路复杂是本次越野挑战赛的最大特点。与越野赛同时进行的还有另一种极限运动——抱石。抱石运动线路的开发，为玉龙沙湖开启了极限户外旅游模式。

（4）通辽库伦银沙湾

2015 年塔敏查干沙漠银沙湾景区举办了“穿越科尔沁”库伦沙漠越野英雄会，这是一次集多车型沙漠越野拉力赛、动力滑翔赛表演、重型机车集结会、摄影美文大赛、蒙古族歌舞表演、摇滚晚会等活动为一体的越野嘉年华，此次活动打破了全国车赛的常态，实现了房车露营、重型机车骑行、滑翔伞表演、驴友露营等多种户外休闲方式的整合。

根据 2014 年内蒙古国民经济和社会发展统计公报，2014 年全区实现旅游总收入 1805.3 亿元。国内旅游人数 7414.9 万人次，增长 12.1%；国内旅游收入 1745 亿元，增长 29.9%。

3. 甘肃

甘肃沙漠休闲体育运动项目的开发与沙漠旅游、沙漠文化密不可分，总的来看可分为三类，即趣味性项目、竞赛性项目和刺激性项目。趣味性项目是指有趣的参与性游乐项目，如爬沙、滑沙、悠玻球、沙浴等，还有在沙漠生态旅游区开发的集观赏、教育为一体的综合项目。竞赛性项目是指供普通大众参与的兼具竞技性、娱乐性的项目，如沙漠高尔夫、沙漠足球、沙漠排球、沙漠赛骆驼、沙漠跑马等项目。刺激性项目是指沙漠汽车越野、沙漠摩托车冲浪、跳伞、射箭、越野、野营等探险项目。围绕沙漠休闲体育运动开展的赛事有中国西部汽车摩托车腾格里沙漠穿越赛、中国汽车拉力锦标赛、丝绸之路汽车越野拉力赛、中国越野拉力赛、国际露营节、中国（酒泉）西部户外运动系列赛事等。

根据2014年甘肃省国民经济和社会发展统计公报，全年接待国内外游客12660.2万人次，比2013年增长25.6%。

4. 宁夏

从20世纪90年代末开始，宁夏先后举办了多届沙漠体育运动会、沙漠健身运动会等沙漠体育赛事。近几年，随着宁夏沙漠旅游业的蓬勃发展，沙漠越野赛事也日益丰富起来，先后举办了国际旅游自驾车沙漠拉力赛、陶乐拉巴湖沙漠越野赛、中国宁夏（银川）国际汽摩节沙漠场地短道赛、汽车摩托车越野挑战赛等赛事。2014年宁夏中卫沙坡头旅游景区建成国内首个沙漠起降场，开通了“空中畅游沙坡头”项目，实现了游客体验飞行、高空跳伞等参与互动项目的开展。这一尝试不仅丰富了沙漠休闲体育运动项目，也为打造小型飞机的飞行自驾营地、培训基地奠定了良好的基础。

根据宁夏回族自治区2014年国民经济和社会发展统计公报，2014年全年接待国内外旅游者1674.99万人次，同比增长9.0%；实现旅游总收入142.70亿元，同比增长14.7%。

（四）中国发展沙漠休闲体育运动存在的问题

1. 开发各自为政，活动分散，未形成体系

我国沙漠面积广阔，毗邻地区众多，而且沙漠边缘分布的历史遗迹、多元文化、民族特色丰富多彩。凭借这些资源，在沙漠边缘开发沙漠旅游、沙漠休闲体育项目，优势明显。但现实是我国沙漠旅游景点众多，整体规模偏

小，项目规划分散，沙漠旅游开发各自为政，很难形成体系。

2. 缺乏具有深度的、稳定的沙漠赛事及活动

我国沙漠休闲产品开发尚处于初级阶段，单纯依靠沙漠的自然环境，种类单一，现有的赛事和活动大部分停留在个人或社会团体组织的越野赛事和徒步穿越上，且多为一次性项目，缺乏长远规划，未形成固定赛期，不能在深度和广度上拓展，缺少高级别、大规模、有深度的稳定赛事。

3. 活动组织者、参与者的环保意识有待加强

沙漠边缘是典型的生态脆弱区，多数沙漠休闲体育运动的开展均聚集于此。随着活动开展次数及参加人数的增加，大量未得到及时回收和处理的废弃物，十分不利于沙漠环境及地质遗迹的保护。多数活动主办方仍以追求经济利益为主，活动开发中缺少环保教育项目，环保意识不强。

4. 缺乏安全保障，救援体系不健全

沙漠休闲体育运动多为危险系数极高的项目。目前，我国沙漠休闲体育运动的组织者多为俱乐部、协会、旅行社，且旅游服务、安全保障、行业准入、资格认证、政策法规等相关配套体系尚不健全。我国旅游救援工作尚未形成体系，只有少数机构提供旅游救援工作，旅游救援装备数量不足、技术落后，缺乏专业的旅游救援队伍。

5. 活动的开展受到季节性限制

活动季节短，设施利用率低是限制沙漠休闲体育运动项目开发的重要因素。沙漠区适宜开展休闲活动的时间十分短暂，主要集中在夏季，冬春季节活动相对较少，导致活动设施利用率低。在开发沙漠休闲体育运动项目时，如何突破季节性因素的影响，是亟待解决的难题。

（五）大力发展沙漠休闲体育运动的举措

1. 整合资源，系统开发，增强区域辐射力

充分挖掘资源潜力，创新旅游项目，加强区域合作，构建系统化的沙漠旅游模式。结合区域特色，综合考虑沙漠自身及周边地区的自然、文化、体育、旅游特色，组合资源，整合开发，增强区域辐射能力。

2. 创新项目形式，丰富项目内容，树立特色品牌

为树立品牌，避免同质化竞争，沙漠旅游项目的更新和创新十分重要。在突出特色的前提下，开发丰富多彩的沙漠旅游项目，突出体验式旅游，增加游客在景区的停留时间和重游次数。重点打造沙漠越野、空域体育旅游等高级别品牌赛事。

3. 重视生态文化，促进资源保护

在沙漠资源开发过程中，树立保护性开发的观念，加强沙漠环境承载力的研究，重视环境容量评价工作以及沙漠资源开发方式的评价与管理工作，将沙漠资源开发和沙漠资源保护有机结合。充分利用开发沙漠资源所获得的收益对景区资源进行科学保护。通过开展沙漠旅游活动，加强环境教育，强化环保意识，将沙漠治理、沙漠教育与沙漠旅游融为一体。

4. 保障体系逐步建立和完善

积极探索沙漠旅游风险等级评价的方法和手段，加强沙漠旅游经营单位的资质审批与管理，增强旅游从业者和参与者的安全教育和培训，完善沙漠旅游安全保证机制，建立突发事件救援体系，丰富旅游保险险种，制定沙漠旅游安全保障及突发事件处理方面的法律法规。加强沙漠探险旅游专业人才队伍建设，强化沙漠环境资源、探险安全保障、旅游等相关知识，建立持证上岗制度。

5. 大力发展沙产业

沙产业作为沙漠旅游产品的范畴，与沙漠旅游关系密切，将沙产业的生态建设与沙漠旅游开发紧密结合，实现生态建设与沙漠旅游开发的共赢，充分发挥沙漠旅游与生态环境之间的相互促进作用，实现沙产业与沙漠旅游完美结合。

6. 加强区域合作

积极探索并建立合作开发、共享客源的协作机制，充分发挥沙漠旅游的组合优势。打破省区界限，联合开发沙漠旅游资源，共同培育沙漠旅游市场，实现优势互补，共同发展。加强与蒙古国、俄罗斯等毗邻国家合作，通过国际友好协作，举办国际性赛事活动，扩大海外客源市场，增强国际影响力，提高市场竞争力。

二　草原

（一）中国草原的分布

中国是世界上草原资源最丰富的国家之一。我国草原总面积35.7亿亩，其中可利用面积30亿亩，主要分布在东北地区西部、内蒙古、西北荒漠地区和青藏高原一带，遍布黑龙江、吉林、辽宁、内蒙古、宁夏、甘肃、青海、新疆、陕西、河北、山西、四川等省区。

我国草原休闲体育运动的开展主要依附于草原旅游区的开发。目前，开发比较成熟的有乌兰察布草原、呼伦贝尔草原、科尔沁草原、鄂尔多斯草原、锡林郭勒草原、河北坝上草原、新疆巴音布鲁克草原、新疆那提拉草原、西藏藏北草原等。鉴于我国草原休闲体育运动的发展状况及本文的篇幅，在此仅以内蒙古为例，简要阐述草原休闲运动的开展情况、存在问题及发展对策。

（二）内蒙古草原的分布

据1998年内蒙古环保局遥感调查数据，内蒙古境内草原面积为4134.57万公顷，其中有著名的呼伦贝尔草原、锡林郭勒草原、乌兰察布草原、鄂尔多斯草原、阿拉善荒漠草原等。呼伦贝尔草原和锡林郭勒草原面积达3.7亿亩，鄂尔多斯草原面积约1亿亩，额济纳草原面积为10万亩。凭借内蒙古的草原资源开展草原休闲体育活动，不仅在内蒙古占有重要地位，在全国也具有不可比拟的优势。

（三）内蒙古草原休闲体育运动的现状

伴随着旅游产业的发展，内蒙古现已形成以乌兰察布、阿拉善、锡林郭勒、呼伦贝尔、鄂尔多斯等草原为核心的草原旅游区，依托这些草原旅游区开发的草原休闲体育项目主要有以下几种。

1. 草原观光休闲度假

这是利用草原和民族文化资源开发的最初级的草原活动项目。每年的6~9月是草原最好的季节，气候适宜，空气清新，非常适合开展草原观光休闲度假活动。

2. 体验民俗风情、节庆活动

内蒙古大草原孕育了以蒙古族为主的多种少数民族，形成了与众不同的饮食文化、宗教文化、服饰文化、节庆文化及生产生活方式。结合内蒙古草原特色，开发草原旅游项目，推出别具特色的民俗活动，如体验蒙古族人的生活，住蒙古包、穿蒙古袍、学说蒙古语、品尝蒙古传统饮食，观看蒙古族歌舞表演等。此外，依托祭敖包、那达慕等特色的节庆文化，定期举办旅游那达慕、草原旅游节等活动，将旅游和草原传统节庆活动融为一体，在全面展示草原传统文化魅力的同时，吸引游客，丰富草原旅游活动内容。

3. 草原体育旅游

内蒙古少数民族传统体育活动丰富多彩。草原那达慕中摔跤、射箭、赛马、赛驼、叼羊、少数民族歌舞、篝火晚会、祭敖包等活动具有广泛的群众基础，参与性很强。内蒙古草原区域广阔，基本没有道路限制，在科学合理规划、注重草原生态保护的前提下，可适量推出草原越野旅游项目。此外，针对草原空域的项目开发也日益受到追捧，如2013年、2014年连续两年在内蒙古克什克腾旗乌兰布统草原举行的AOPO国际飞行大会，类似这样的“空中那达慕”是将飞行特技表演和草原旅游相结合的新型旅游活动。

4. 探险旅游

草原探险也是参与性很强的项目，参与者可以体验蒙古族的游牧生活，品尝纯正的蒙古族美食，感受蒙古族的风土人情，参加套马、赛马、驯马、搏克表演等蒙古族传统体育项目，学习了解草原生存经验。游客可以选择开车、骑马或骑自行车穿越草原，途中设置野营租用地，游客根据需要在野营地搭建帐篷，享受草原夜色，在休闲、娱乐的同时，充分亲近大自然。

（四）内蒙古草原休闲运动开发过程中存在的问题

1. 产品结构单一，开发层次偏低，品牌建设欠缺

草原旅游资源开发多以粗放型为主，景区的接待设施和产品差异性不大，恶性竞争现象严重。产品开发缺乏层次，多为低层次开发，结构单一，布局分散，没有形成规模。文化内涵建设和活动的丰富性方面开发不足，缺少具有竞争优势的特色品牌，很难满足不同层次游客的消费需求。

2. 旅游设施落后，配套程度较低

内蒙古草原旅游开发尚未规模化、系统化，在各自为政的小规模开发模式下，服务设施不健全，综合配套程度较低。很多旅游区的周围环境和住宿条件差，旅游区管理和服务不规范。

3. 草原资源开发与保护矛盾凸显

草原生态系统脆弱，游客承载量低。目前，受草原旅游资源的过度开发、保护不力以及气候因素等多种因素的影响，草原旅游景区都或多或少出现了地表水污染、视觉污染、土壤裸露、土壤板结等现象，个别旅游景区还出现了严重的草原景观和生态环境退化的现象。加之相关旅游规划和行业法规建设滞后、游客环保意识淡薄，为草原旅游资源的开发带来了极大的负面影响。

4. 草原旅游产品季节性明显

内蒙古草原区受所处地理位置气候影响，冬长夏短，大部分草原区适宜旅游的时间只有100多天。季节性因素导致草原旅游的淡旺季对比明显，旺季面临旅游接待设施和资源短缺不足，而淡季却出现大量设施和资源的闲置浪费。

（五）大力发展内蒙古草原休闲运动的对策

1. 产品开发多元化、特色化，重点打造精品

根据内蒙古草原的资源特色与地理区位情况，结合不同层次游客的需求，科学合理配置旅游要素，构建多元化、特色化的旅游产品体系。抓住内蒙古草原资源景观多、替代性低、神秘性高的特点，围绕特色做文章，以特

色促精品项目建设。充分发挥内蒙古夏季草原、冬季冰雪的独特资源优势，重点开发高层次、多元化的特色休闲旅游产品。

2. 努力完善配套设施，提升服务接待能力

加大与各景区相连公路的建设力度，为游客提供便捷的交通条件，提高景区的可进入性。尽快改变景区脏乱差的局面，加快景区餐饮、住宿、娱乐等相关场所配套设施的改善及建设工作。提高景区从业人员的专业水平和综合素质，为游客提供高质量的服务。

3. 加强草原生态环境保护

加大草原旅游资源与生态环境的保护力度，以生态旅游的发展，促进草原资源开发与环境保护的协调统一。根据草原资源环境保护的要求，按照不同区域的承载能力，进行合理的功能分区，在不超越环境承载力前提下，科学规划，合理开发。加强环境影响评价，加大环境监测和生态监管，建立健全草原旅游环境保护的法律法规，提高游客环保意识。

4. 提升草原旅游产品的体验性和文化内涵

对草原旅游资源的开发，不能只停留在草原观光游，要加强对草原旅游资源的深层次开发，特别是参与性强的体验型草原休闲旅游产品的开发。充分挖掘旅游资源的潜在价值，将科学考察、科普教育、户外探险、定向越野、素质拓展等体验性强的项目开发出来，迎合不同层次消费者的需求。此外，内蒙古丰富的草原游牧文化也是开发的亮点。进一步整合草原文化资源，突出特色文化元素，创新产品设计理念，深入挖掘、组合民俗旅游资源，开发系列民俗文化体验型的旅游产品。

参考文献

吴正：《中国沙漠及其治理》，科学出版社，2009。

周特先：《宁夏国土资源》，宁夏人民出版社，1998。

张明华：《中国的草原》，商务印书馆，1995。

张自学：《二十世纪末内蒙古生态环境遥感调查研究》，内蒙古人民出版社，2001。

朱震达、吴正、刘恕等：《中国沙漠概论》，科学出版社，1980。

韩巍：《内蒙古草原民俗与旅游》，内蒙古大学出版社，2007。

张广军：《沙漠学》，中国林业出版社，1996。

王文彪：《内蒙古沙漠资源及开发利用》，内蒙古大学出版社，2011。

杨秀春、朱晓华、严平：《中国沙漠化地区生态旅游开发研究》，《中国沙漠》2003年第11期。

潘秋玲：《新疆荒漠旅游的开发前景与导向分析》，《干旱区地理》2000年第1期。

付超、王淑兰：《我国沙漠旅游资源开发初探》，《昆明大学学报》2007年第18期。

吕君、刘丽梅：《中国草原旅游发展研究》，《世界地理研究》2005年第2期。

张翠丽：《西部草原旅游发展研究》，《青海师范大学学报》（自然科学版）2007年第2期。

张婧：《草原旅游与环境可持续发展研究》，《北方经济》2006年第10期。

刘俊清：《内蒙古草原生态旅游可持续发展探究》，《内蒙古财经学院学报》2010年第6期。

尹郑刚：《我国沙漠旅游景区开发的现状和前景》，《干旱区资源与环境》2011年第25期。

钟梅杨、谢泽华、钱凤珍：《发展草原休闲旅游保护草原生态环境》，《环境与发展》2014年第1期。

康媛媛：《新疆沙漠旅游及其开发研究》，《丝绸之路》2009年第12期。

殷俊海：《内蒙古优势特色体育产业发展战略及政策研究》，北京体育大学，2014。

殷俊海：《关于内蒙古户外健身休闲体育产业发展的思考》，《中国学校体育》2014年第6期。

殷俊海：《关于对内蒙古冬季体育项目发展的思考》，《内蒙古农业大学学报》（社会科学版）2010年第4期。

杨仲杰：《中国西部旅游发展战略研究》，《甘肃科技》2005年第6期。

沙爱霞、陈忠祥：《宁夏沙漠旅游开发研究》，《宁夏大学学报》2004年第3期。

何雨、王玲：《内蒙古沙漠旅游资源及其开发研究》，《干旱区资源与环境》2007年第2期。

刘丽梅、吕君：《草原旅游发展中存在的问题及策略探究》，《未来与发展》2009年第8期。

特格西毕力格：《内蒙古草原经济发展研究》，中央民族大学，2009。

向宝惠、唐承财、钟林生：《金银滩草原旅游资源保护与利用探讨》，《青海社会科学》2009年第5期。

B.6

我国水上休闲体育发展现状与趋势

刘 勇　史文文*

摘　要：　本报告首先对漂流运动的基本概念、发展现状做了介绍，并提出大力培养漂流运动的高级专业人才；改进和完善配套设施，提高安全性；加强漂流品牌建设，合理规划协调发展三方面的发展趋势。其次是对温泉运动的发展现状做了简要介绍，并提出合理开发温泉资源，塑造温泉文化特色；打造温泉品牌，丰富温泉附属产品；加强温泉区域间合作，注重温泉资源保护三方面的发展趋势。最后对龙舟运动概况做了简要介绍，并提出以赛事促环保、积极扶持民间社团、龙舟竞赛与城市发展互融方面的发展趋势。

关键词：　漂流　温泉　龙舟

一　漂流运动的发展现状与趋势

（一）漂流运动概述

漂流是驾驶无动力的橡皮筏或竹筏等，利用船桨掌握航向，在流动速度不定的水流中顺流而下的一项惊险刺激的体育运动，主要分为激流漂流和平水漂流两种。

---

* 刘勇，湖北大学教授，研究生导师，研究方向为休闲体育、体育产业；史文文，湖北大学体育学院副教授，博士，研究方向为休闲体育。

漂流作为一项体育旅游项目，具有体验性和参与性的特点。随着人们生活水平的提高，追求目标由物质生活转为精神生活，尤其是寻求探险刺激精神的迸发。漂流正好迎合了人们崇尚自然、超越自我的心理，加之我国得天独厚的地理条件以及丰富的水资源优势，漂流日益成为人们追求的一种时尚休闲运动，它能实现体育元素、文化元素和旅游元素有机融合，能有力推动休闲体育产业的发展。

（二）漂流运动的发展现状

1. 湖北省

宜昌市2011 年荣膺“中国自然水域漂流之都”并成功举办了2012 首届中国宜昌自然水域国际漂流大赛，宜昌市的朝天吼漂流景区连续承办自然水域国际漂流大赛。此外，朝天吼漂流景区在 2014 年还举办了首届全国驴友交流大会暨万人帐篷节、情侣漂流大赛等。

黄冈市自 2013 年起举办了中国·黄冈挺进大别山漂流赛，至 2015 年已连续举办三届赛事，该赛事已被列为全国自然水域漂流赛系列赛（黄冈站），是一项高规格、大规模、影响力大的群众性国家级业余漂流赛事。

2. 广西

广西地处南方喀斯特岩溶地区，山地遍布、河流众多，多种多样的地质形态为开发漂流项目提供了得天独厚的自然条件。漂流运动季节性强，虽然广西省大多数地方在进入冬季后的气温仍然有 10℃ ~20℃，但大多数漂流景区在进入 11 月份后不再对外开放，基本是从第二年的“五一”才重新开放。目前，广西内较有名气的漂流景区包括桂林资源县五排河国家探险漂流运动基地、百色市右江区的大王岭森林漂流、那坡县的老虎跳中越跨国峡谷漂流、靖西县的古龙山峡谷漂流景区等。

（三）漂流运动的发展趋势

1. 大力培养漂流运动的高级专业人才

高级专业人才是漂流运动发展的基础和关键。当前我国缺少充足的、高素质的户外运动人才，要想有效地开展漂流运动人才培养工作，可能需要发挥高校的资源优势，为培养高质量、高水平的漂流运动人才而专门开设户外运动专业。与此同时，各省市体育部门也可定期举办漂流运动人才培训班，为漂流运动的从业人员开设相关专业课程，进而提高他们的专业水平，使得漂流运动能够进入规范化的轨道中。

2. 改进和完善配套设施，提高安全性

漂流运动的配套设施主要包括景区内外部的硬件设施和软件设施。对于漂流运动而言，设施的安全性十分重要。这就要求引进高质量、高性能、高安全系数的橡皮艇和竹筏等，让漂流运动参与者既能够得到安全保障，又能充分地体验到漂流运动的刺激与魅力。此外，漂流的组织方还需要做好相关设备的准备以及服务质量提升工作，如安全救护人员、医疗器械设备、急救药品等设施一应俱全，注重提升工作人员的服务质量和服务意识，加强内部设施的建设。

3. 加强漂流品牌建设，合理规划协调发展

漂流旅游需要打造属于自己的品牌，增强漂流旅游项目的核心竞争力。将漂流旅游可持续发展规划纳入本地的经济、社会和旅游总体发展规划中，充分考虑旅游资源与环境对于漂流旅游发展的承受能力，防止盲目或过度开发资源，避免造成资源破坏和环境污染。此外，需要科学论证漂流旅游在当地的发展可行性，促进漂流旅游地的人工设施与自然环境的和谐统一发展，以保障资源的可持续利用以及漂流与旅游环境的协调发展。

二　温泉运动的发展现状与趋势

（一）温泉运动概述

目前，中国的温泉旅游发展已经进入大众旅游的阶段，温泉旅游的开发由早期的温泉医疗与休闲娱乐功能转移到综合性的多功能开发，可以归纳为“疗养—保养—修养—休闲—娱乐”的历史发展轨迹。在环境营造上注重追

求高质量的环境，由室内温泉转向露天温泉。由此可见，中国温泉旅游发展的新趋势是：营造现代化的度假环境、提供多样化的温泉旅游产品、塑造个性化的温泉文化特色和提供精细化的温泉旅游服务。

温泉根据其形成原因可以分为：火山型温泉、深层岩温泉、变质岩温泉和沉积岩温泉。也可以依据温度分为高温温泉（高于 75℃）、中温温泉（40℃ ~75℃）、低温温泉（低于 40℃）。

2010 年末，由中国国土资源部和中国矿业联合会联合公布了首批“中国温泉之乡（城、都）”的评选结果，天津市、重庆市和福州市以丰富的地热资源储量和开发利用成果，获得“中国温泉之都”的荣誉称号。2014 年，因国务院国土资源取消中国温泉之乡（城、都）命名审批后，由中国矿业联合会单独评选了济南市和厦门市为中国温泉之都。

（二）温泉运动的发展现状

1. 重庆市

重庆温泉资源储量丰富、品质优良、类型多样、点多面广，得天独厚地具有集地热、生态、气候、文化于一体的温泉旅游资源优势，有巨大的开发潜力和广阔的市场前景。2009 年，重庆市政府提出“两翼多泉”规划，是指分别在渝东北长江三峡一带和渝东南乌江生态民俗风情带修建多个温泉。2010 年底，重庆被中国国土资源部和中国矿业联合会联合评定为首批“中国温泉之乡（城、都）”之一。2012 年底，重庆市被世界温泉及气候养生联合会授予“世界温泉之都”称号。表 1 是重庆市具有代表性的“五方十泉”温泉资源的特点比较。

2. 福州市

福州温泉早在唐宋时期就已被开发利用于洗浴和治疗。目前，福州市主要有六大温泉游憩区：市区范围内温泉游憩区、贵安温泉游憩区、桂湖温泉游憩区、永泰温泉游憩区、闽清温泉游憩区和闽侯温泉游憩区。福州的温泉旅游区位可划分为三大类：中心城区、城市周边和郊野地区（见表 2）。

表1　重庆市“五方十泉”温泉资源的特点比较

名称	平均水温（℃）	日流量（t）	主要矿物成分	主要医疗功能
东温泉	43	1230	硫、钙、碳、氟	热医疗效用明显
桥口坝	41	5000	氡、氟、锶	对皮肤病疗效显著
南温泉	42	2890	硫、酸、钙、镁	促进新陈代谢，健身美容，治疗皮肤病和关节炎等
天赐温泉	57	2000	偏硅酸、偏硼酸、硫、钙、镁、锶	对神经系统、消化系统、心血管系统具有医疗效果
贝迪温泉	52	5800	硫酸钙	医疗保健、消除疲劳
统景温泉	47	3000	锶	治疗肥胖症、运动系统疾病、神经系统疾病、痛风等
北温泉柏联 SPA	37	5700	硫、钙、镁	神经衰弱、颈椎病、胃下垂等
海棠晓月	52	2500	钙、镁、硫、硅	对消化系统、神经系统、心血管系统等具有保健作用
融汇温泉	54	5000	硫、酸、钙、镁	具有医疗、保健及美容价值

资料来源：见云艳红，《重庆“温泉之都”旅游营销研究》，重庆师范大学硕士学位论文，2013。

表2　福州温泉旅游区位

温泉区位	开发条件	市场及功能定位	主要特点
中心城区	位于城市主要活动区域，约半小时车程；温泉资源丰富，与其他旅游资源整合有限	以所系城市为目标市场，以洗浴、住宿、休疗保健为主要功能	以澡堂和中小型规模露天温泉和酒店为主，走精品化路线，以体验温泉本身为主，温泉历史文化氛围浓
城市周边	距城市约1小时车程；温泉资源条件与周边资源条件一般	以一个大中城市为主要目标市场，以建设露天温泉公园为主	规模适中，建设露天温泉度假村，常配套以五星级酒店；也有低层次开发的结合农家乐的温泉泡浴和民宿
郊野地区	距城市1～3小时路程；位于旅游资源丰富的地区，资源整合程度高	以多个周边城市为目标市场	规模通常较大，综合利用多种资源建设多功能的温泉旅游度假区，基础配套设施齐全，形成一个旅游综合体

资料来源：见王馨翀，《福州市温泉游憩市场细分研究》，华侨大学硕士学位论文，2014。

3. 湖北省

湖北省温泉资源的地理分布呈现出沿武汉城市圈和鄂西生态文化旅游圈散点分布、个体差异较大的特点。其中，以武汉城市圈周围的温泉资源最为

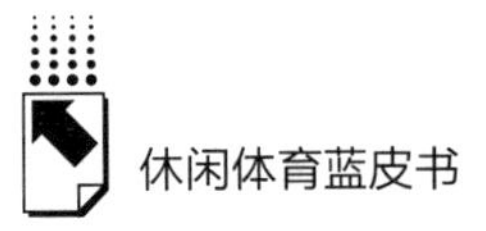

丰富，尤以咸宁和黄冈的温泉分布密度最广。

咸宁市是湖北省内温泉资源分布最为密集的城市，其所管辖范围内的区县均蕴藏着温泉资源。2011 年，咸宁市被命名为中国温泉之城。咸宁温泉新城也是有“华中第一泉”之称，温泉蕴藏量十分丰富。此外，湖北省英山县也获得“中国地热综合利用开发示范县”称号。正是由于湖北省内蕴藏着丰富的温泉资源，湖北省在“十二五”旅游业发展规划中明确提出要建设“温泉休闲度假旅游板块”：以咸宁国际温泉城（温泉区）为核心，辐射荆州、黄石、黄冈的部分区域，整合板块内多种旅游资源，着力加强温泉旅游配套设施建设，形成以温泉度假为龙头，山水观光和乡村度假等为补充的系列旅游产品，着力打造湖北乃至华中地区最具特色和最有发展潜力的现代休闲度假胜地。

湖北省比较有代表性的温泉资源有：①咸宁温泉。温泉属性是硫酸钙泉，可治愈疾病有风湿关节炎。②赤壁温泉。温泉属性是氡泉，可治愈疾病有贫血、心血管、肝、胃等。③崇阳温泉。温泉属性是重碳酸钙镁型，可治愈疾病有风湿关节炎、皮肤病。④通城温泉和嘉鱼温泉。温泉属性均是重碳酸钙型，可治愈疾病有风湿关节炎。⑤通山温泉。温泉属性是弱碱性重碳酸钙型，可治愈疾病有风湿关节炎、皮肤病。⑥英山温泉。温泉属性是硫酸钠泉，可治愈疾病有皮肤病。⑦罗田温泉。温泉属性是硫酸钠、钙泉，可治愈疾病有高血压、痛风等。⑧蕲春桐梓温泉。温泉属性是重碳硫酸钠型泉，可治疗因缺氟所患的各种疾病。⑨汤池温泉。温泉属性是含氡、氢高，可治愈疾病有心血管、消化道疾病。⑩汤堰温泉。温泉属性是含氟硫酸钙型弱放射性氡温泉，可治愈疾病有皮肤病、胃病、关节炎等。

（三）温泉运动的发展趋势

1. 合理开发温泉资源，塑造温泉文化特色

温泉资源是珍贵的地热资源之一，各地在开发、利用和保护等方面要充分考虑它的自然因素和社会因素，对其合理性进行有效评估，这样才能更好地推进温泉产业的发展。与此同时，还需要充分利用各种手段去大力宣传对于温泉环境的保护意识，保证温泉资源能够得到持续的发展。

此外，在温泉资源的开发过程中对于温泉与当地民俗民风之间关系的利用也存在较大问题，特别是全国各地的温泉旅游产品同质化程度较高，没有针对本地特色开发个性化的温泉旅游产品。因此，在塑造温泉文化特色上可采用的具体措施包括以下两个方面：一是以本地的历史文化为核心，深入挖掘温泉产品的文化内涵和沐浴文化。温泉资源的开发中充分挖掘和利用当地历史文化，将当地的自然景观、人文景观有机地结合起来，使得温泉资源得到更充分和更有效的开发和使用。例如，湖北省的温泉开发可以结合荆楚文化特点，塑造本地的温泉文化内涵。二是根据温泉所在地的区域文化特色，打造能够充分体现本地温泉文化的物质环境，把周边的自然景观和人文景观结合起来，塑造温泉的本地文化特色。构建各地不同文化底蕴的温泉文化氛围，不仅能使温泉成为人们休闲疗养和休闲娱乐之处，还能让人们切身体验到民族文化和区域文化的魅力。

2. 打造温泉品牌，丰富温泉附属产品

温泉资源的开发与推广要注重品牌概念的重要性，塑造良好的品牌形象，注重广告效应，增强温泉旅游的关注度和知名度。在温泉旅游的管理方面，需要打造以质量和服务为核心的优质品牌路线，产品形式多元化，服务质量标准化。例如，加强温泉的硬件设施，包括温泉汤池的种类、标准等。

通过温泉沐浴能够加强身体的抵抗力，还能够丰富人们的精神生活，进而有益于心理健康。因此，在温泉开发时，还可以考虑充分发挥温泉旅游的养心和养生特点，加大力度开展温泉附属产品的研发。例如，将温泉与四季养生理论结合起来，开发沐浴疗养项目等温泉附属产品，这样能使温泉更具有吸引力。尤其是在“健康中国”的背景下，越来越多的人注重身心健康，也会关注哪些方法可以做到养生和养心，温泉开发可以利用人们对于养生问题的关注和重视，开发丰富的温泉附属产品。

3. 加强温泉区域间合作，注重温泉资源保护

我国许多省份都有着丰富的温泉资源，但目前主要是这些拥有温泉资源的城市单方面发挥自身优势，各自开展温泉推广活动，缺少温泉区域间的合作。因此，各地需要充分利用地理资源优势，在温泉开发时进行城市间互动

合作和整体控制。例如，湖北省的咸宁和黄冈拥有丰富的温泉资源，它们就可以充分利用“武汉城市圈”的发展战略，进行温泉区域间合作，通过武汉城市圈的规划发展打造新的温泉推广模式，在与周边温泉资源整合的同时，不仅能提高本地温泉的竞争力，还能联动周边温泉的发展，形成一个温泉城市圈。

三　龙舟运动的发展现状与趋势

（一）龙舟运动概述

龙舟运动在中国具有悠久的历史和深厚的民族情感，它具有丰富的竞技内涵和厚实的群众基础，有较高的商业价值和竞赛价值。自2011年起，国家体育总局社会体育指导中心、中央电视台体育频道、中国龙舟协会联合主办了中华龙舟大赛，该项赛事是目前国内规格级别最高、竞技水平最高、影响力最大、奖金总额最高的顶尖龙舟赛事。2011年举办了2站比赛，举办地分别是江阴和漳州；2012年举办了6站比赛，举办地分别是万宁、月城、铜仁、鄱阳、温州和丹灶；2013年共举办了7站比赛，举办地分别是万宁、福州、月城、鄱阳、永靖、铜仁和麻涌；2014年共举办了6站比赛，举办地分别是万宁、武进、鄱阳、温州、福州和陵水；2015年共举办了7站比赛，举办地分别是万宁、武进、鄱阳、福州、温州、麻涌和陵水。从上述数据可以看出，2011～2015年，中华龙舟大赛共组织了28站比赛，举办地点分布在华东、华中、西南和西北四大区，共涉及8个省份（海南、浙江、贵州、广东、甘肃、江西、福建、江苏）。其中，万宁、鄱阳都举办了四次中华龙舟大赛，温州、福州都举办了三次中华龙舟大赛，月城、铜仁、武进、麻涌和陵水分别举办了两次中华龙舟大赛。

（二）龙舟运动发展现状

1. 湖北省

自2009年起，湖北省体育局和湖北省体育总会每年都在端午节期间联合主办“湖北省龙舟大赛”。在高校龙舟运动开展方面，武汉大学和华中科技大学于2012年起开展了“同城双星”龙舟大赛。此外，武汉理工大学“黄鹤”龙舟队、武汉商学院龙舟队、江汉大学龙舟队等高校龙舟运动队在国内外的高校龙舟赛事中都获得了优异成绩。武汉市的民间社团组织也有很多自发组织的龙舟队参加每年的龙舟赛事，最具代表性的就是中国濒危文化保护者龙舟队。武汉市自2011年起，每年都举办武汉市职工龙舟大赛。

2. 上海市

上海市的龙舟赛事较多，如世界华人龙舟邀请赛、上海市学生阳光体育大联赛龙舟赛、苏州河国际城市龙舟赛等都已经成为上海市的品牌龙舟赛事。2011年10月，上海市青浦区被国家体育总局社体中心命名为“全国龙舟之乡”，世界华人龙舟邀请赛已经成为青浦区的体育特色品牌赛事，青浦区利用自身的水域、历史、文化、群众基础、品牌龙舟赛事和政府支持等优势，着力打造了“中国龙舟之乡”品牌。此外，从2011年开始，上海奉贤碧海金沙开始举办“海湾杯”龙舟邀请赛，上海市奉贤区举办的龙舟赛事的特色定位在“体育休闲旅游”。

（三）龙舟运动的发展趋势

1. 以赛事促环保

随着龙舟运动的开展，举办龙舟活动的水域也被公众和媒体所关注，由此带来的是这些水域的水质情况也较之以往更受人们关注。通过龙舟运动的推广，尤其是龙舟赛事的不断开展，不仅能让人们了解龙舟运动，还能让大家更加注重对水资源的保护，这对于水污染的治理以及环境保护有促进作用。

2. 积极扶持民间社团

由社会力量自发组织的民间社团是需要积极扶持和支持的，因为这些民间社团的成员都是对龙舟运动发自内心地喜爱和关注，他们也愿意投身到龙舟运动的建设和发展中。因此，体育主管部门应积极扶持龙舟民间社团组织，不仅给予技术指导，还可以给予政策和资金上的支持。例如，民间社团在场地设施上有较大需求，主管部门可以在政策上给予支持，帮助龙舟的民间社团联系训练和竞赛场地。在资金支持上，既可通过政府购买公共服务的形式予以资助，也可通过政策支持的方式为民间社团提供赞助。

3. 龙舟竞赛与城市发展互融

龙舟运动蕴含丰富的文化底蕴，它与龙文化一脉相承，通过龙舟竞赛可以与中国传统文化衔接起来，既能推动龙舟运动发展，又能体现中国传统文化的精髓，更能为民族传统体育项目的转型提供一条新思路。此外，龙舟竞赛不仅能宣传区域文化，还能促进城市发展。如举办龙舟赛事的城市要对交通、商业、饮食等服务行业加快发展，通过打造品牌龙舟赛事来推动城市的品牌化发展，带动产业链延伸，与周边其他休闲运动项目互动，从而能把养心、养生有机结合，实现龙舟竞赛与城市的联动发展，充分诠释健康文明的居民生活方式和城市发展方向。

区　域　篇

Regional Reports

B.7
北京市休闲体育发展报告

刘平江*

摘　要：　北京作为我国的首都，有其独特的自然条件和历史文化背景。近年来随着经济的发展和产业结构的转型，市民休闲健身意识增强，逾八成市民的健身时间超过半小时；早晨和傍晚锻炼的居多，健身形式以简单易行为主，例如散步、跑步、爬山等；公园和社区作为休闲体育场所更受欢迎；市民参加休闲体育活动，一般采取就近原则，活动场所的选择上偏好公益性、公共性场所。休闲体育设施数量不够和分布不合理影响市民参与休闲体育活动，公共体育设施建设和开放管理问题限制了休闲体育的发展；市民最渴望增加体育健身公园和小型健身活动中心。在北京市民健康的需求下，未来“互联

* 刘平江，首都体育学院副教授、博士，研究方向为休闲体育、学校体育。

网＋休闲体育”会得到更快的发展。

关键词： 北京 休闲体育

一 北京的基础条件

（一）自然情况

1. 气候

北京地区处于亚洲大陆东岸，地处暖温带半温润地区，在蒙古高压的影响下，夏季高温多雨，冬季寒冷干燥，春、秋短促，是典型的暖温带半湿润大陆性季风气候。北京四季分明，各季气候具有不同特色：春花、秋月、夏雨、冬雪。西面、北面和东面环山，高山阻挡了西北吹来的冷空气，因此，与其他同纬度的地区相比，北京的冬天要温暖很多。而夏季，在海洋对东南暖湿气流的调节作用下，天气也不太炎热。所以，倚山临海的特殊地理环境造就了北京地区夏无酷暑、冬无严寒的优越气候条件。

2. 地理位置

北京地理位置显赫，位于北纬 39°，东经 116°。地处华北平原北部，西北出居庸关进入内蒙古，东北出山海关进入东北，向东是天津，与渤海距离仅 150 千米，向南是淮海平原，向西进入黄土高原。北京处于华北平原与太行山脉、燕山山脉的交接部位，雄踞于华北大平原的西北端，形似“海湾”之势，因此，自古就有“北京湾”之称。

3. 行政区域

北京下辖东城区、西城区、朝阳区、海淀区、丰台区、石景山区、昌平区、通州区、大兴区等 16 个区县。其中，东城区、西城区、朝阳区、海淀区、丰台区、石景山区 6 个内城区被称为“城六区”。近年来，随着城市化进程的加快，先后有多个县改为区。随着疏解非首都功能进程的加快，工业重心已经逐渐外移。

（二）民族风俗与文化特征

1. 民族

北京市作为首都，是各民族人民都十分向往的地方，也是我国第一个聚集了56个民族的城市。北京市汉族人口占总人数的95.69%，除汉族外，满族、回族和蒙古族人口均超过万人，少数民族人口为480384人。

2. 风俗

北京有宠物习俗，北京是具有厚重文化底蕴的城市，北京人养宠物的历史悠久，学问、讲究也多。从宠物习俗的变迁，可以寻找到生活轨迹的变化，北京人有斗蟋蟀、养鸽子、遛狗、养金鱼、提笼架鸟等习俗。

3. 文化特点

北京是我国的首都、直辖市。其最早见于文献的名称为“蓟”。有着3000余年建城史和778年建都史的北京，自秦汉以来一直都是我国北方的军事和商业重镇，名称先后称为蓟城、燕都、燕京、涿郡、幽州、南京、中都、大都、京师、顺天府、北平、北京等。方言为北京话。贞元元年，金朝皇帝海陵王完颜亮正式建都于北京，称为中都，就是今天北京市的西南。从此以后，元朝、明朝、清朝的都城都建立于此。北京人的文化特征有其历史渊源性，北京“京味儿”文化的最典型代表就是胡同和四合院。

4. 经济状况

2014年末北京市常住人口2151.6万人，常住外来人口818.7万人，占常住人口的比重为38.1%。全年地区生产总值为21330.8亿元，比上年增长7.3%。第一产业增加值159亿元，下降0.1%；第二产业增加值4545.5亿元，增长6.9%；第三产业增加值16626.3亿元，增长7.5%。按常住人口计算，人均地区生产总值达到99995元。

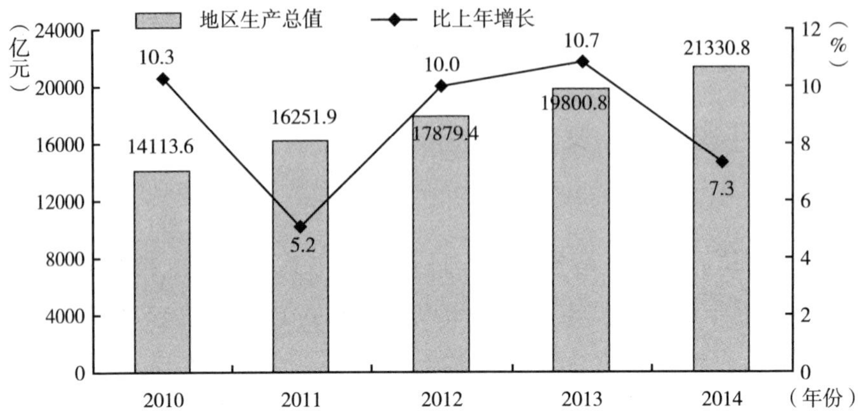

图1　2010～2014年北京地区生产总值及增长速度

资料来源：北京市统计局国家统计局北京调查总队。

2014年北京城镇居民人均可支配收入达到43910元，比2013年增长8.9%；价格因素被排除后，实际增长为7.2%。城镇居民的人均消费性支出为28009元，增长6.6%，服务性消费支出9197元，增长10.7%；恩格尔系数为30.8%，比上年下降0.3个百分点。农村居民人均消费性支出达到14529元，增长7.2%；恩格尔系数为34.7%，比上年提高0.1个百分点。

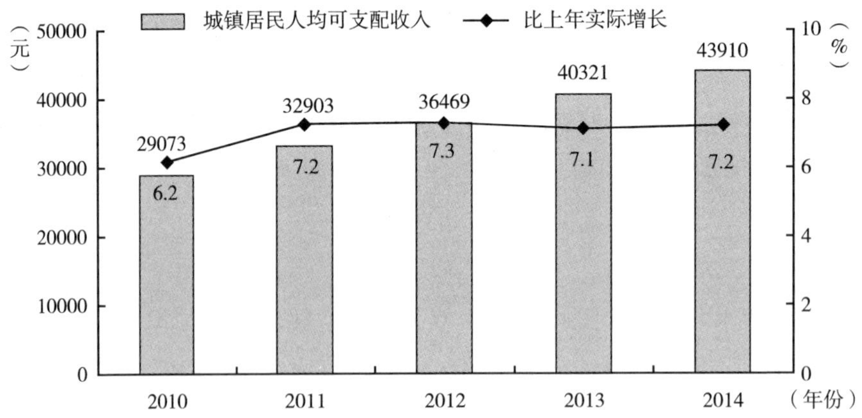

图2　2010～2014年城镇居民人均可支配收入及实际增速

资料来源：北京市统计局国家统计局北京调查总队。

二 北京休闲体育现状

（一）休闲体育的相关政策法规

从2010年至2014年北京先后出台的休闲体育的相关政策法规如表1所示。

表1 2010～2014年北京发布的相关政策法规

颁布年份	颁布政策法规
2010	《关于2010年体育运动项目经营单位安全生产重点工作任务的通知》（京体办字〔2010〕55号）
	《北京市"十二五"时期体育产业发展规划》
	《北京市体育运动项目经营单位突发事件报告制度规定》
	《高危险性体育项目经营活动管理办法》
2011	《北京市滑雪场所安全运营标准》
2012	《北京市人民政府关于加快发展体育产业的实施意见》（京政发〔2012〕17号）
	《2012年体育经营单位安全生产重点工作任务》
	《滑雪场所安全运营管理规范》
	《游泳场所安全运营管理规范》
	《攀岩场所安全运营管理规范》
2013	《关于发展体育领域新兴服务业情况的办理报告》
	《游泳场所安全运营标准》
2014	《关于金融支持首都体育产业发展的意见》（京体办字〔2014〕61号）
	《北京市体育新兴服务业发展规划2015～2020年》（初稿）
	《北京市体育产业示范基地管理办法》
	《北京市体育产业示范项目管理办法》

（二）休闲方式

北京市居民随着闲暇时间的不断增加，休闲体育的生活方式逐渐成为人们的喜爱。伴随社会收入结构的变化，休闲体育也呈现出较为明显的阶层差异性特征。中国社会科学院《2005年中国文化产业发展报告》发布的2004年中国居民文化消费状况，北京人排前五位的休闲活动为逛公园、看休闲消遣类书籍、打羽毛球、登山、打麻将。

1. 钓鱼

高雅古朴的垂钓活动作为我们古老文明的一个缩影伴随着北京的历史延续下来，历数千年而不衰，日益为广大人民所喜爱。在北京淡水水域开展垂钓活动由来已久，它起源于古代先民的生产活动，随着经济的发展和社会的进步，垂钓逐渐成为人们喜爱的休闲活动方式。北京的河流、湖泊、溪流、众多水库为垂钓提供了优良的自然钓场和丰富的鱼类资源。人们在垂钓活动中领略北京的自然风光，培养高尚的情趣。

北京于1984年成立了钓鱼协会，在政府社会团体管理部门正式注册登记为市级体育社团。北京市钓鱼协会团结全市广大垂钓爱好者，推动群众性垂钓活动广泛开展，加强与兄弟省市的垂钓交流，维护垂钓爱好者的权益。协会成立以来，特别是近几年，注重法制和规章制度建设，先后制定和颁发了《北京市钓鱼协会章程》《北京市钓鱼竞赛活动管理办法》《北京市钓鱼协会会员管理办法》《北京市垂钓技术等级评定标准》《北京市钓鱼竞赛场地标准》等。协会还设立了竞技和传统休闲垂钓赛事：北京市体育大会钓鱼比赛暨北京市钓鱼锦标赛、北京市残疾人钓鱼比赛、北京市钓手排名赛、北京市社区和谐杯钓鱼比赛、北京市体育记者杯钓鱼比赛、北京市夕阳红钓鱼比赛、北京市家庭钓鱼比赛等丰富多彩的垂钓活动。协会现常设机构有秘书处、竞赛部、会员部、宣传部、活动部、海钓部，另外协会建有北京市二级社团组织北京海钓分会，负责北京市海钓运动的管理，使得这项休闲活动开展得丰富多彩。

2. 信鸽

北京人有着悠久的养鸽子的历史，社会发展了，养鸽已经成了一部分人用来陶冶生活情操的休闲活动。信鸽又名“通信鸽”，是从普通鸽子中衍生、发展和培育出来的一个种群。因为鸽子有天生归巢的本能，对普通鸽子进行驯化，发展其优越性能加以利用和培育，利用它来传递紧要信息。信鸽比赛复杂，种类繁多，距离有300公里、400公里、500公里、800公里或者1000公里、2000公里等，然后同时放飞，先到达目的地就赢得冠军。

3. 棋牌

棋牌活动是北京人喜爱的智力休闲活动方式之一，喜欢棋牌的人很多，棋牌是一种良好的休闲方式，棋牌活动的内容丰富，形式多样。广义的棋牌是任何棋、任何牌。狭义的棋牌是指围棋、象棋、国际象棋、桥牌等智力运动会开设的项目。2001 年教育部和体育总局通知，各级学校开展围棋、国际象棋、中国象棋活动，培养学生的个性发展。不同年龄的人玩棋牌有不同的益处，儿童益智，对记忆力、逻辑思维、观察反应有很大帮助；青年人利用棋牌作为一种人际交流的手段，以棋会友，以牌会友；老年人休闲，打牌下棋需要一定的时间，在这段时间内老人们乐而忘忧。

棋牌运动是人类文明发展到一定程度的产物。作为一种中国传统的文化现象，棋牌运动具有表现形式的多元性。与其他体育项目相比，它有更深刻的文化内涵。棋牌是一种文化休闲，能提升一个人的文化修养，例如棋牌中的麻将，是汉族人发明的一种博弈游戏，成为北京人休闲娱乐的活动之一，是益智性最强的游戏活动。北京棋牌运动十分普及，范围涉及各个社会阶层，成为北京最具规模的智力活动。

（三）休闲活动

北京市属体育运动协会举办了大量的体育活动，调动了市民休闲活动的热情。2011 年，64 家市属体育运动协会共举办体育活动 2806 场次，比 2010 年增长 63.7%；参与体育活动人数达 365.2 万人次，比 2010 年增长 47.1%；拥有会员 18.6 万人，比 2010 年增长 36.2%。举办的各项活动中，龙舟、自行车等户外活动发展最快，2011 年，龙舟运动协会、自行车运动协会举办体育活动次数分别是 2010 年的 1.7 倍和 1.5 倍，参与体育活动人数分别是 2010 年的 2.5 倍和 1.7 倍。北京市社区休闲健身活动蓬勃开展，2012 年，北京市晨晚练辅导站 6622 个，从 2009 年起年均增长 10.4%；社区健身俱乐部 117 个，从 2009 年起年均增长 17.6%。

（四）休闲人群

据《北京市民体育锻炼行为及影响因素研究》调查结果，2010 年，北京市20岁以上人口中，参与体育锻炼的占到73.50%，不参与体育锻炼的为26.50%。总体上说，北京市民参加体育锻炼的人数比例很高。具体来说，2010年，北京市民中，经常参加体育锻炼的居民占到29.80%，偶尔参加体育锻炼的居民占到43.70%，不参加体育锻炼的居民为26.50%。可见，参加体育锻炼的人数远远超过不参加体育锻炼的人数，且大部分参与体育锻炼的北京市民为偶尔参加体育锻炼。

2010年北京市民中体育锻炼参与者的性别差异并不明显，总体来看，参与锻炼的人群中，女性人数要多于男性。

不同年龄组参与体育锻炼的情况如下：参加体育锻炼的人数占其年龄组中总人数的比例最高的为50~54岁年龄组和55~59岁年龄组，分别为87.60%和84.40%。而其他各年龄组中参加体育锻炼的人数占该年龄组总人数比例一般为67.20%~77.20%。可见，参加体育锻炼的人中老年人比例要高些。

2015年来自社情民意调查中心关于《北京市民休闲健身状况及需求调查分析》的调查显示，随着年龄的增加，每天锻炼的人数呈递增趋势。在46~60岁被访市民中，每天都锻炼的占59.7%，60岁以上的市民中，该比例为71.3%，两组人群每天锻炼的比例均远高于低年龄组的被访居民（见表2）。

表2　市民体育锻炼或休闲健身的频率（按年龄分组）

单位：%

频率	30岁以下	30~45岁	46~60岁	60岁以上
每天都锻炼	20.0	23.8	59.7	71.3
每周3~4次	17.2	15.8	19.2	15.8
每周1~2次	31.6	33.4	15.3	9.6
每月2~3次	23.0	17.4	4.2	2.8
每月1次	8.2	9.6	1.6	0.5
合　计	100.0	100.0	100.0	100.0

资料来源：社情民意调查中心。

（五）休闲项目

杨娜的《八十年代以来休闲体育发展研究》显示，北京市民平时及节假日的休闲活动包括：看电影、看电视；逛商场；旅游；看小说、看报纸、看杂志等；上网；会客聊天；参加各种体育活动；看展览、听音乐会；棋牌活动；参加文化、技术学习；看花、养鸟、养鱼；参加社区文化娱乐活动；参加舞会、唱歌的活动；参加社会公益活动等。

在付志朋的《北京和首尔城区居民参与运动休闲现状的比较研究》中显示，北京城区居民参加运动休闲的项目排在前五位的是：散步、跑步、乒乓球、爬山、羽毛球，其他的依次是：游泳、篮球、足球、瑜伽、武术、养生等。同时一些新兴的户外休闲体育项目也占了一定比例，如攀岩、定向越野、滑雪等。

2015 年来自社情民意调查中心关于《北京市民休闲健身状况及需求调查分析》的调查显示，技能简单，不受人员、场地和费用限制的锻炼形式更受群众欢迎。健身锻炼通常参加的运动项目是，84.4% 的被访市民表示“散步、跑步、爬山等”；27.5% 的表示“羽毛球、篮球、足球等球类”；16.7% 的表示“健身器械类”；10.6% 的表示“游泳”；10.3% 的表示“体育类（骑车、踢毽子、轮滑等）”。此外，“舞蹈类”“拳操类”“棋类”等也是一些被访市民选择的运动项目（见图 3）。一般中老年人群出于身体状况的原因，多数选择散步、舞蹈、太极拳等运动强度不大的项目，年轻人则大多数选择篮球、足球、游泳等运动强度较大的项目。从性别上来看，女性大多选择散步、跳舞、健美操，男性则以球类、游泳为主。

从总体上看，目前北京城区居民参与运动休闲的项目是以散步和跑步为主，北京城区居民在选择运动休闲项目时对消费标准和场地正规性多不做硬性要求，以简便易行为主。随着居民经济收入的提高，需要更多经济支出的运动休闲活动，如羽毛球、游泳等正在逐渐进入人们的休闲生活，但是，慢跑仍然是大多数居民首选的休闲体育项目。同时，具有民族特色的运动休闲项目如以武术为主的太极、养生类运动仍然深受大家的欢迎。

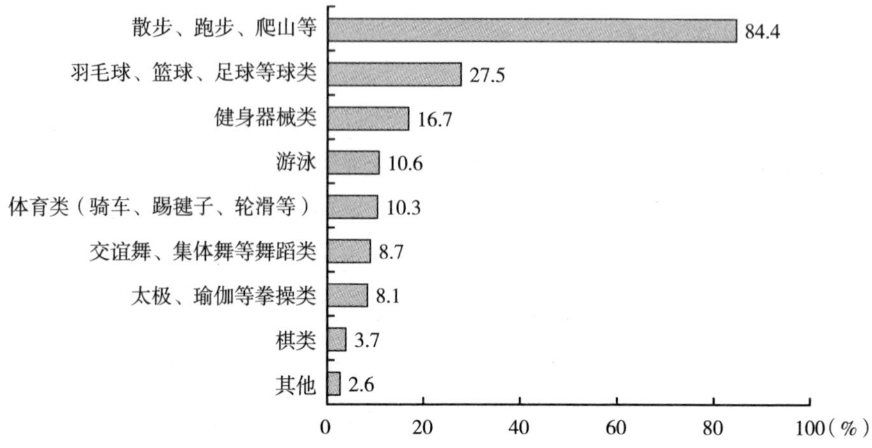

图3　北京市民体育锻炼或休闲健身的项目

资料来源：社情民意调查中心。

（六）休闲时间及活动频率

宋曦的《北京市民体育锻炼行为及影响因素研究》一文显示，北京市民每次锻炼的时间多集中于30～60分钟和60分钟以上，其人数比例分别为45.00%和38.40%，而仅有16.60%的人每次锻炼不足30分钟，其锻炼强度以小强度和中等强度为主，锻炼频次多为平均每周锻炼1～2次。

2015年来自社情民意调查中心关于《北京市民休闲健身状况及需求调查分析》的数据显示，83.1%的被访市民每周至少能锻炼一次。其中，每天都锻炼的占42.8%，每周1～2次的占23.1%，每周3～4次的占17.2%，每月锻炼2～3次的占11.7%，每月锻炼1次的占5.2%（见图4）。

为了达到更好的体育锻炼效果，每次锻炼时间应不少于半小时。调查显示，87%的被访市民每次锻炼时间都超过半小时，13%的不到半小时。这表明大部分市民具备一定体育锻炼知识，能够主动追求体育锻炼的最佳效果。

被访市民锻炼时间以傍晚为主，比例为45.1%，其次为早晨和下午，上午和睡前锻炼的人较少（见图5）。参与体育锻炼的人群中，选择早晨进

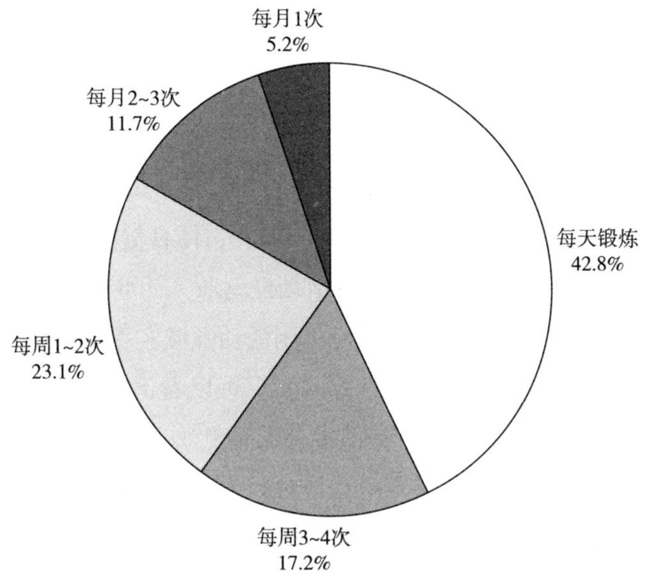

图4　北京市民体育锻炼或休闲健身的频率

资料来源：社情民意调查中心。

行锻炼的多为退休的老年人，由于空闲时间较多，大多数老年人会进行每天两次或多次的锻炼。

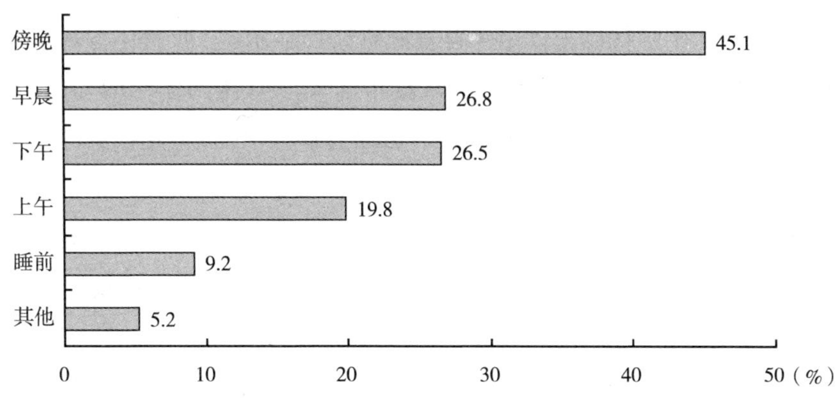

图5　北京市民体育锻炼或休闲健身的时间

资料来源：社情民意调查中心。

（七）休闲场地设施

2014 年末北京共有体育场馆 6156 个。市场化的健身休闲设施也是体育健身休闲中心建设的重要组成部分。2011 年，北京市体育健身休闲重点法人单位实现收入 25.6 亿元，比 2010 年增长 13.3%。其中，体育健身休闲俱乐部收入 23.8 亿元，比 2010 年增长 11.3%，占体育健身休闲重点法人单位收入的 92%。主要体育场馆体育健身活动经营收入 1.8 亿元，比 2010 年增长 45.4%。2012 年，北京市体育健身休闲活动领域实现收入 41.2 亿元；从业人员 3 万人，占全市体育产业的 24.4%。可以看出北京市居民在选择休闲健身场所方面的两大变化：一是偏重公共福利型的场所，如公园、广场、住宅小区空地、公共体育场所等；二是对“收费的体育场馆”的选择明显增多。这两大变化分别说明以下问题。

第一，近年来，随着社区体育机构日益健全，服务水平也不断提高，住宅小区或住房附近的公园、广场、公共体育场所等成为北京市城区居民休闲体育活动的首选。“单位体育”的概念在逐渐淡化，“社区体育”逐步取代了“单位体育”的主导地位。1996 年与 2001 年《中国群众体育现状调查与研究报告》比较显示，“单位体育设施”的中选频率从 41.01% 降至 24.87%，排序也从第一位降至第三位。

第二，《八十年代以来休闲体育发展研究》显示：“收费体育场馆”排序上升，表明“收费”已经不是北京城市居民参与休闲体育活动的阻碍。随着人们收入水平和生活水平的提高，健康意识的增强，“花钱买健康”已经被人们所接受。

根据自己的身体和经济条件，因地制宜，选择适合自己的运动形式和场地是北京市民参加体育锻炼的一大特点。2015 年来自社情民意调查中心的调查显示，41% 的被访市民在公园进行锻炼或休闲健身，34% 的在社区公共健身区及健身设施进行锻炼或休闲健身，其余场所占比均较低，包括家里（17.3%）、专业体育场馆（9.2%）、健身俱乐部会所（7%）（见图 6）。

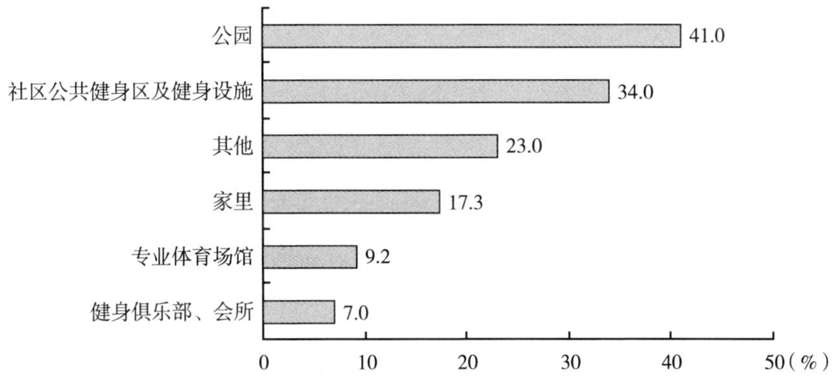

图6　2015年北京市民体育锻炼或休闲健身的场所（地）

资料来源：社情民意调查中心。

从年龄分组看，中老年人多数在公园、社区等公共场所锻炼，锻炼的同时和他人交流，可以使他们的锻炼活动增加更多的乐趣；年轻人中少部分选择到商业健身会所锻炼或收费体育场馆，他们认为规范的场地、舒适的环境和喜欢的运动项目更重要，这部分人一般经济条件较好、收入相对较高。

北京市体育健身休闲市场经营项目呈现多层次、多形式的特点，促进了市民生活方式选择的多样化。2011年，北京市体育健身休闲重点单位中，经营项目超过5种的有54家，占全部单位的7.8%。经营游泳、乒乓球、羽毛球项目的单位最多，分别为301家、207家和148家，分别占全部调查单位的43.7%、30.0%和21.5%。新兴运动项目中，经营网球、高尔夫、滑雪和马术项目的单位分别为127家、47家、15家和8家，共占全部调查单位的28.6%。

调查显示，更多人选择离家近且步行可达的场所进行体育锻炼。在去往锻炼场所的交通工具方面，69.5%的被访市民选择步行前往，乘坐公交车、地铁等公共交通和自驾车的各占10.4%和10.1%，而自行车仅占8%；在路程耗费时间方面，56.9%的被访市民去往锻炼场所路程耗时10~20分钟，27.2%的耗时20~30分钟，12.3%的耗时30分钟至1小时，3.6%的超过1小时。

统计结果显示，参加体育锻炼的人们，一般采取就近原则，选择较为方便且公共的锻炼场所。因此北京市应合理规划体育设施建设，科学合理布局，扩充设施数量。调查表明，38.2%的被访市民认为体育设施数量不够，25.9%的认为设施分布不合理，16.5%的认为设施利用率不高。统计结果反映，体育设施建设布局规划有待进一步加强，应充分考虑居民住宅、办公写字楼等人口密集区域的设施规划，适当扩充设施的数量，提高市民参与锻炼的积极性。

在设施建设的种类方面，应综合规划，统筹布局，充分考虑市民对体育设施的需求。调查显示，希望身边增加建设的公共体育健身休闲场地设施种类，36.6%的被访市民表示增加体育健身公园，32.8%的表示增加小型健身活动中心，25.5%的表示增加全民健身器材、路径（步道、自行车道等），20.9%的表示增加体育健身广场，18.2%的表示增加运动场，17.1%的表示增加大型综合性体育场馆，11.9%的表示增加单个项目体育场馆（见图7）。

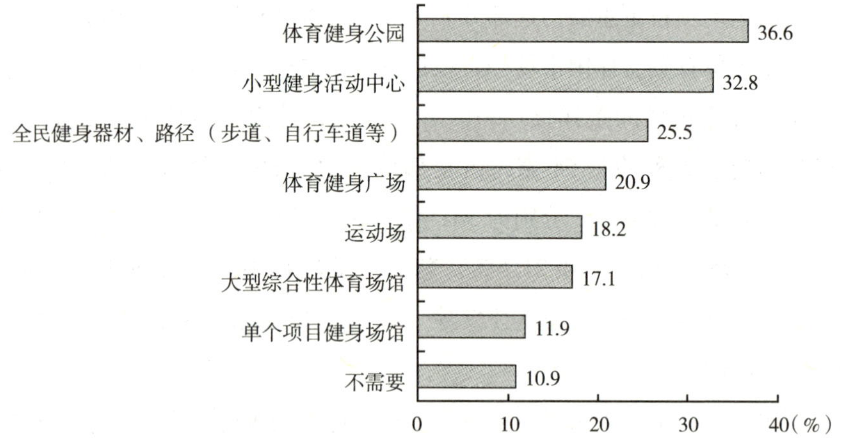

图7　北京市民希望增加的体育健身休闲场地设施

资料来源：社情民意调查中心。

调查表明，居民选择健身场所的要求基本为离家或办公场所较近、有熟悉的环境和人、免费的场地，因此，政府适当增加免费公共健身场所场地及社区健身设施，并进行合理布局，多方考虑地点的选取；适当降低体育馆、健身房等收费场所的费用，完善公共体育设施建设和管理，满足市民的健身需求。

（八）休闲需求及效果评价

1. 休闲健身的目的

强身健体，提高身体素质是居民锻炼的首要目的。北京市民锻炼或休闲健身的目的，78.8%的被访市民是强身健体、提高身体素质，31.7%的为改善精神状态、减轻压力、调节情绪，23.4%的为预防或治疗疾病需要，19.3%的为休闲娱乐，12.7%的为健美塑形保持良好身材（见图8）。

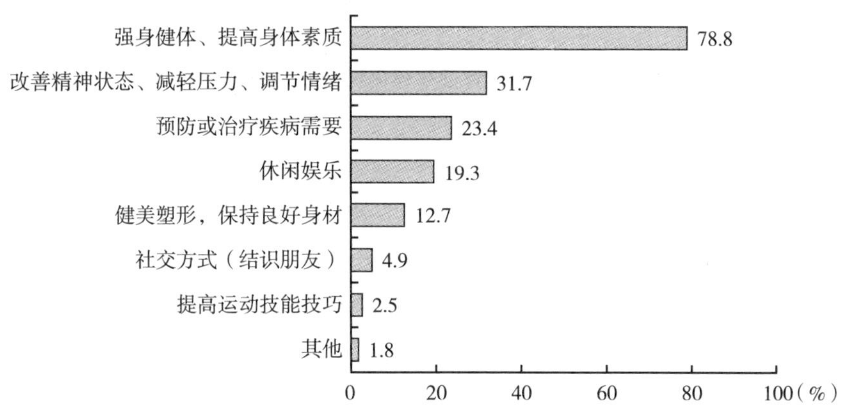

图8　北京市民锻炼或休闲健身的目的

资料来源：社情民意调查中心。

2. 休闲健身的费用

被访市民体育锻炼花费年平均支出650元，消费以体育装备、器材类为主。从体育锻炼费用支出情况看，31.9%的被访市民无任何体育锻炼费用支出，37.1%的被访市民每年支出低于500元，12.8%的被访市民每年花费501～1000元，8.8%的被访市民每年花费1001～2000元，9.4%的被访市民每年花费超过2000元（见图9）。

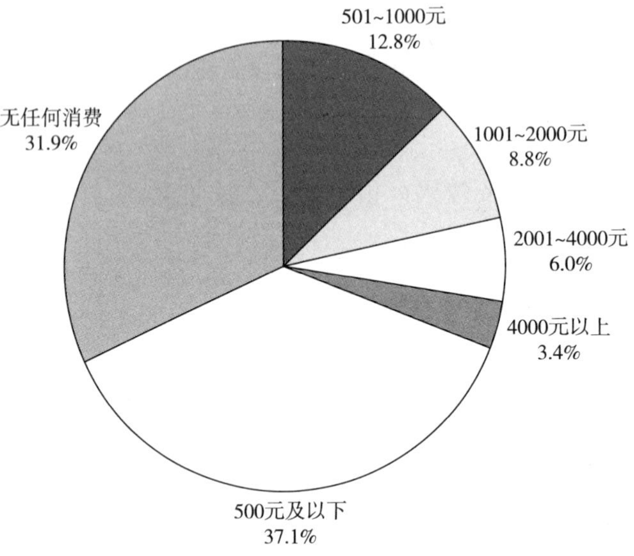

图9　北京市民在体育锻炼休闲健身方面的花费情况

资料来源：社情民意调查中心。

在体育锻炼及健身休闲方面有花费的817位被访市民中，主要购买的用品是体育锻炼装备和体育器材，分别占71.5%和66.3%；其他花费项目占比较小，其中，卡类消费占23.3%、学习类产品占12.7%、电子产品占9.1%、体育培训课程占7.6%（见图10）。

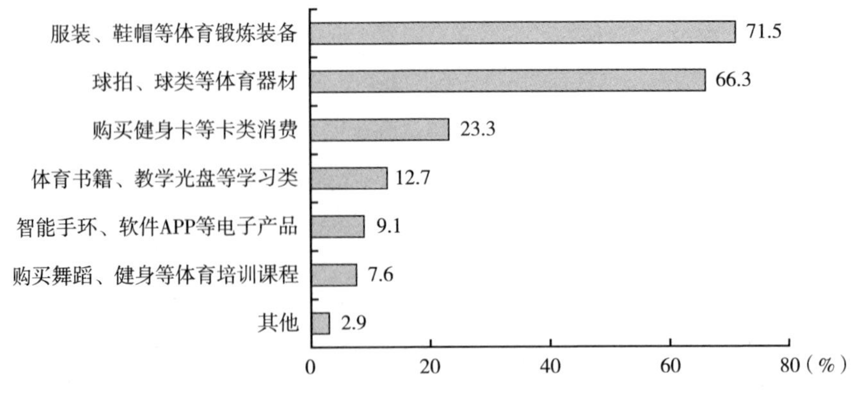

图10　北京市民在休闲健身方面的花费项目

资料来源：社情民意调查中心。

3. 体育设施的满意度调查

过半市民对现有体育设施的建设布点和开放情况表示满意，认为当前的体育健身休闲场地设施基本满足需求。调查显示，55.7%的被访市民对体育设施的建设布点情况表示满意（其中满意27.9%、基本满意27.8%），25.5%的表示一般，18.8%的表示不满意；57.5%的被访市民对体育设施的开放情况表示满意（其中满意33.8%、基本满意23.7%），23.6%的被访市民表示一般，19%的被访市民表示不满意。

另外，“当前的体育健身休闲场地设施是否满足需求”，12.4%的被访市民表示完全满足，50.1%的被访市民表示基本满足，22.3%的被访市民表示存在一定差距，15.2%的被访市民表示相差甚远。

4. 健身休闲的科学性调查

北京城市居民在参加休闲体育活动时的运动强度为中等强度，无感觉和出大汗情况相对较少。这也说明，活动的强度并非人们参加休闲体育活动追求的目标，科学地、适量地运动被人们广泛地认可和接受。在参与休闲体育过程中，人们以感觉到了放松为主，其次为自我满足等，休闲体育之“休闲”的定义就主要来自人们参与体育活动时的心理体验，在内心之爱的驱动下去从事体育活动，得到精神上的体验自然就更加丰富。

三　北京休闲体育特征与发展趋势

（一）北京休闲体育特征

（1）北京市居民休闲体育的方式以自发型为主，其组织化程度不高，社区和单位的组织力度不够，休闲体育辅导站和俱乐部活动尚未形成规模，对体育社团和协会缺乏有力的宣传、科学规范的引导与积极的扶持，体育社团在休闲体育工作中的作用还亟待加强。

（2）北京市民对休闲体育的参与程度较高，绝大多数北京市民都在参与业余休闲体育活动，“偶尔活动”的人数多于“经常活动”的人数，且女性参与水平要高于男性，老年人参与水平要高于青年。

（3）北京市民参与休闲体育锻炼的项目多样化，以走、球类、跑步、骑车、游泳、棋牌类为主；北京市民休闲锻炼的目的倾向于健身、调心、益群等多样化。

（4）双休日是北京市民主要选择的休闲时间，每次锻炼的时间多集中于30~60分钟和60分钟以上，锻炼强度主要为小强度和中等强度为主，锻炼频次主要为每周锻炼1~2次。

（5）北京市民参加休闲体育锻炼，一般采取就近原则，选择较为方便的且公共的锻炼场所，活动场所的选择上偏好公益性、公共性场所。

（6）北京市民对休闲体育的参与态度比较积极，普遍认识到参与体育活动能够取得健康体魄、调节心情的效果。

（7）体育休闲健身频率较高的人群为下岗、离退休人员以及学生，他们有较多的闲暇时间；而企业高管白领、机关事业单位干部、专业技术人员以及一般职工等中青年人群由于工作、家庭等压力较大，参加休闲健身的频率较低。

（二）北京休闲体育发展趋势

1. 与群众健康相关的休闲体育将充满活力

随着经济的发展，市民体育健身和消费意识的增强，市民健康预期寿命的增加，休闲体育为市民健康带来的积极作用越加显著，增进健康类的休闲体育活动将越来越受到百姓欢迎。

2. “互联网+”将深刻影响休闲体育的发展

随着互联网同传统行业的结合，APP软件的开发，信息化水平的提高，创建健身公共服务平台，不断完善全民健身大数据系统。互联网将加强科学健身指导与宣传，发布市民体质监测数据，开展各类人群的体质研究和体质测定，为百姓的身体健康服务。

3. 休闲体育将促进体育产业结构优化升级

加强体育场馆服务，努力提高体育服务在体育产业中的比重。在有条件的地区，探索体育产业集群发展的新模式，奥林匹克中心区、龙潭湖体育产业园等国家级体育产业基地在3～5年发挥聚集作用。将出现体育产业和文化、科技、媒体、旅游、会展等相关产业整合发展的新模式，丰富体育产业的内涵，提升体育产业的文化内涵、科技含量，延伸产业链，休闲体育有助于提高北京体育产业的核心竞争力，具有较强的辐射和主导作用的体育产业体系将逐步建立。

4. 创新公共体育场馆运营机制，满足群众休闲健身需要

将国家体育馆、国家体育场、国家游泳中心等现代化场馆作为重点，进一步利用和挖掘体育场馆资源，整合资源，以实现优势互补。在满足全民健身的公共服务需求的基础上，加强对体育场馆的经营创新，并支持引进高层次、专业化运作的公司，以提高体育场馆的市场化和企业的管理能力。加强体育场馆的管理和服务项目，创新服务供给模式，力争取得最大的社会效益和经济效益，以满足人们日益增长的休闲健身需求。

5. 群众休闲健身意识将大大增强

在政府深入贯彻实施《全民健身条例》和《健康北京人——全民健康促进十年行动规划（2009～2018）》下，在媒体以“健康北京人”为主题，利用报纸、杂志、广播、电视、网络等多种媒体，广泛持久宣传科学健身的知识和方法影响下，各类全民健身休闲活动，将激发市民参与休闲体育活动的热情，增强公众的自觉体育健身意识。激发中青年市民的健身积极性，细分人群，为不同群体提供合理的健身计划和科学指导，提高市民健身的积极性及科学性，使更多的人参与到体育锻炼中来，增强市民的身体素质。

6. 2022年冬奥会的举办，将使冰雪休闲活动得到大力发展

面对举办2022年冬奥会的有利时机，政府将借势发力，进行资源整合，大力开展冬季冰雪运动，群众性冰雪健身活动将大大增加，响应国家3亿人上冰雪的号召，冰雪健身设施的增加，群众性冰雪体育组织的发展，宣传指导服务的丰富，将形成全民办冬奥会的浓郁氛围。

7. 休闲健身发展将出现新的模式

北京将进一步全面提升全民健身服务体系建设，将休闲健身、体育旅游业与体育产业融合发展，对社会力量参与全民健身设施建设进行鼓励，探索新的市场化经营模式。

8. 将出现多种方式拉动市民休闲体育消费

2014 年国务院发布了《国务院关于加快发展体育产业促进体育消费的若干意见》（国发〔2014〕46 号），全民健身已上升到国家战略层面。休闲体育的发展面临着前所未有的发展机遇，政策的引导是休闲体育发展的重要力量，体育消费爆发的临界点已经到达。

〔本文是科技创新服务能力建设—协同创新中心—京津冀体育健身休闲发展协同创新中心（2011 协同创新中心）（市级）（PXM2016_014206_ 000022）的阶段性研究成果〕

B.8

河北省休闲体育发展报告

张绰庵　张建会*

摘　要：本报告共包括五部分，第一部分为河北省基本概况，主要介绍河北省的自然地理情况、民族风俗和历史文化特征；第二部分为河北省居民休闲方式及人群划分，主要介绍河北省居民休闲方式、运动人群；第三部分为河北省休闲运动项目，主要介绍运动康体项目、皇家休闲健身项目、滨海休闲运动项目、温泉高尔夫休闲运动项目、太行山户外休闲运动项目；第四部分为河北省休闲体育场地设施，主要介绍河北省体育场地类型、户外活动基地、场地运行模式；第五部分为河北省居民休闲体育活动效果评价，主要介绍休闲体育活动效果评价的目标、原则与实施。

关键词：河北省　休闲体育　户外活动

一　河北省基本概况

（一）自然地理情况

河北省简称冀，省会为石家庄，在春秋战国时期，河北省大部分地区属

* 张绰庵，河北体育学院教授、博士，研究方向为休闲体育、社会体育；张建会，河北体育学院副教授、博士，研究方向为社会体育、休闲体育。

于赵国和燕国，所以河北又被称为燕赵之地。河北地处华北，漳河以北，东临渤海、内环京津，西为太行山地，北为燕山山地，燕山以北为张北高原，其余为河北平原。东南部、南部衔山东、河南两省，西倚太行山与山西省为邻，西北与内蒙古自治区交界，东北部与辽宁接壤。辖石家庄、唐山、邯郸等 11 个地级行政区划单位，172 个县级行政区划单位。河北省是中国唯一兼有高原、山地、丘陵、平原、湖泊和海滨的省份。①

（二）河北省民族风俗

早在五千多年前，中华民族的三大始祖黄帝、炎帝和蚩尤就在河北由征战到融合，开创了中华文明史。春秋战国时期，河北地属燕国和赵国，故有“燕赵”之称。河北广袤的土地和悠久的历史还孕育了绚丽多彩的民俗文化和民间艺术。定窑、邢窑、磁州窑和唐山陶瓷是中国历史上北方陶瓷艺术的典型代表；蔚县剪纸、廊坊景泰蓝、曲阳石雕、衡水内画鼻烟壶、易水古砚、武强年画、丰宁布糊画、白洋淀苇编、辛集皮革、安国药材等名扬中外；河北梆子、老调、皮影、丝弦等饶有特色；沧州武术、吴桥杂技、永年太极、保定健康长寿之道独具魅力。②

休闲体育活动也颇具民间地方特色，主要有以下体育民俗活动。

1. 邯郸元宵节荡秋千

元宵佳节荡秋千是河北省邯郸的民间传统习俗，正月初十开始搭秋千架，正月十四、十五两日是荡秋千的高潮。元宵节期间，每个村镇还自发组织荡秋千比赛，比赛分单人荡、坐荡、双人荡、立荡等形式。荡秋千既可锻炼身体，又能增添娱乐气氛，这一传统民俗节庆活动已演变为群众喜闻乐见的休闲健身形式。

2. 吴桥杂技

据吴桥县志记载，吴桥历代每逢佳节有“掌灯三日，放烟火，演杂技，

---

① http：//www.hebei.gov.cn/hebei/10731222/10751792/index.html.

② http：//news.nen.com.cn/system/2013/06/21/010460589.shtml.

士女喧阗，官不禁夜”的风俗。[①] 1957 年吴桥县小马村出土的距今约 1500 年前南北朝的古墓壁画上，就描绘着倒立、肚顶、转碟、马术等杂技表演形式。吴桥县位于河北省东南部，共有 449 个自然村，几乎村村有杂技艺人。

3. 常山战鼓

“常山战鼓”历史悠久，因正定是历史上“常山郡”所在地，故称其为“常山战鼓”。正定县志上有这样的记载，“城市村墟，锣鼓虚日”，“市井箫鼓喧闹，鼓声不绝、相塞于途”。“常山战鼓”是由鼓、大钹、中钹、小钹、小锣等打击乐器组合而成的一种民间锣鼓。[②] 其曲牌大多由多个能单独演奏的锣鼓段子联结而成，是一种联套曲体结构，它主要用于广场表演。“常山战鼓”套路多样、曲牌繁多，其中尤以东杨庄战鼓队最有特色，最具代表性。

4. 沧州武术

沧州素有“武术之乡”的誉称。沧州武术既有大开大合、勇猛无伦的长势，又有推拨擒拿、小巧灵活的招数，并具有速度快、力度大和善于攻守的实战特点。武术已经成为当地居民的主要休闲生活方式。

（三）河北省历史文化特征

河北省作为华夏文明的重要发祥地，经过数千年的积淀，形成了丰富、独特的文化，成为名副其实的文化资源大省。河北文化在发展中形成了五大品牌：一是红色太行（革命文化），主要包括西柏坡中共中央旧址、129 师司令部、城南庄晋察冀司令部旧址、前南峪抗大旧址等。二是壮美长城（和合文化），主要包括老龙头、山海关、潘家口水下长城、金山岭长城、大境门等。这里有民族融合的历史印记，有张库大道的通商传奇，更有中华儿女喜峰口抗日等抵御外侮的坚贞不屈。三是诚义燕赵（根脉文化），主要包括邯郸、中山国遗址、易县燕下都、涿州三义宫、永年广府古城、正

---

① http：//www. yiyuanyi. org/plus/view. php？ aid =44666.

② http：//baike. baidu. com/link？ url = E_ INWslXPFT3bumQ6kw16SgxF2Kz3k4Zdiw625CFQd1JcXfJ9G7iUEJBE_ OQ - mQp7AMzuCxB3CfAzT1nBRT8Pa.

定古城等。诚义燕赵不仅涵盖河北大部分地区，而且还可将河北境内古都、古城相连成线，展示河北的深厚历史、悠久文化。四是神韵京畿（直隶文化），主要包括直隶总督署、承德避暑山庄、遵化东陵、易县西陵、宣化钟鼓楼、义和团廊坊大捷以及阳原县泥河湾遗址、涿鹿县三祖圣地、张北县元中都遗址等。这一文化主题，既表明了河北在元明清文化研究宣传上无可替代的地位，还显示了河北与京津的天然唇齿关系，为利用好梯度差、实现京津冀区域协调发展，创造文化和心理条件。五是弄潮渤海（开放文化），主要包括秦皇岛港、京唐港、曹妃甸港、黄骅港以及中国近代工业摇篮——唐山。

二　河北省居民休闲方式及人群划分

（一）河北省居民休闲方式

随着休闲时代的来临，河北省居民的休闲生活方式发生了很大变化，由过去单一的生活方式转向了多元化的休闲生活方式，归纳起来主要包括以下几类。

1. 旅游度假类

旅游度假成为消费时代大多数居民首选的休闲方式，其主要目的是通过旅游的方式，放松心情，愉悦身心，并从中体验异地（域）文化的多样性、丰富性和民族性，获得积极性的修行或者心理体验。

2. 休闲健身类

现代人们在享用生活方式的科技化、电子化、便捷化的同时，也不可避免地体验了现代生活方式所带来的种种病痛，诸如高血压、糖尿病、肥胖症、癌症等各种现代文明病，它们犹如打开的潘多拉魔盒一样传播开来，且呈现年轻化的趋势。在这种社会发展背景下，积极参与休闲健身越来越成为人们的一种生活方式。通过参与体育活动强身健体，增强机体抵抗力，在健身的同时又拓展了人际交往圈。

3. 户外运动类

户外运动正逐步成为时尚人士和白领人士的首选。目前社会上流行的马拉松跑、Colour run、迷你马拉松、登山、攀岩、悬崖速降、野外露营、野炊、定向越野、溪流、探险等极限和亚极限运动项目，吸引着越来越多的人参与其中。由于户外休闲运动具有很大的挑战性、探险性和刺激性，人们参与其中的主要目的是拥抱自然、挑战自我，从而获得畅爽体验的休闲方式。

4. 滨海游憩类

滨海游憩类主要包括潜水、水上帆船、水上摩托车、海钓、沙滩排球等休闲体育活动方式。河北省滨海休闲带主要集中在秦皇岛、唐山等地，这些地区成为河北省居民滨海休闲度假的主要场所。

5. 草原观光类

草原观光类主要包括骑射、滑草、观摩少数民族传统体育活动等，这种休闲方式既给旅游观光者提供了领略、体验大草原的机会，同时，草原观光区开设的各种少数民族休闲运动项目，又给旅游观光者提供了深度了解民族传统体育文化的契机。

（二）河北省休闲体育运动人群

河北省居民休闲体育健身人群呈现出分散化、多样化、个性化的发展特征，并朝着休闲健身需求专业定制化的方向发展。河北省居民休闲运动人群主要分为以下几类。

1. 社区公园类健身人群

目前，社区公园仍是河北省居民健身休闲首选的主要场所，这部分居民也是全省健身人群中占有比例最大的一部分。社区公园类健身人群主要休闲方式包括广场舞、抖空竹、健步走、太极拳、太极剑、踢毽子、羽毛球、交谊舞等。健身人群以中老年人为主体。

2. 俱乐部类健身人群

伴随着全民健身上升为国家战略，国务院出台体育产业促进体育消费

46 号文件，商业健身市场又迎来了其发展的有利契机，商业健身俱乐部市场又开始蓬勃发展，企事业单位职工、公司员工和大学生群体成为健身俱乐部的主要消费人群。商业健身俱乐部依据其地域不同，定位也有所不同，分为高端健身市场，主要针对高端客户，私人定制群体，提供专享贵宾健身休闲服务；中端健身市场，主要为白领人士或者高收入群体提供健身休闲指导服务；低端健身市场，主要面向普通消费者群体，提供大众休闲体育健身服务。

3. 户外运动类健身人群

户外运动类健身人群相比于社区公园类和健身俱乐部健身人群而言，其人群占有比例比较低，主要是由户外运动爱好者组成。由于户外运动需要专业的设备、技术以及户外运动自救常识，因此，需要更专业的户外运动中介机构、科研院所培育户外运动专业爱好者。户外运动类健身人群的休闲健身行为主要包括攀岩、蹦极、定向越野、登山、露营、户外自行车、探险等，这一休闲运动方式正吸引越来越多的户外爱好者，并将成为未来人们休闲的主要方式之一。

三　河北省休闲运动项目

河北省作为中国唯一兼有高原、山地、丘陵、平原、湖泊和海滨的省份，独特的自然资源，形成了独特的休闲体育运动方式。河北省休闲运动主要包括以下内容。

（一）运动康体项目

河北省运动康体类休闲运动项目主要包括冰雪、温泉、草原、生态等内容。

1. 冰雪运动项目

张家口崇礼滑雪基地作为国家级冰雪运动基地和华北冬季休闲旅游目的地，在筹备 2022 年冬奥会的进程中，围绕滑雪运动产业链和产业集群，正在逐步完善周边滑雪场、度假村等配套设施。同时开展了系列冰雪嘉年华活动，有效地扩大了冰雪运动的参与人口，营造了冰雪运动的大众氛围，培育了张家口独特的冰雪休闲健身文化。

2. 赤诚温泉度假基地

围绕张家口崇礼滑雪基地，赤城县正在打造滑雪运动产业休闲群。主要打造露天温泉体验区、度假村、多主题温泉度假酒店群、历史文化景观等温泉休闲健身度假区。

3. 草原风情度假区

在筹备冬奥会的同时，张家口也在打造高品质生态避暑胜地，主要包括草原度假区、生态旅游度假村以及自驾车旅游服务体系。

4. 京北民俗生态休闲区

在京津冀协同发展规划纲要中，河北省定位之一即作为京津冀生态环境支撑区，为了凸显这一定位，河北省力图打造京北民俗生态休闲区。其主要目标是加强遗产保护；建立自驾车服务体系；开展家庭接待；建设草原等生态旅游产品；重点为人们提供户外自行车自驾车服务体系、飞狐峪—空中草原旅游区、金河口旅游区。

（二）皇家休闲健身项目

1. 主题休闲健身城市

为落实京津冀协同发展战略，打造京津“夏都”，河北省承德市正在塑造“皇家园林，民间休闲”的新品牌，以打造特色节庆活动为引导，突出少数民族文化、皇家休闲文化相关品牌赛事以及冬令营、夏令营体验体育项目等，逐步形成承德休闲体育特色活动、赛事、营地（驿站）、社团、温泉养生等。

2. 长城徒步休闲区

为给户外徒步爱好者提供国内一流的长城主题休闲地，河北省正在以摄影、徒步、艺术创意、展会等为主题塑造皇家长城精品，构建一流长城主题休闲健身旅游区。

3. 坝上特种休闲度假区

依托承德围场满族、蒙古族自治县和丰宁满族自治县的草原、森林、动物、冰雪、温泉等特色资源，发展户外狩猎、冰雪运动、自驾车户外营地、草原休闲、特种休闲等设施和活动，为休闲健身爱好者提供冰雪文化创意基地、自驾车户外旅游体系、特种飞行器以及特种越野旅行服务。

（三）滨海休闲运动项目

1. 秦皇岛海滨运动休闲区

河北省依托秦皇岛丰富的滨海资源，打造国内一流、国际知名的海滨度假区，优化北戴河、南戴河的休闲度假设施，提高休闲娱乐功能，为人们提供高品质的滨海健身休闲场所。

2. 乐亭海岛休闲区

作为京津首选的高品质的海岛度假区，唐山乐亭县充分利用海洋、沙滩、温泉等资源，对设施升级改造，实施错位互补、开发建设，重点打造滨海露天温泉区、海水浴场、沙滩运动、海上运动等休闲健身体育中心。

3. 唐北观光休闲区

唐山北部以清东陵、遵化温泉度假区、万佛园、青山关为精品塑造点，以皇家文化、佛教文化、民俗风情、自然生态观光为辅助，形成系列完整的长城旅游产品。重点打造遵化温泉主题酒店群及养生与康体中心，为京津冀及其周边居民提供养生康体休闲的好场所。

（四）温泉高尔夫休闲运动

1. 白洋淀和白洋淀温泉城

保定白洋淀以承接京津高端商务休闲、度假旅游基地为目标，依托“三水”资源，以地热温泉、湿地景观为重点，为人们提供温泉、养疗、康体的休闲场所。

2. 京南高尔夫

廊坊、涿州作为北方高尔夫大都会，主要以高尔夫休闲运动项目为服务特色，为人们提供高尔夫健身休闲场所。

3. 休闲体育娱乐

依托保定地区的温泉资源和生态环境，建设专业体育和大众休闲体育聚集区，重点发展大众休闲体育设施、健身俱乐部、运动主题酒店等。

（五）太行山户外休闲健身

依托保定市涞水野三坡、涞源凉城、白石山国家地质公园、阜平天生桥瀑布群等太行山户外运动休闲资源，为人们提供丰富多彩的娱乐活动和休闲健身项目以及自驾车旅游服务体系。

四　河北省休闲体育场地设施

（一）河北省体育场地类型

第六次河北省体育场地普查数据显示，河北省体育场地设施主要包括体育场、小运动场、田径场；体育馆；游泳馆、跳水馆、室外游泳池和室外跳水池；综合房及专项训练房馆；室内外专项体育场地；有固定赛道的专项体育场；室内外射击场；水上运动场、海上运动场和天然游泳池；室内外人工滑雪场；高尔夫球场；攀岩场馆和攀冰馆；登山步道和城市健身步道；全民健身路径；户外活动营地；其他体育场地（场地规格不符合）。

从表 1 的统计结果看，全民健身路径、室内外专项体育场地、各类场地规格不满足标准的其他体育场地以及体育场、小运动场和田径场是河北省体育场地中占比较高的四类场地。而与休闲户外运动相关的户外活动营地、登山步道、攀岩场馆、有固定赛道的专项体育场等设施在全省体育场地中占比非常低，甚至不能平均到每一个地市。由此可以看出，河北省体育场地基础设施建设仍然任重道远。

表1　河北省体育场地类别、数量统计

单位：个

体育场地类型	场地数量
体育场、小运动场、田径场(馆)	5444
体育馆	80
游泳馆、跳水馆、室外游泳池和室外跳水池	210
综合房及专项训练房(馆):主要包括综合房(馆)、篮球房(馆)、排球房(馆)、手球房(馆)、体操房(馆)、羽毛球房(馆)、乒乓球房(馆)、武术房(馆)、摔跤柔道拳击跆拳道空手道房(馆)、举重房(馆)、击剑房(馆)、健身房(馆)、棋牌房(室)、保龄球房(馆)、台球房(馆)、沙狐球房(馆)、室内五人制足球场、网球房(馆)、室内曲棍球场、室内射箭场、室内马术场、室内冰球场(含短道速滑和花样滑冰)、室内速滑场、室内冰壶场、室内轮滑场、壁球房(馆)和门球房(馆)	1915
室内外专项体育场地:足球场、室外五人制足球场、室外七人制足球场、篮球场、三人制篮球场、排球场、沙滩排球场、室外手球场、沙滩手球场、橄榄球场、室外网球场、室外曲棍球场、羽毛球场、乒乓球场、棒垒球场、室外射箭场、室外轮滑场、板球场、木球场、地掷球场、室外门球场、室外人工冰球场(含短道速滑和花样滑冰)、室外人工速滑场和室外人工冰壶场	16856
有固定赛道的专项体育场主要包括摩托车赛车场、汽车赛车场、卡丁车赛车场、自行车赛车场、自行车赛车馆、小轮车赛车场和室外马术场	10
室内外射击场	12
水上运动场、海上运动场和天然游泳池	22
室内外人工滑雪场	30
高尔夫球场	24
攀岩场馆和攀冰馆	6
登山步道和城市健身步道	123
全民健身路径	25516
户外活动营地	22
其他体育场地:主要指场地规格不符合标准的各类体育场地	10509

（二）河北省环京津户外活动基地

为了给京津与河北居民提供参与体育健身休闲活动场地，河北省在国家体育总局的政策指引下，以“一线、两山、三带”的框架布局（“一线”即滨海沿线，主要发展沙滩、海上等项目；“两山”即燕山山脉与太行山脉，主要发展野外拓展、攀岩等山地项目；“三带”即京北草原健身休闲带、长城健身休闲带和红色圣地健身休闲带，主要发展射箭、赛马、狩猎、滑雪、休闲、健步走、登山、登长城、青少年夏令营等活动项目①)，2009～2015 年，累计命名 130 余个户外活动基地，其中 2014～2015 年共命名 29 个户外活动基地（见表 2)。

表 2　2014～2015 年河北省“环京津体育健身休闲圈”户外基地统计

设区市	序号	户外活动基地名称
石家庄	1	赞皇县石柱山全民健身户外活动基地
	2	石家庄西部长青户外活动基地
	3	封龙书院全民健身户外活动基地
	4	新乐市伏羲台景区健身户外活动基地
张家口	5	环塞北体育健身户外活动基地
	6	尚义县秀水广场户外活动基地
承　德	7	双桥区鸡冠山全民健身户外活动基地
	8	双桥区云峰岭森林公园
秦皇岛	9	秦皇岛“一杯澜”全民健身户外活动基地
	10	秦皇岛市卢龙县棋盘山绿色生态庄园
唐　山	11	路北区环城水系健身苑户外活动基地
	12	迁安市大五里乡生态绿道
廊　坊	13	文安县文化水景公园
	14	大城县白马河带状公园户外活动基地
保　定	15	鑫园度假村户外活动基地
	16	徐水县真武山庄
沧　州	17	沧州博兴全民健身户外活动基地
	18	吴桥百盛庄园全民健身户外活动基地
衡　水	19	滨湖新区户外活动基地
	20	衡水市滏阳河全民健身户外活动基地
邢　台	21	巨鹿县洪溢沿河、环湖体育健身基地
	22	邢台虎跃山庄户外休闲运动基地
	23	寒山全民健身户外活动基地
	24	临城县天台山登山健身户外活动基地
邯　郸	25	漳河园区户外活动基地
	26	中华慈大街自行车慢行道
辛　集	27	辛集润泽湖公园户外活动基地
定　州	28	定州市钮店公园
	29	定州中山百姓园温泉度假村

① http：//sjzrb. sjzdaily. com. cn/review/html/2008－07/25/content_ 110041. htm.

从命名的130余个户外活动基地来看，主要体现出以下特征。

1. 山水类型

这类基地如承德兴隆县六里坪全民健身户外活动基地、保定涞水野三坡全民健身户外活动基地、易县878行游全民健身户外活动基地、邢台天河山全民健身户外活动基地、邯郸天慈峰林全民健身户外活动基地，大多在风景名胜区，风光秀丽、空气新鲜，既能登山、攀岩、野外拓展训练、漂流、水上运动等开展健身活动，亲近大自然，体验健身带来的乐趣，同时还具有食宿、娱乐功能，适合京津冀及周边城市组团健身和自驾人群健身。

2. 湖泊海洋类型

这类基地如衡水湖全民健身户外活动基地、邢台沙河市秦王湖全民健身户外活动基地、张家口沽源县亚高原全民健身乐园、抚宁南戴河浴场全民健身户外活动基地、省体育局水上运动管理中心，适合搞环湖自行车赛、马拉松、沙滩球类运动、健步走，以及水上运动项目等大型群体活动，是愉悦身心放松心情的好去处。

3. 主题体育型

这类基地如唐山南湖“国家体育休闲示范区”、中国·北戴河全民健身户外活动基地、秦皇岛奥林匹克体育中心、北戴河奥林匹克大道公园、保定市体育健身中心、保定涿州市体育中心、廊坊三河文体中心、张家口市清河两岸全民健身亮点工程、邯郸市滏沁河“人字形”百里健身长廊，建设在城区，凸显体育主题，健身内容广泛，多数项目免费开放，健身形式方便快捷，利于传播健康文明的生活方式，适合各类人群就近参与健身。

4. 特色体育文化类型

这类基地如邯郸涉县红色旅游全民健身户外活动基地，既能接受爱国主义教育，还可以通过健身活动激发斗志；永年广府古城全民健身户外活动基地是“太极拳”文化的发祥地，习练太极拳强身健体，太极拳享誉国内外。崇礼高原训练基地的长城岭滑雪场以雪质好、滑雪期长、服务周到而著称，是京津冀滑雪爱好者的理想去处。

5. 体育专业竞技训练类型

这类基地主要有河北正定国家乒乓球训练基地，河北省体育局训练服务中心、摔跤拳击跆拳道运动管理中心、自行车运动管理中心、射击运动管理中心、航空运动管理中心等，是河北省竞技体育人才培训基地，是冠军诞生的摇篮。

（三）河北省体育场地运营模式

当前河北省体育场地的运营模式主要分为两类，一类是公益性质，另一类是市场经营性质。

1. 公益类运营模式

公益类体育场地主要包括健身公园、休闲广场、体育馆定时免费开放、全民健身路径、登山步道和城市健身步道等，这类体育场地免费向公众开放，其场地设施建设维护费用主要由政府财政资金专项支出或者体彩公益金专项支出。

2. 市场经营类运营模式

市场经营类体育场地主要包括各类专项体育场馆、营业性健身俱乐部、滑雪场、高尔夫球场等，这类体育场地主要是采用商业化的运营模式，执行3%的体育文化事业营业税收比例，高尔夫球场税收是按照娱乐行业税收标准，要比其他体育运营场所稍高。政府主要采用购买公共服务、减免税收、PPP资本合营等方式，为居民提供价格合理的消费性休闲体育场所。

五　河北省居民休闲体育活动效果评价

（一）评价目标

评价一个地区居民休闲体育活动效果应从多层次、多角度进行。对居民休闲体育活动效果进行评价，应遵循客观、全面的评价标准，确定清晰的评价目标，以期能够达到预期的结果。

（二）评价原则

1. 科学性原则

对居民休闲体育活动进行效果评价，其设立的评价指标体系应该科学、合理、可行，评价方法能准确、有效地实施，评价过程环环相扣。

2. 全面性原则

评价要素要能够全面反映居民休闲体育的活动效果，评价指标、内容要全面。

3. 动态性原则

评价指标、内容的选取要考虑到区域的差异性，指标的设定要有一定的弹性，能够及时进行调整，具有一定的适用性。

（三）评价实施

1. 评价实施主体

对居民休闲体育活动效果进行评价，实施主体应当是政府，这样才能够根据评价的效果，有针对性地进行体育公共服务政策的调整及制定。

2. 评价实施过程

政府作为实施主体，可以委托高校、社会第三方等机构，通过合作的形式，由高校或者社会第三方机构设计详细的实施方案，进行效果评估。

3. 评估效果的监测

政府通过抽测、复测的方式，对委托机构的评估过程进行监督、监控，以保证评估过程的有效性和实用性。

4. 评估结果的运用

政府对于委托机构提交的效果评估报告，组织专家召开效果评估论证会，审议评估报告的适用性，并将评估结果提交政府主管领导，为休闲体育活动相关政策的修订、制定提供依据。

B.9
内蒙古休闲体育发展报告

殷俊海　徐立红*

摘　要：　内蒙古地域辽阔，自然资源禀赋多样，有草原、沙漠、戈壁、湖泊、森林、冰雪等丰富的资源。在多样自然资源和独特民俗文化的共同影响下，内蒙古形成了与众不同的休闲方式，休闲已成为人们生活中不可缺少的一部分。总的来看，内蒙古休闲体育运动主要集中在八个方面：登山户外、草原休闲、沙漠休闲、冰雪休闲、戈壁赛车、公路骑行、水域休闲和空域休闲。伴随着旅游产业的迅速发展，上述休闲体育内容已成为内蒙古特色休闲体育运动的重要体现。

关键词：　休闲方式　运动项目　场地设施　运行机制

一　自然情况

内蒙古地域辽阔，自然资源禀赋多样，有大草原、大沙漠、大戈壁、大湖泊、大森林、大冰雪等丰富的自然资源。

（一）大草原

内蒙古草地总面积为7880万公顷，占全区总面积的66.6%，占全国草

* 殷俊海，内蒙古体育职业学院教授、博士，研究方向为休闲体育、草原体育；徐立红，内蒙古体育职业学院讲师，研究方向为休闲体育。

地面积的22%，居全国首位。其中，可利用面积6359.09万公顷，占全区草地总面积的80.70%。著名的呼伦贝尔草原、锡林郭勒草原、科尔沁草原、乌兰察布草原、鄂尔多斯草原已成功跻身全国重点草原行列。

（二）大沙漠

内蒙古是我国沙漠沙地最多、土地沙化最严重的省区之一。境内分布的沙漠有巴丹吉林沙漠、腾格里沙漠、乌兰布和沙漠、库布齐沙漠、巴音温都尔沙漠，沙地有毛乌素沙地、浑善达克沙地、科尔沁沙地、呼伦贝尔沙地、乌珠穆沁沙地。此外，阴山北部还有大面积的土地已严重风蚀沙化。这些沙漠、沙地、沙化土地的总面积约为4159万公顷，占内蒙古总面积的35.16%。

（三）大戈壁

蒙古语和满语中的“戈壁”指的是内蒙古高原上地面较平坦、组成物质较粗疏、气候干旱、植被稀少的区域。内蒙古的戈壁主要位于中西部沙漠区的交接过渡地带，主要由戈壁、部分岩石荒漠和沙质荒漠组成。

（四）大湖泊

内蒙古境内有黄河、额尔古纳河、嫩江、西辽河四大水系，大小河流千余条。2010年第二次内蒙古自治区湿地资源调查结果显示，内蒙古湿地类型包括河流、湖泊、沼泽、人工湿地，总面积为9016万亩，占内蒙古土地总面积的5.08%，占我国湿地总面积的11.2%，位居全国第三。

（五）大森林

内蒙古拥有国家级森林公园11个，国家级自然保护区10个，境内有神秘的大兴安岭、阿拉善的胡杨林等珍贵森林资源。根据第八次全国森林资源清查结果，全区森林面积2488万公顷，位居全国第一，森林覆盖率达到21.03%。天然林面积1401万公顷，人工林面积332万公顷。

二　民族风俗

内蒙古民俗资源丰富，少数民族风情独特。自古以来，内蒙古就是多民族聚居之地，每个民族的风俗都很独特。总的来看，内蒙古的民俗是以蒙古族的草原游牧民俗为主，达斡尔族、鄂温克族、鄂伦春族等特色民俗为补充。一提到蒙古族民俗，人们可能首先会想到蒙古包、手抓肉、马奶酒、奶食品等具有浓郁蒙古族色彩的习俗，其实，内蒙古丰富的节庆活动也是非常有特色的，如那达慕大会、祭敖包、成吉思汗纪念节、瑟宾节、米阔鲁节等。那达慕是蒙古族传统的集文化、贸易、体育等于一体的群众性民俗活动，已被列入国家级非物质文化遗产名录。值得一提的还有蒙古族的马头琴，它也是蒙古族重要的文化遗产之一。蒙古族有“音乐民族”之称，风格独特的马头琴、旋律悠长高亢的长调和爬山调、短小精悍的蒙古戏、健康活跃的安代舞、轻盈流畅的顶碗舞等都是蒙古族歌舞民俗的典型代表。此外，蒙古族的婚嫁习俗、丧葬习俗、蒙古族服饰、三少民族的森林狩猎和渔猎文化都具有浓郁的游牧民族特色，都是草原游牧文化的精髓。

三　文化特点

内蒙古大草原孕育了以蒙古族为主的多种少数民族，形成了独特的饮食习惯、宗教信仰、民族服饰、节庆礼仪及生产生活方式，积淀了浓厚的蒙元文化、红山文化、昭君文化、契丹文化等多种特色文化。丰富多样的民族文化，为开展特色户外休闲体育活动提供了重要文化基础。伴随着文化、体育、旅游等产业的发展，逐渐形成了昭君文化节、鄂尔多斯国际文化节、阿拉善国际胡杨节、呼伦贝尔冰雪节及草原那达慕、冰雪那达慕等富有内蒙古特色的活动。

四　休闲方式

随着需求层次的提高，休闲已成为人们生活中不可缺少的一部分。目前，关于休闲方式的划分并没有统一标准。结合内蒙古的实际，根据休闲行为的内容将休闲方式分为娱乐消遣型、养生保健型、体育健身型、社会活动型、学习发展型和旅游观光型。在五花八门的休闲活动中，与体育相结合的休闲活动无疑是一种兼顾科学、文明、健康的休闲方式，它在满足人们休闲需要的同时，也推动社会向更文明、更健康的方向发展。在内蒙古地区开展的休闲体育活动，除了跑步、球类、健身走、健身操、游泳、登山等常见的形式外，还有近几年伴随着内蒙古旅游产业迅速发展起来的沙漠休闲、草原休闲、冰雪休闲等休闲体育内容。沙漠休闲体育项目是利用沙漠的特性开发的休闲项目，如以娱乐性、趣味性为主的滑沙、滑翔、赛马、赛驼、射击、射箭、沙疗等；以增长知识、科考研究为主的沙漠科考、沙漠探险等；以挑战自我、磨炼意志为主的徒步穿越、汽车探险等。草原休闲体育项目是依托草原的自然特征和民族特色开发的休闲项目，具体包括草原观光休闲度假、体验民俗风情、参与民族节庆活动、草原探险体育活动等。冰雪休闲体育项目是借助冰雪资源开发的休闲项目，如以滑冰、滑雪、冰壶、冰球等运动为主的冰雪体育项目；以雪上越野、雪地跑马、雪地足球、雪地高尔夫、马拉爬犁、冰雪温泉等活动为主的冰雪娱乐项目；与蒙古族的民风民俗、民族传统冰雪运动相结合的冰雪文化项目，如冰雪旅游节、冰雪那达慕等。

五　人群划分

从参与休闲体育运动的人群来看，以区内和周边省市的近距离旅游人群为主，以自驾游、摄影、户外运动、极限运动人群为补充，中远距离的旅游者相对较少。区内大中小城市的居民主要通过近距离、短期的旅游、自驾游等方式参与到休闲体育运动中，其特点是人数较多，重复率较高。内蒙古周边省市的居民主要通过观光旅游参与其中，其特点是人数较多，重游的可能性较大。还有一部分东南沿海地区以及入境旅游的人群主要通过观光度假的方式参与进来，其特点是人数较少，多为远距离游，重游率较低。参加户外运动或极限运动的人群相对比较固定，因为这类运动比较专业，风险系数高，需要较好的经济基础作支撑。

根据内蒙古自治区2014年国民经济和社会发展统计公报，全年实现旅游总收入1805.3亿元，增长28.6%。国内旅游人数7414.9万人次，增长12.1%；国内旅游收入1745亿元，增长29.9%。

六　运动项目

根据区域特点和地域资源禀赋，内蒙古休闲体育运动主要集中在登山户外休闲、草原休闲、沙漠休闲、冰雪项目休闲、戈壁户外赛车、公路自行车骑行、河湖水域休闲和空域休闲。

（一）登山户外休闲

登山健身步道是在保持路径原始风貌的基础上，将周围的自然风光、人文历史、娱乐活动有机结合的一种休闲体育健身项目。继登山健身步道后，内蒙古又结合实际，建成了我国首条草原健身步道。草原健身步道将草原、树林、河流、湿地等资源串联起来，是集旅游、休闲、健身为一体的休闲体育项目。登山步道和草原步道的建设，不仅能推动户外休闲运动发展，还能促进休闲体育产业发展，实现良好的经济效益和社会效益。

（二）草原休闲

具有民族特色的草原休闲体育运动是内蒙古休闲运动的亮点。各类草原休闲体育项目，不仅能满足人们休闲娱乐的需求，还能达到强身健体的目的。作为我国北方游牧民族的发源地和少数民族的聚居地，围绕“马”开展的草原休闲体育活动不胜枚举，如草原那达慕、马上骑行、赛马、马术等。特别是围绕那达慕“男儿三艺”开展的骑马、摔跤、射箭体验活动和草原祭敖包民族活动，都能使人们亲身参与并尽情体验到草原民族的风情。

（三）沙漠休闲

内蒙古沙漠资源丰富，利用已有沙漠资源开展休闲体育活动，不仅可以充实内蒙古休闲体育的内容，还能促进沙漠地区经济发展。沙漠地区自然环境恶劣，在这里开展的沙漠休闲体育活动多以磨炼意志、考验体力为主，最终达到愉悦身心、放松身体的目的。在沙漠开展的休闲体育项目主要有沙漠冲浪、沙漠赛驼、沙漠越野、沙漠探险、沙漠科考等。目前内蒙古已形成的沙漠体育旅游品牌有恩格贝沙漠生态体育旅游、巴丹吉林沙漠越野赛、鄂尔多斯响沙湾沙漠体验游、月亮湖沙漠体育宿营游等。

（四）冰雪项目休闲

内蒙古东北部地区，冰雪休闲项目繁多，可同时满足人们观赏美景、体验民俗、参与竞技、放松身心等多种需求。目前，内蒙古围绕冰雪资源已打造冰雪游、生态游、民俗游等多种冬季特色旅游产品。为了将冰雪项目与民俗文化深度结合，内蒙古专门打造了冬季冰雪那达慕，活动期间举办滑冰、滑雪、雪地摩托、雪地汽车越野等经典赛事，开展骆驼爬犁、雪橇、雪地马车、冰尜等娱乐活动，欣赏长调、呼麦、马头琴、民族歌舞等特色表演。

（五）戈壁户外赛车

戈壁滩环境恶劣、人迹罕至，在这里开展休闲体育活动，体验的是刺激和挑战，考验的是体力与耐力。戈壁滩开展的休闲体育项目主要有戈壁赛车、徒步穿越、戈壁马拉松等。

（六）河湖水域休闲

内蒙古富集的水系资源为以“水”为载体的休闲体育运动项目的开展提供了便利。目前，内蒙古开展的河湖水域休闲体育项目主要有泛舟、垂钓、游泳、宴饮、漂流、渔猎等。

（七）公路自行车骑行

公路自行车骑行这种休闲方式，普及程度较高，易于被社会大众接受，对专业性要求不高。通过公路骑行，既可以锻炼身体、提高毅力耐力、陶冶情操，也可以促进团队合作，加强社会交往，还可以欣赏沿途风光，体验民俗文化。

（八）空域休闲

1000 米以下低空飞行区域的全面开放，为空中休闲体育活动的开展带来机遇。传统的休闲体育项目已不能满足人们体验刺激、追求冒险的需要，飞行爱好者对直升机、滑翔伞、热气球、动力伞、航空模型机等飞行器的体验需求日益强烈。空中休闲体育运动，对于参与者来说，可以挑战自我、放松心情、丰富体验的内容；对于观赏者来说，可以开阔眼界、缓解压力、增强观赏的层次性。

七　场地设施

（一）登山户外休闲设施

登山健身步道是将传统的户外运动与全民健身有机结合的产物。内蒙古中西部境内的山脉不多，到目前为止，内蒙古已拥有一条国家级登山步道，即大青山国家登山健身步道。此外，结合内蒙古实际，突出草原特色，2015 年内蒙古建成我国首条体现草原理念的呼伦贝尔国家草原健身步道。

（二）草原休闲设施

内蒙古草原宽广辽阔，涵盖了世界所有的草原类型，被称为完整的天然草原博物馆。著名的草原有锡林郭勒草原、呼伦贝尔草原、乌兰察布草原、鄂尔多斯草原、阿拉善荒漠草原等。其中，锡林郭勒草原和呼伦贝尔草原，面积达 3.7 亿亩；鄂尔多斯草原，面积约 1 亿亩；额济纳草原，面积为 10 万亩。全区 102 个旗县区至少都有一个可以举办综合性那达慕的场地。

（三）沙漠休闲设施

内蒙古是我国第二大沙漠分布区，境内分布有巴丹吉林沙漠、腾格里沙漠、乌兰布和沙漠、库布齐沙漠、毛乌素沙地、浑善达克沙地、科尔沁沙地等。内蒙古沙漠景观丰富独特，沙山、湖泊、生态景观相得益彰。目前，已经形成了响沙湾、恩格贝、月亮湖、阿拉善沙漠地质公园等品牌景区。其中，阿拉善沙漠地质公园（巴丹吉林、腾格里、居延海三大园区）是迄今为止中国唯一的国家级沙漠地质公园，也是全球第一个沙漠世界地质公园。目前在阿拉善有三个综合功能比较完善的沙漠休闲区：阿拉善左旗月亮湖沙漠休闲区，阿拉善右旗巴丹吉林沙漠休闲区，额济纳旗沙漠、胡杨、居延海休闲区。鄂尔多斯响沙湾沙漠休闲区，恩格贝沙漠休闲区，七星湖沙漠休闲区；巴彦淖尔市、乌海市、锡林郭勒盟、通辽市、赤峰市也都有以沙漠休闲为主的多种类型的多功能休闲区域。

（四）冰雪项目休闲设施

内蒙古冰雪资源丰富多彩，冰雪文化独具特色。目前，内蒙古已形成规模的冰雪旅游区有牙克石凤凰山滑雪旅游景区、扎兰屯金龙山滑雪景区、海拉尔东山冰雪乐园、满洲里达永山综合旅游景区、阿尔山温泉滑雪场、阿尔山高山滑雪场等。此外，在内蒙古其他盟市也有规模不等的滑雪场分布，如鄂尔多斯九城宫滑雪场、乌兰浩特健翔滑雪场、包头南海滑雪场、呼和浩特太伟滑雪场、呼和浩特北极光滑雪场、赤峰美林谷滑雪场、西乌旗滑雪场、凉城岱海滑雪场、通辽霍林河滑雪场、锡林浩特马都项目区滑雪场、突泉滑雪场。

（五）戈壁户外赛车场地

内蒙古的戈壁滩主要分布在中西部沙漠区的交接过渡地带，这里没有固定的路线，只有不定形的“便道”，这是牧民或考察人员在荒野中反复驱车行驶后形成的。“便道”是开展戈壁户外休闲体育活动的绝佳场所。中国大越野赛段经过几年的试跑，基本形成了在内蒙古区域鄂尔多斯—乌海—巴彦淖尔—阿拉善路段的成熟赛段。

（六）河湖水域休闲设施

2010 年第二次内蒙古自治区湿地资源调查结果显示，内蒙古湿地类型包括河流、湖泊、沼泽、人工湿地，总面积为 9016 万亩，占内蒙古土地总面积的 5.08%，占我国湿地总面积的 11.2%，位居全国第三。目前，在通辽的大青沟、赤峰克什克腾旗境内、锡林郭勒盟多伦县、浑善达克沙地核心区、兴安盟阿尔山、呼伦贝尔伊敏河、额尔古纳河等地都开展了漂流项目，条件设施完备。在西部流经内蒙古地区的黄河流域，流速缓慢、河道宽阔，已经开展了黄河抢渡、黄河漂流等赛事和活动。龙舟赛事也引进内蒙古地区，在巴彦淖尔地区，已经形成传统赛事。

（七）公路自行车骑行设施

内蒙古地域广阔，各等级公路纵横交错，境内有 14 条国道和 31 条省道。内蒙古从东到西，公路沿线自然景观各异，不同地区有不同的民族风情。东部地区，草原丰富、森林密布、河湖纵横，中西部地区，高原、沙漠、戈壁地形多样。目前，环多伦湖、环乌海湖、环岱海、五原自行车乡道赛事、沿黄河自行车赛事、穿越内蒙古自行车赛事已成为内蒙古新兴的赛事品牌。

（八）空域休闲品牌及设施

内蒙古地域辽阔，广袤的草原和沙漠为空中那达慕活动的举办提供了优良的场所，其开展空域飞行活动的条件非常出众。目前，赤峰克什克腾旗桦木沟已成为国际飞行者大会永久赛事举办地。包头固阳热气球节、阿拉善沙漠飞行器爱好者营地等空域飞行器活动持续开展。2015 年 6 月，内蒙古已成立航模和飞行器营地协会，对推进内蒙古空域飞行活动带来了更多的利好消息。

八　运行机制

（一）政府放管结合，充分发挥社会力量的作用

政府简政放权、放管结合，通过政策引导、科学配置体育资源等手段，调动社会力量、社会团体办体育的积极性、主动性。加强对行业协会的培养和扶持，支持各种体育社会团体、体育社会组织开展形式多样的休闲体育活动，扩大休闲体育运动项目的覆盖面，推动休闲体育产业可持续发展。

（二）管理发展民办非营利体育组织

充分调动各类非营利性休闲体育社团、公益性健身俱乐部和行业性体育协会的积极性，加强民政审批权限，明确开展休闲体育活动和提供体育服务的内容，管理上理顺体育总会和非营利体育组织的关系。

（三）成熟的项目建立职业体育发展模式

对于群众基础好、开展普遍、社会认同程度高的户外休闲体育运动项目，结合发展规模和成熟程度，可通过建立职业体育发展模式进行市场化运作，如内蒙古的搏克项目。

（四）加快体育产业与信息产业融合发展

鼓励利用互联网的现代手段，采用“互联网＋体育”的经营模式，建立“服务＋运营＋终端”的服务、信息融合平台，丰富休闲体育消费品的层次和种类，提升休闲体育的发展速度和发展层次，促进休闲体育消费。

九 效果评价

内蒙古休闲体育运动项目的开发主要依附于丰富多彩的旅游资源，在此借用旅游产业的统计指标来间接反映内蒙古休闲体育运动的发展情况。

根据表1数据计算可得各指标的年平均增长率，内蒙古旅游业从2009年至2014年国内旅游及入境旅游的游客接待数量一直以14.26%和5.86%的年平均增长率在逐年提高。总体来看，接待游客总量在逐年提高，增长幅度在逐年收窄。2009～2014年内蒙古旅游收入的增长幅度逐年增大，旅游总收入的年平均增长率为23.12%，入境旅游外汇收入的年平均增长率为14.75%，无论是旅游业总收入，还是入境旅游外汇收入，其增长率均在逐年增大。上述分析说明内蒙古旅游业的各项指标都在稳定增长，这与休闲体育旅游产品的开发是密不可分的。

表1 2009～2014年内蒙古旅游业各项指标统计

指 标	2009年	2010年	2011年	2012年	2013年	2014年
国内旅游人数万人次	3880.18	4477.55	5177.95	5887.31	6612.76	7414
国内旅游收入亿元	573.22	692.92	847.28	1080.65	1343.73	1745
接待入境旅游者万人次	128.96	142.80	151.52	159.17	161.61	167
入境旅游外汇收入亿美元	5.58	6.02	6.71	7.72	9.62	10
旅游业总收入亿元	611.35	732.7	889.55	1128.51	1403.46	1805

资料来源：2009～2014年内蒙古自治区国民经济和社会发展统计公报。

参考文献

内蒙古农牧业信息网，http：//www.nmagri.gov.cn/zwq/nmygk/xmy/16036.shtml。
《内蒙古自治区人民政府关于加快发展沙产业的若干意见》。
内蒙古区情网，http：//www.nmqq.gov.cn/quqing/ShowArticle.asp？ArticleID＝19522。

张明华：《中国的草原》，商务印书馆，1995。

西部旅行，http：//www.57uu.com/neimenggu/neimenggujt/12_ 16_ 24_ 581.shtml。

腾讯财经，http：//finance.qq.com/a/20141124/101774.htm。

刘锋：《中国西部旅游发展战略研究》，中国旅游出版社，2001。

刘永在：《自然资源禀赋与内蒙古经济发展关系研究》，内蒙古大学，2010。

白晓梅、闫秀芳：《内蒙古民俗旅游及对策研究》，《现代商贸工业》2013 年第 3 期。

刘野、李夕璨：《浅析内蒙古民俗旅游的开发》，《边疆经济与文化》2015 年第 3 期。

刘祝：《内蒙古民俗旅游开发的现状与对策》，《经济论坛》2012 年第 6 期。

刘俊清：《内蒙古民俗文化旅游初探》，《内蒙古科技与经济》2009 年第 12 期。

李静：《内蒙古草原旅游资源的开发与利用》，《产业与科技论坛》2014 年第 11 期。

陈志军：《内蒙古文化产业研究》，首都师范大学，2011。

张宁：《内蒙古文化产业发展 SWOT 分析及对策研究》，《经济论坛》2012 年第 11 期。

田雷：《吉林省现阶段城市不同社会阶层休闲方式研究》，《吉林省教育学院学报》2010 年第 7 期。

王丽梅：《沈阳市民休闲方式研究》，华东师范大学，2006。

陈允文：《上海市民休闲方式研究》，华东师范大学，2005。

于洋、钟远：《内蒙古中西部户外休闲体育发展思路及构想》，《阴山学刊》2015 年第 1 期。

王玲：《内蒙古冰雪旅游开发研究》，上海师范大学，2007。

甘静：《吉林省冰雪旅游开发研究》，东北师范大学，2009。

郝晓兰：《内蒙古旅游客源市场开发研究》，《内蒙古财经学院学报》1999 年第 2 期。

殷俊海：《内蒙古优势特色体育产业发展战略及政策研究》，北京体育大学，2014。

殷俊海：《关于内蒙古户外健身休闲体育产业发展的思考》，《中国学校体育》2014 年第 6 期。

殷俊海：《关于对内蒙古冬季体育项目发展的思考》，《内蒙古农业大学学报》（社会科学版）2010 年第 4 期。

B.10

吉林省休闲体育发展报告

于清　于洋　刘璐*

摘　要：吉林省位于东北亚地理中心，中国东北地区腹地，东部山区、中部平原、西部草原的地形分布使其四季分明，温度适宜。吉林省为多民族省份，境内有朝鲜族、满族、蒙古族、回族、锡伯族等55个少数民族。地域特色文化以关东文化、长白山文化、民族文化、冰雪文化为主要代表。吉林省群众的休闲方式主要分为运动性休闲、实用性休闲、文化性休闲以及社交性休闲四个方面。参与群体较为广泛，吉林省开展的休闲体育项目具有一定的地域特色以及民族特色。场地设施主要以群众体育场地设施为基础，以冰雪运动、时尚运动为拓延，形成了全民休闲运动的空间网络。运行机制包含政府投资机制、企事业单位场馆设施半开放机制、经营性服务机制三方面。以冰雪休闲为发展核心，辐射多元时尚项目的引进与建设，是现阶段吉林省休闲体育发展的主要方向。

关键词：自然情况　民族风俗　休闲方式　场地设施

一　自然情况

（一）地理位置

吉林省简称“吉”，省会城市长春。地跨东经121°38′～131°19′、北纬

* 于清，吉林体育学院教授，研究生导师，研究方向为体育管理、休闲体育；于洋，吉林体育学院讲师，研究方向为休闲体育；刘璐，吉林体育学院助教，研究方向为休闲体育。

40°50′~46°19′，位于东北亚地理中心，中国东北地区腹地，地处边境近海。南、西、北面分别与辽宁省、内蒙古自治区、黑龙江省比邻，东部与俄罗斯联邦交界。东西长769.62公里，南北宽606.57公里。①

（二）地形地貌

吉林省地貌形态差异明显。地势由东南向西北倾斜，东南高、西北低。以中部大黑山为界，东部山地分为长白山中山低山区和低山丘陵区，中西部平原分为中部台地平原区和西部草甸、湖泊、湿地、沙地区。地貌类型种类主要由火山，侵蚀剥蚀、冲洪积与冲积平原构成。主要山脉有大黑山、张广才岭、吉林哈达岭、老岭、牡丹岭等。主要平原以松辽分水岭为界，以北为松嫩平原，以南为辽河平原。②

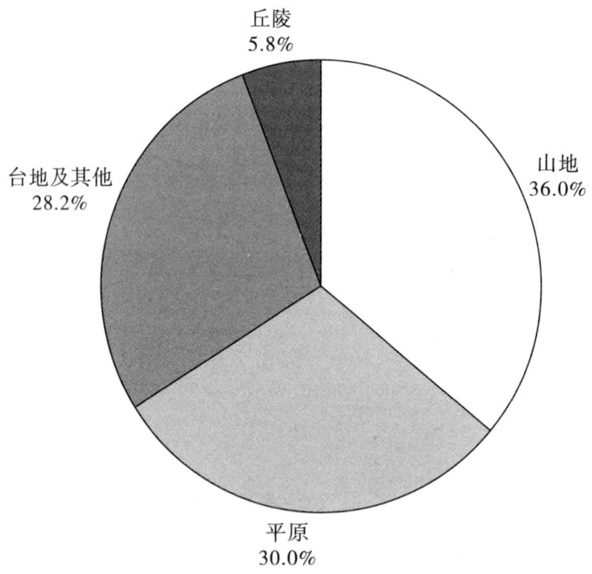

图1　吉林省地形分布

① 资料来源：吉林省人民政府门户网站。

② 资料来源：吉林省人民政府门户网站。

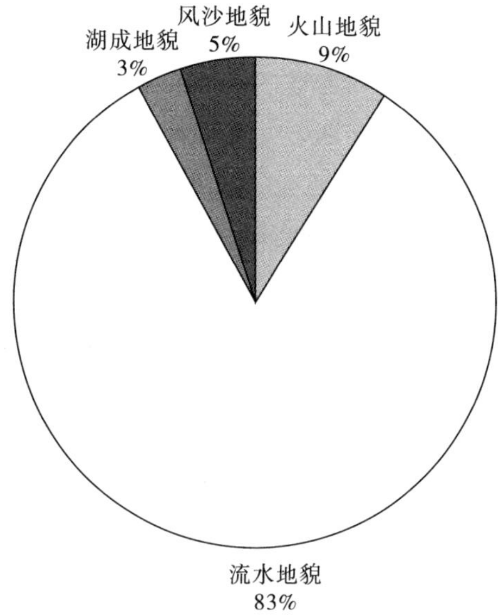

图 2　吉林省地貌分布

（三）气候特征

吉林省位于中纬度欧亚大陆的东侧，属于温带大陆性季风气候，四季分明，雨热同季。春季干燥风大，夏季高温多雨，秋季天高气爽，冬季寒冷漫长。从东南向西北由湿润气候过渡到半湿润气候再到半干旱气候。冬季平均气温在 -11℃以下，夏季平原平均气温在 23℃以上，呈现山地偏低、平原较高的特征。①

（四）行政区域划分

吉林省现辖一个副省级市、七个地级市、一个自治州与一个管委会（见表 1）。

① 资料来源：吉林省人民政府门户网站。

表 1　吉林省行政区划分情况

单位：个

行政区级别	行政区名称	下辖行政区数量				
		区	县级市	省直管市	县	自治县
副省级市	长春市	7	2	—	1	—
地级市	吉林市	4	4	—	1	—
	四平市	2	1	1	1	1
	辽源市	2	—	—	2	—
	通化市	2	1	1	3	—
	白山市	2	1	—	2	1
	白城市	1	2	—	2	—
	松原市	1	1	—	2	1
自治州	延边朝鲜族自治州	—	6	—	2	—
管委会	长白山保护开发区管理委员会	3	—	—	—	—

（五）人口概况

《吉林省 2014 年国民经济和社会发展统计公报》数据表明，截至 2014 年末，吉林省总人口为 2752.38 万人。

二　民族风俗

（一）民族分布

吉林省是多民族省份，境内除汉族外，共有朝鲜族、满族、蒙古族、回族、锡伯族等 55 个少数民族，少数民族人口约占全省总人口数的 8%，实行民族区域自治，建立 1 个自治州、3 个自治县、33 个民族乡（镇）。朝鲜族主要分布在东部的延边、吉林、通化、白山等市州，蒙古族和锡伯族主要分布在西部的白城和松原市，满族、回族以长春、吉林、通化、四平市居多。①

① 资料来源：吉林省人民政府门户网站。

（二）民俗特点

1. 满族

吉林省满族主要以吉林乌拉萨满族、四平叶赫满族、伊通牧情谷萨满族、长春龙湾萨满族为代表，主要节日有春节、上元节（元宵节）、走百病（正月二十）、添仓节（正月二十五）、二月二、端午节、开山节（农历九月中旬）和中秋节等，节日期间一般要举行珍珠球、跳马、跳骆驼和滑冰等民间传统休闲体育娱乐活动。满族人能歌善舞，重视礼节。

2. 回族

吉林省回族主要以长春、吉林、四平、通化、白城、松原、延吉以及九台居多，大小清真寺百余座，是回族人民的主要活动中心。吉林省回族人民以灵活的态度对待饮食、卫生、婚丧嫁娶、节庆、礼仪等物质生活和文化生活，表现了突出的民族特点，在教育、体育、经济等方面已经与其他民族相互融合。吉林省回族的主要节日有尔代节（大开斋节）、古尔邦节、圣纪节等。回族的传统体育活动主要有“绊跤”、武术等。回族人民勤劳、团结、信仰虔诚。

3. 朝鲜族

吉林省朝鲜族主要分布在东部的延边朝鲜族自治州和长白朝鲜族自治县，以及吉林、通化、白山等市。朝鲜族饮食文化极具特色，“汤文化”堪称一绝。主要节日有元日（春节）、上元（元宵节）、寒食（清明节）、端午节、秋夕（嘉俳节）与冬至等。朝鲜族人尊老爱幼，非常注重文明礼貌，以能歌善舞蜚声全国，舞蹈包括长鼓舞、刀舞、扇舞、巫舞、面具舞、农乐舞等。朝鲜族人酷爱体育运动，特色休闲体育娱乐项目主要有摔跤、荡秋千、拔河、跳板、传统木排赛、足球等，显示出边疆少数民族的独特风情。

4. 蒙古族

吉林省蒙古族主要聚居在松原市前郭尔罗斯蒙古族自治县，以及白城市镇赉县、通榆县等地。蒙古族居蒙古包，以食奶和肉食为主，风格豪爽，个性骁勇善战，主要节庆有白节、祭敖包、马奶节、那达慕大会与成吉思汗节等。蒙古族素有“音乐民族”之称，长调民歌是草原风格的标志，包括草原牧歌、赞歌等；短调民歌具有广泛的群众性，题材广泛，有情歌、酒歌等。蒙古族舞蹈也久负盛名，节奏欢快，动作刚劲有力，以抖肩、揉臂、马步最具特色，表现了蒙古族人民淳朴、热情、粗犷的气质，传统的舞蹈有“马刀舞”“筷子舞”“安代舞”“盅碗舞”等。说唱艺术的“好来宝”、乌利格尔，传统乐器马头琴、雅托噶（蒙古筝）、恒格勒格（蒙古鼓）都极具特色。蒙古男儿三竞技——赛马、射箭、摔跤是蒙古族人为锻炼体魄而经常开展的群众性体育运动，现代那达慕大会除此之外，还增添了马术、田径、马球等运动，蒙古族传统的体育运动还包括套马、赛骆驼、布鲁、蒙古象棋等项目。

5. 锡伯族

吉林省锡伯族主要聚居在松原市扶余县，以米、面等为主食，也食用奶茶、酥油、牛肉、羊肉等，忌食狗肉。锡伯族人能歌善舞，最喜爱的弹拨乐器叫“冬布尔”，口弦也是锡伯人爱用的吹奏乐器，民间歌曲是锡伯族民间传统艺术的一个重要组成部分，大致分为田野歌、生活习俗歌、儿歌和叙事歌。锡伯族的主要节日有西迁节（农历四月十八）、抹黑节。锡伯族人喜爱骑马射箭，享有“射箭民族”的美誉。除此之外，锡伯族传统的休闲体育娱乐活动丰富多彩，包括摔跤、赛马、角力、滑冰、打瓦尔等活动，以及荡秋千、放风筝、棋类（卡塔）、嘎尔出克（髀石）等游戏。

三　文化特点

在漫长的历史中，各民族在吉林省这片富饶美丽的黑土地上共同创造出了丰富多彩的文化。拓荒创业锻造了自强不息的文化精神，艰险环境磨砺了坚韧刚健的文化个性，民间行为文化张扬着宽厚质朴的民风，成就了吉林文化海纳百川的宽阔胸襟，形成了吉林独具魅力的地域特色文化，其中以关东文化、长白山文化、民族文化、冰雪文化等文化形式为主要代表。

（一）关东文化

在吉林这块黑土地上，吉林人民不仅创造了丰富的物质文明，而且创造了具有鲜明特色的关东文化。吉林省的关东文化是中原文化与民族文化的融会贯通。首先，以渤海文学、辽代文学、金代文学、清代文学为代表的吉林文学散发着关东黑土地的气息。其次，吉林省的艺术文化包括京剧、话剧、地方剧、曲艺、歌舞、东北秧歌等，其中地方剧的“二人转”，曲艺的汉族东北大鼓、蒙古族好来宝、朝鲜族盘索里等广受喜爱，著名的长春电影制片厂被誉为“新中国电影的摇篮”。再次，吉林省群众文化活动丰富多彩，广场文化、社区文化、田间庭院各具特色，涌现出一批特色文化基地、民间艺术家和艺术精品，如农民画、根雕、松花石砚、民间剪纸画等。最后，吉林省的饮食文化广负盛名，吉菜是中国“新八大菜系”之一，被誉为中国烹饪领域的一朵绚丽奇葩，主要有民族菜、民俗菜、宫廷菜、山珍菜四大系列，以吉林特有的民族风俗、区域文化、特产的原料和特殊的工艺，形成了与众不同的特色。①

（二）长白山文化

长白山位于吉林省东部，动植物资源丰富，少数民族众多，是吉林地域文化发源地。其特殊的地理位置、气候条件和历史背景，造就了自然生态文化——长白山文化，它承载着吉林省的历史沿革、风土人情以及各项事业的发展。

（三）民族文化

吉林省有56个民族，各民族都以自己突出的特色形成代表性文化，满族、朝鲜族、蒙古族、锡伯族和回族文化在这里得到了充分挖掘和展示。吉林省各民族有其自己的生存方式、风俗习惯、情感样式、信念理想，反映了世代先民艰苦卓绝的奋斗历程，既有刻骨的悲怆，也有铭心的壮丽，凝结在

① 资料来源：《吉林地域文化的形成及传统特色》，中新网。

其中的自强不息、坚韧刚健、宽厚质朴的人文精神沉浸在民族的血脉中，传承在人们的社会心理和行为习惯中，成为一种传统融入现代生活，创造出绚丽多彩的文化交融，是吉林地域文化持久的魅力所在。①

（四）冰雪文化

吉林省地处北纬41°～46°，冬季冰雪资源丰富，吉林人民以冰雪生态环境为品牌，创造出我国北方独特的文化情境和模式——冰雪文化，主要内容包含冰雪运动文化、冰雪工艺文化、冰雪生活文化以及冰雪旅游文化四方面（见表2）。

表2　吉林省冰雪文化内容

文化模块	主要内容	
冰雪运动文化	冰上项目	短道速滑、速度滑冰、花样滑冰、冰球、冰壶等
	雪上项目	越野滑雪、高山滑雪、冬季两项、自由式滑雪、单板滑雪等
冰雪工艺文化	冰雪园艺、冰雕、雪雕、冰灯等	
冰雪生活文化	雪上娱乐	滑雪、单板、雪圈、雪地高尔夫、雪上越野、雪橇、马（狗）拉爬犁、雪地摩托、雪地足球、雪地跑马等
	水上娱乐	冬泳、冬捕、不冻河漂流等
	冰上娱乐	攀冰、冰帆、滑冰、抽冰尜等
冰雪旅游文化	冰雪观光旅游、冰雪体育旅游、冰雪节庆旅游、冰雪民俗旅游等	

四　休闲方式

吉林省群众的休闲方式主要分为四方面，即运动性休闲、实用性休闲、文化性休闲以及社交性休闲。

（一）运动性休闲方式

吉林省群众的运动性休闲围绕两方面开展，即参与体育活动与大众舞

① 资料来源：《吉林地域文化的形成及传统特色》，中新网。

蹈。随着生活水平的逐年提高，吉林省群众的运动健康意识普遍提升，特别是青少年以及中年群体参与体育活动的人口数量飞速增长，学习工作与运动兼容并蓄；同时，这一部分人群选择参与的项目也较为前沿，挑战性较强，进一步带动了吉林省时尚运动与极限运动的发展。大众舞蹈是吉林省拥有群众规模最大的项目之一，人群数量相对稳定，活动内容丰富，以广场舞、排舞、体育舞蹈、街舞、健身房操课（瑜伽、普拉提、肚皮舞）等项目为主。

（二）实用性休闲方式

吉林省群众的实用性休闲方式主要体现在家庭园艺、针织刺绣、茶道等方面。与我国其他大中城市相比，吉林省的生活节奏较为平缓，居民在经济水平提高的同时对田园生活较为向往，以中老年人群为参与主体的家庭园艺、蔬菜种植等休闲方式普遍开展，精心打造的自家庭院内瓜果绿荫，享受耕种的劳作之美，收获绿色健康大爱；针织刺绣多以女性为主，中老年退休女性参与群体居多，精工细活，修性定神，无疑是消磨余暇时间最好的方式；茶道则以男性为主，中老年群体居多，多为喜静群众采用的工作洽谈、亲友聚会以及家庭休闲方式。

（三）文化性休闲方式

阅读报刊、看电视是吉林省群众主要的日常性生活方式，由于生活节奏适中有序，保障了群众阅读、观赏电影电视的充裕时间；另外，吉林省经常性举办大型演唱会以及体育竞赛活动，满足了广大歌迷以及运动爱好者的文化需求，如 CBA、大超、滑冰、滑雪、乒乓球、冬运会等竞赛活动，热烈浓郁的现场气氛能够缓解压力，振奋精神，是休闲佳选。

（四）社交性休闲方式

根据性格与兴趣爱好的不同，吉林省女性的社交性休闲方式以逛街、饮食、美容、郊游等活动为主，而男性则以喝茶、聊天为主要内容。

五　人群划分

按照年龄划分，吉林省参与休闲体育活动的人群可以分为：婴儿、幼儿、青少年、中年、老年五个群体。

婴儿阶段的休闲体育活动主要为游泳与被动散步，但目前吉林省同我国其他省市一样，婴幼儿游泳运动的发展与国外相比具有较大差距，开展内容仅为圈漂式，亲子游泳以及潜水练习没有相应开展。

幼儿阶段的休闲体育活动较为丰富，由于家长的盲目选择以及孩子适应能力的增强，幼儿阶段选择参与的休闲体育活动项目的复杂程度与难度逐年增加，甚至接近于青少年的项目内容，如轮滑、跆拳道、滑板车、漂移板、独轮车、游泳、街舞、足球、击剑、攀岩、滑草、风筝、跳绳、乐高机器人等项目。

青少年阶段是吉林省应试教育改革后，在素质教育下发展起来的休闲体育的新生力量，家长、社会、学校、个人随着考试方式的不断革新逐渐提高了对体育价值观的认同。因此，近年来吉林省青少年休闲体育参与群体不断壮大，并且受西方休闲体育思想的影响较大，街头运动与极限运动比较受欢迎，但受场地设施的限制，吉林省青少年一般主动选择的休闲运动项目为篮球、足球、羽毛球、壁球、自行车、滑板、轮滑、健身健美、滑冰滑雪、游泳、郊游、野营、攀登、跑酷等；受家长的影响，被动选择的休闲项目有高尔夫、乒乓球、跑步、健走等。

中年阶段由于工作压力大，家庭负担较重，参与休闲体育的时间较少，但是近年来由于健康意识深入人心，吉林省中年人休闲体育参与群体的规模也在逐年扩大。中年人一般选择健身房健身（器械、操课）、游泳、小球（乒乓球、羽毛球、网球）、徒步、跳绳、踢毽子等项目。

老年阶段是吉林省群众休闲体育活动参与的主力军，受经济条件的影响，吉林省老年活动仍然以低消费的广场舞、健走、游泳、健身路径、轮滑等大众性体育活动以及健身秧歌、武术、空竹、柔力球、甩鞭、风筝等民间传统体育运动为主。

六 运动项目

结合吉林省的地域特色以及民族特色，其开展的休闲体育项目较为广泛，涉及陆地、水上以及空中项目，也涉及少数民族特色项目。

（一）以自然环境为分类标准

1. 陆地休闲体育项目

吉林省陆地休闲体育项目见表3。

表3 吉林省陆地休闲体育项目

项目类别		项目名称
冰上项目		速度滑冰、花样滑冰、冰壶、冰球、冰帆、冰车、冰陀螺、冰上自行车等
雪上项目		高山滑雪、越野滑雪、单板滑雪、自由式滑雪、跳台滑雪、现代两项、极限速降、雪地摩托、雪圈、雪橇、雪车、雪上滑行飞伞、雪爬犁、雪上跑马、雪地悠波球、雪地 CS、打雪仗、堆雪人、滚雪球、雪地高尔夫等
山地项目		自行车或摩托车速降、登山、攀岩、溯溪、越野行走、定向越野、无线电测向、野营、越野跑、山地自行车、徒步穿越等
沙地项目		滑沙、沙漠自驾穿越、沙地摩托、沙滩骆驼等
草地项目		滑草、高尔夫、骑马等
公路项目		公路自行车等
场地项目	室内	健步走、舞蹈、跑步、轮滑、滑板、大球类、武术、踢毽子、跳绳、抖空竹、柔力球、甩鞭、甩陀螺、接飞盘、小轮车、跑酷、攀爬、拓展、真人 CS 等
	室外	俱乐部流行舞蹈、瑜伽、健身健美、小球类、攀岩、保龄球、台球、电子竞技、飞镖、壁球、养生、棋牌、麻将等

2. 水上休闲体育项目

吉林省水上休闲体育项目的发展，受地域与气候条件的限制影响较大，作为北方城市，吉林省水上项目的开展主要借助于松花江以及所属地域的大河与湖泊。目前发展较好的项目有：龙舟、水上摩托、游泳、漂流、划船等。

3. 空中休闲体育项目

吉林省的空中休闲体育项目发展较为滞后，主要发展项目为滑翔伞、动力滑翔伞、风筝（普通风筝、特技风筝、盘鹰）等。这与吉林省的自然地域条件以及群众的户外运动安全认知能力、运动风险意识相关。目前，全国正在开展户外运动安全知识巡回讲座，相信通过学习与交流，吉林省群众将会踊跃加入空中休闲运动中，在休闲体育产业发展的热潮下，热气球、三角翼、空中滑板等滑翔项目以及蹦极、低空跳伞等空中极限项目也会相继落户吉林。

（二）以民族特色为分类标准

吉林省民族特色休闲体育分类如表4所示。

表4　吉林省民族特色休闲体育项目

民族类别	特色项目名称
汉　　族	健身秧歌、踩高跷、舞龙、舞狮、龙舟、拔河等
满　　族	珍珠球、跳马、跳骆驼和滑冰等
回　　族	“绊跤”、武术等
朝 鲜 族	摔跤、拔河、传统木排赛、足球、跳板、荡秋千等
蒙 古 族	赛马、射箭、摔跤、马术、田径、马球、套马、马球、赛骆驼、布鲁、蒙古象棋等
锡 伯 族	射箭、摔跤、赛马、角力、滑冰、打瓦尔、荡秋千、放风筝、卡塔、髀石等

七　场地设施

吉林省的休闲体育场地设施主要以群众体育场地设施为基础，以冰雪运动、时尚运动为拓延，形成了全民休闲运动的空间网络。

（一）群众体育场地设施

吉林省群众日常余暇时间的休闲体育锻炼较为普遍，休闲运动方式以健步走、舞蹈、游泳、跑步、轮滑、滑板、球类、健美塑形等大众休闲体育项目以及武术、踢毽子、跳绳、风筝、抖空竹、柔力球、甩鞭、甩陀螺等传统休闲体育项目为主，这些项目的开展需要就近就便的社区、公园、广场、江河湖畔、学校的相应场地以及适合大众阶层的健身俱乐部，因此对基础体育设施的建设要求较高。

国家对全民健身工程场地设施的投入与建设是吉林省群众休闲体育运动场地设施的基本保障，为群众日常休闲运动提供了便捷充足的场地设施资源。《2015 年吉林省全民健身工作情况汇报》指出，近年来吉林省全民健身场地设施经费投入力度逐年加大，突出实用性和实效性，实现“小省大投入”，各种场地设施遍布城乡。至 2015 年，全省 10 个市州、60 个县（市、区）共建成“五个一”工程（一个全民健身中心、一个体育馆、一个运动场、一个游泳馆、一个体育公园）244 个，其中国家体育总局共资助“雪炭工程”28 个，累计资助资金 5015 万元；全省 1870 个社区，已配建健身路径 1033 条，覆盖率达到 55%；9437 个行政村，已配建健身器材 5798 套，覆盖率达到 62%；建成全民健身中心 54 个（6 个在建），覆盖率达到 77%；620 个乡镇和 268 个街道实现配建健身路径全覆盖；社区多功能运动场 25 个，城市健身广场 365 个；健身步道 236 条；创建青少年户外体育活动营地 1 个，青少年体育俱乐部 10 个。并提出《全面实施公共体育设施建设“提档升级”计划》。到 2020 年，力争使全省人均体育场地面积达到 1.8 平方米以上。形成国家、省、市、县及社会资金等多级投入机制；市（州）和县（区）“五个一”工程建设要力争在 2020 年前达到全覆盖（城区的健身中心和运动场拟通过建设小型多功能健身中心和多功能运动场来解决因财力不足而无法建设大型体育场馆的难题）；重点建设群众欢迎的多功能运动场、笼式足球场、可拆装式小型多功能健身中心；完成全省 100% 行政村、100% 社区的配建任务。各地要采取行之有效的办法鼓励公共体育场馆开放，具备开放条件的学校必须全部向社会开放。

（二）冰雪运动场地设施

吉林省冬季户外休闲活动多姿多彩，其丰富的冰雪资源为竞技训练以及群众的冬季休闲体育运动以及冰雪休闲体育旅游产业的发展提供了有力的场地保障。

1. 滑雪场

受冰雪休闲旅游产业快速发展的影响，吉林省雪场数量逐年增加，其中规模较大的雪场共17座（见表5），集中分布在长春、吉林、延边朝鲜族自治州、通化、白山、四平、延吉七个区域；适合群众就近就便开展冰雪休闲娱乐活动的中小型雪场5座（见表6）；微型雪场伴随着社区体育、学校教育、公园冰雪文化以及大型冰雪活动的开展在吉林省冬季建设火热。

表5　吉林省17座规模较大的滑雪场基本情况

所属区域	雪场名称	雪场配置	服务功能
长春市	莲花山滑雪场	初、中、高级雪道共9条 国际标准自由式空中技巧和单板U形槽滑雪场地 4人客运索道1条、2人客运索道1条、拖牵索道3条	承办竞赛 体育旅游 休闲度假 会议服务
	庙香山滑雪场	初级雪道1条、中级雪道3条 拖牵索道1条、魔毯1条、索道1条 正在打造单板公园	竞赛训练 体育旅游
	净月潭滑雪场	初级雪道3条、中级雪道1条、越野滑雪道1条 双人缆车1条、拖牵索道3条、世界最长管轨式滑道1条	休闲娱乐
吉林市	北大壶滑雪场	国际标准雪道19条 冬季现代两项靶场1座、国际标准单板U形槽及单板公园1座、滑雪跳台2座、自由式空中技巧滑雪台1座、旱地雪橇滑道1座 高山滑雪索道4条、拖牵索道1条、魔毯2条	竞赛训练 体育旅游 休闲度假 会议服务
	松花湖滑雪场	高山雪道2条、越野雪道2条、初级雪场、雪橇道、 国际标准50米级滑雪跳台1座、现代两项射靶场、 索道3条	竞赛训练 体育旅游
	朱雀山滑雪场	初级雪道1条 雪橇场地1块、夜间滑雪场地 牵拉式索道1条	休闲娱乐
	铭山绿洲滑雪场	初级雪道1条、中级雪道1条 单板乐园1座、冰雪大世界休闲娱乐区	休闲娱乐
	五家山滑雪场	初级雪道1条、高山雪道1条	休闲娱乐
	北山冰雪大世界	初级雪道1条、速降雪道1条、弯形雪橇道1条、速降雪橇道1条	休闲娱乐

续表

所属区域	雪场名称	雪场配置	服务功能
延边朝鲜族自治州	长白山高原冰雪运动训练基地	天然高山滑雪场雪道2条 国际标准越野滑雪道、冬季两项滑雪10公里雪道、50米跳台、小天池滑雪场、温泉滑雪场 单人吊椅式运载索道2条	竞赛训练 体育旅游 休闲度假
	海兰江滑雪场	初级雪道1条、中级雪道1条、越野雪道1条 雪圈道1条 双人吊椅式索道1条、拖牵索道2条	承办比赛 休闲娱乐 培训活动
	满天星滑雪场	初级雪道1条,中级雪道1条,高级雪道1条,拖牵索道2条,吊椅索道1条	休闲娱乐
	长白山和平滑雪场	初中级雪道3条、越野雪道1条 高空吊椅、拖牵索道	休闲娱乐
通化市	金厂滑雪场	国际标准的高山滑雪道2条 越野滑雪场3公里、5公里、10公里3条雪道 40米级跳台场地、小回转场地1条、林场滑雪训练基地 空中索道1条、拖牵索道1条	竞赛训练 体育旅游 休闲娱乐
白山市	吉林白山滑雪场	越野滑雪道1条、初级雪道1条、高级雪道1条 娱乐滑雪场1块 大型拖牵索道1条、小型拖牵索道2条	休闲娱乐
四平市	叶赫皇家山滑雪场	初级雪道1条、中级雪道1条 雪圈场地1块、雪地摩托场地1块、冰雪短道汽车拉力赛道1条 拖牵索道4条	休闲娱乐 体育旅游
延吉市	梦都美滑雪场	初级雪道1条、中级雪道1条 双人吊椅索道1条、拖牵索道2条	休闲娱乐

说明：由于调查数据受限，没有得到相关场地设施的具体数据；另外场地数量交叉，或场地沿线较长，涉及环境设施变化较多，所以不加数量。

表6　吉林省5座中小型雪场基本情况

所属地区	雪场名称
长春市	新立湖滑雪场
吉林市	炮台山滑雪场、麒麟山滑雪场
辽源市	金霖滑雪场
通化市	千叶湖滑雪场

2. 滑冰场

基于北方冰雪地域的特点，吉林省群众普遍喜爱冬季冰上休闲运动。因此，吉林省的室外冰场建设较为广泛，学校、社区、公园的浇冰冰场以及结冻水域（河面、湖面）的自然冰场比比皆是，保障了学校冬季冰课教学与群众冰雪休闲活动的顺利开展；与之相反的是，吉林省室内滑冰馆较为不足，私营滑冰馆寥寥无几，但以吉林省滑冰馆以及长春市冰上基地为代表的部分冰上竞赛集训场馆已经开始与社会资源共享，选择在周末时间免费对社会开放，教练也将免费为滑冰业余爱好者服务，这种无偿开放的模式，大大带动了吉林省群众参与冰上休闲运动的热情，也为一些冰上运动的优秀后备人才提供了与专业亲密接触的良好平台。另外，长白山高原冰雪训练基地、朱雀山人工湖、新立湖滑雪场、北山冰雪大世界等滑雪场均配备了滑冰区，可开展速度滑冰、花样滑冰、冰陀螺、冰上自行车、冰车、冰帆等冰上休闲娱乐活动，使冰上娱乐与体育旅游结合，拓展了冰上休闲运动的空间范围。

（三）时尚运动场地

1. 冰雪时尚运动

吉林省时尚休闲运动的开展处于起步阶段，受时尚元素的影响，冰雪运动首当其冲，各大雪场的高山速降、单板滑雪、极限技巧、雪上摩托火热开展，冰场也相继推出了冰壶、冰球等项目，冬夏季节交替时雪场还可进行旅游观光、露营、滑草、高尔夫、拓展、真人 CS 等休闲体育运动。

2. 徒步

受自然地域条件的影响，吉林省形成东部山区、中部平原、西部草原的地貌特征。因此，比较适合开展徒步运动。目前，吉林省已经开发的较为成熟的徒步穿越路线有 92 条，短则几公里，长则全程用时 20 余天，多集中在风景秀美的地区，如白山市、通化市、长白山沿线，不但能够体验不同地貌带来的挑战，每条路线或恬静的田野风情，或博大雄浑的险峻环境，或神秘的原始意境，引发徒步者寻幽探秘的山水情怀。

3. 其他

吉林省涉及的时尚运动项目较为广泛，因此场地设施类型也较为丰富，不但真人 CS、野外拓展、越野行走、定向越野、无线电测向等运动的场地设施在市郊或森林公园等地域建设火热；松花江流域也为龙舟竞渡以及摩托艇运动等水上项目提供了广阔空间。

表7　吉林省较为受欢迎的徒步路线

路线名称	路线经过地域
金银峡徒步穿越	白山—铅锌矿—观木砬子—金银峡—法音寺
干饭盒徒步穿越	江源大阳岔镇獾子沟—干饭盒—路桩子—八里坡
小白山徒步穿越	松江河—小白山—南锦江峡谷—彩虹瀑布—松江河
四栋房山四峰连穿徒步	松江河—红头山—二道岗北山—十五道沟—四栋房—草坪山—天目山—松江河
五棚溪徒步	五棚溪—溪谷—四棚湖—珍珠门山庄
长白山低难度徒步穿越	松江河—槽子河—白云峰—槽子河—松江河
通化肖家岗徒步	老营沟—肖家岗—小南岔
辉南小四方顶子徒步穿越	辉南—四方顶子—靖宇—五斤顶子
长白山环山徒步穿越	长白山西麓—长白山北麓
临江菩提峰徒步穿越	七道沟—菩提峰—岔虎观峰—七道沟翡翠谷—七道沟
长白山中朝边境徒步	长白山西麓松江河—长白山南麓长白县
鸭绿江径流21天徒步穿越	丹东—绿江—集安—长白山天池

表8　吉林省部分时尚运动项目及场地

<table>
<tr><th>项目名称</th><th colspan="3">项目场地</th></tr>
<tr><td>漂流</td><td colspan="3">长白山松花江漂流（温情生态漂流与森林氧吧漂流）、长白山森林峡谷漂流、长白山古洞漂流、蛟河白石山镇国家森林公园石冰河漂流、蛟河关东第一漂、桦甸市金沙峡谷漂流、舒兰市山水泉漂流、吉林市牤牛河漂流、蛟河市插树岭峡谷漂流、辉南三角龙湾漂流等</td></tr>
<tr><td rowspan="3">攀爬</td><td rowspan="2">室外</td><td>自然岩壁</td><td>白山七道沟菩提峰瀑布攀冰点、临江珍珠山庄攀岩场等</td></tr>
<tr><td>人工岩壁</td><td>长春大学攀岩场地、长春净月潭攀岩场、长春奇峰攀岩基地等</td></tr>
<tr><td>室内</td><td colspan="2">长春理工大学西校区攀岩馆、长春雪立方运动摩尔攀岩馆、吉林大学南岭校区室内抱石岩馆、吉林省自然博物馆岩壁、长春厘米特抱石馆等</td></tr>
<tr><td>壁球</td><td colspan="3">长春市雪立方运动摩尔壁球馆、百屹会馆等</td></tr>
<tr><td>击剑</td><td colspan="3">长春市雪立方运动摩尔、吉林体育学院健身馆等</td></tr>
<tr><td>高尔夫</td><td colspan="3">吉林长白山国际高尔夫俱乐部、长春净月潭森林高尔夫有限公司、延吉海兰江高尔夫俱乐部（延吉海兰江高尔夫球场）、长春净月潭森林高尔夫球会、长春雅峰场、长春市欧亚卖场龙城国际高尔夫会所、长春市中日友好会馆高尔夫练习场、长春市雪立方运动摩尔高尔夫室内打位以及高尔夫模拟系统、吉林市铭山绿洲生态园高尔夫练习场、吉林市北山公园高尔夫练习场等</td></tr>
</table>

续表

项目名称	项目场地
滑翔伞	吉林省滑翔伞运动的开展主要基于飞行俱乐部，如吉林市精英飞行俱乐部、延边天丰滑翔伞俱乐部、吉林省天羽（滑翔伞）飞行俱乐部等，其斗伞练习以及飞翔活动场地有吉林市虎牛滑翔训练基地、北大壶滑翔场、延吉帽儿山、吉林市龙潭山公园、长春市北湖、长白山等具有山峰或较为广阔平地的地域；冬季还可在滑雪场或较为宽敞的水域冰面进行斗伞练习，如长春市南湖、吉林市松花湖等地域
马术	吉林省莱德国际马术俱乐部、吉林省剑鹏马城马术俱乐部（长春市净月经济开发区）、长春市农安县剑鹏马城马场（长春市农安县华家镇）、长春市三利马术俱乐部、长春市南湖马场、长春市伪满皇宫跑马场、查干湖草原赛马场等
滑沙 沙地摩托 沙漠骆驼	吉林省一马树森林公园（双辽市）、沙丘公园（珲春市）
沙漠自驾穿越	吉林巴丹沙漠

八　运行机制

经过近年来的不断改革与思路创新，吉林省休闲体育发展的运行机制主要有以下三方面。

（一）政府投资机制

自《全民健身计划纲要》颁布实施以来，吉林省为了推动群众休闲体育活动的发展，实施了一系列有力举措，如体育场馆设施的不断建设，指导员队伍的扩大，各项休闲体育公共服务制度的系统化、规范化建设，都对吉林省休闲体育的发展起到了推动作用。

政府出资兴建场地设施是提升休闲体育公共服务最直接的手段。以目前吉林省最大的休闲体育场馆雪立方运动摩尔为例，政府利用体彩公益金一次性投资兴建场馆，企业负责运营及场馆维护。一方面，雪立方运动摩尔要为吉林省的体育公益事业和群众休闲运动做好惠民服务，如节假日免费向公众开放、羽毛球馆开设公益时段等；另一方面，还要创造合理的利润，打造品牌，以基本的经营来保证实现公共体育服务，以经营效益弥补场馆公益运营经费，从而达到以馆养馆的目的。它既是吉林省体育系统社会工作外展的平台，更是为吉林省群众休闲健身的发展提供场馆保障。

此外，吉林省一直以冰雪项目为主要发展方向，政府在长春、吉林、延吉、通化、白山等城市投资开发了莲花山、北大湖、长白山等十余个规模较大的滑雪场，加大管理力度，提升游客接待能力。目前，吉林省已经形成了一定规模的冰雪旅游服务体系，成功打造了吉林省冰雪城市的品牌形象。

（二）企事业单位场馆设施半开放机制

在职工体育发展再掀热潮的形势下，吉林省大部分企事业单位都建设有供员工休闲娱乐的体育场地设施，除了承担本单位的活动外，部分场馆设施也采取了自给自足的运行机制，将场馆设施面向社会有偿开放，不但能够极大地提高场馆的利用率，同时也有效地推进了群众休闲体育产业化的发展。实现经济效益与社会效益兼收。特别是教育系统的体育场地设施，如吉林体育学院、长春理工大学等多所高校均是与社会“资源共享”的典范单位。

（三）经营性服务机制

随着休闲体育在我国的迅速发展，吉林省休闲体育产业作为朝阳产业被越来越多的人看好，个人或集体自筹资金做休闲体育的已不在少数，民营休闲体育场馆，具有项目设置丰富、经营方式灵活的特点，可以为民众提供更前沿、更多元的服务，可以说它是未来休闲体育产业发展的主要力量之一。目前，吉林省民营体育场馆设施多以健身健美项目、小球项目、俱乐部流行课程、高尔夫、养生项目、拳道类项目、拓展项目以及冰轮项目为主，其设施位置多居于社区或繁华地段，价位较为合理，起到了便民利民的作用。

九　效果评价

我国休闲体育活动虽然发展较晚，但近年来也取得了十分明显的效果。

吉林省积极响应国家发展群众休闲体育的号召，积极打造属于吉林特色的休闲体育项目和品牌形象。经过多年的发展和建设，吉林省凭借丰富的冰雪资源，冰雪体育旅游已经步入产业化发展阶段。

热情好客的吉林人把滑雪、赏凇、温泉与传统东北民俗融合在一起，打造出集冰雪文化、冰雪旅游、冰雪体育、冰雪艺术、冰雪经贸等综合性、群众性、休闲性、娱乐性于一体的吉林省特色冰雪活动品牌，如中国长春冰雪旅游节暨净月潭瓦萨国际越野滑雪节、中国吉林国际雾凇冰雪旅游节、中国吉林查干湖冰雪捕鱼旅游节、延边长白山冰雪旅游节等。品牌效应大大提升了吉林省国内外的知名度，并吸引了各国各地的冰雪旅游爱好者和冰雪运动爱好者，使吉林省跻身于东北旅游热点城市。

（一）吉林省冰雪休闲文化的发展

1. 冰雪休闲文化传播是东北老工业基地经济发展的新增长点

随着近年来经济发展水平的不断提高、消费观念向生活质量型消费转变以及健康观念与知识的不断渗透，冰雪休闲文化消费已开始成为我国冬季的时尚消费方向，也是东北地区第三产业发展的一个重要组成部分。近年来，吉林省冰雪休闲文化活动的广泛开展，不但刺激了冰雪休闲文化产品的生产，而且丰富了吉林省休闲产业体系，拉动了消费，促使冰雪休闲文化产业成为老工业基地经济发展的新增长点。

2. 以地域冰雪休闲文化特色，促进“长白山文化”的多样化发展

作为中国北方民族的发祥地和关东文化的根据地，长白山地区的先人在千年的历史长河里不但积淀了深厚的文化底蕴，同时也创造出丰富多彩的冰雪休闲文化。长白山是中国十大名山之一，被联合国教科文组织确定为世界自然保留地。长白山传统的旅游项目之一就是冰雪，其中以长白山滑雪与长白山冬景最为著名。同时，一些重大冰雪体育赛事在长白山的成功举办，更加促进了长白山冰雪文化的快速发展；国家和吉林省密集出台的关于体育产业与旅游产业发展的纲领性文件，也为长白山冰雪运动文化以及冰雪旅游文化的发展带来了千载难逢的机遇，更增添了强大的动力。

3. 开发冰雪休闲体育文化，为实现“体育强省”助力

随着冰雪竞技运动的不断发展，近年来，吉林省的冰雪休闲体育事业也充满勃勃生机。依靠冰雪竞技的带动以及丰富的冰雪优势，冰雪运动也逐渐成为吉林省群众的主要休闲运动方式。吉林省借助丰富高端的冰雪场地资源，承办了多种类型的冰雪体育盛会，如 2012 年全国第十二届冬季运动会。另外，省会城市长春走出了叶乔波、陈露、李佳军、王春露、杨扬等一批短道速滑等冰上项目的世界冠军，这些都极大地提高了吉林省的冰雪城市形象和体育旅游国际知名度。同时，长春效仿世界知名的“曼彻斯特模式”，以冰雪休闲体育业、冰雪运动俱乐部带动冰雪体育产业和城市发展，现已经成为具有一定国际影响力的品牌冰雪体育旅游城市，这都给吉林省冰雪休闲体育文化的发展带来历史机遇以及充足的市场资源。吉林省以长春为核心，辐射周边地域，以冰雪休闲体育旅游为龙头，凸显冰雪吉林地域特色的休闲体育产业的不断发展，从文化、经济两方面助力“体育强省”目标的实现。

4. 借助长吉图一体化发展契机，打造冰雪旅游文化商圈

吉林省长吉图开发开放先导区大力提升现代服务业层次，拓宽产业领域，特别是在旅游业方面，将大东北旅游一体化作为重点推进内容，以长白山自然保护区、松花湖风景名胜区、净月潭森林公园为重点，形成了特色鲜明的长吉图旅游产业带。与此同时，以冰雪旅游为主题，以长白山自然保护区、松花湖风景名胜区、净月潭森林公园为重点，升级改造景区、大力开发冰雪旅游资源，打造出一批国内外知名的品牌冰雪旅游线路，形成特色鲜明的冰雪体育旅游产业带。冰雪体育旅游的开发，不仅对长吉图区域经济发展起到良好的促进作用，而且也能够使更多的人认知冰雪文化，体验冰雪运动的快乐。

5. 传承民俗冰雪文化，打造特色冰雪娱乐项目

传统民俗体育文化是我国体育发展的灵魂和软实力，重视我国传统民俗体育文化的保护与传承，是社会主义体育事业发展的客观需要。吉林省地处东北腹地，拥有 55 个少数民族，其草原游牧文化与黑土文化底蕴深厚。这种少数民族众多且结合冬季冰雪资源丰富的突出地域优势，发展出丰富多彩

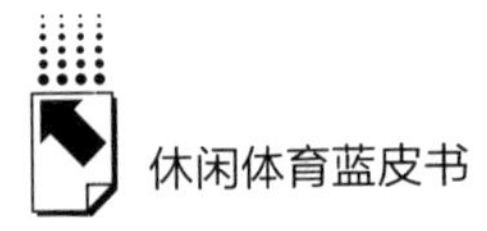

的民俗特色冰雪娱乐项目，对吉林省民俗冰雪文化的传承与发展起到了重要的推动作用。

6. 群众体育发展为冰雪休闲生活文化的发展搭建了良好的支撑平台

随着人们生活水平的提高、老百姓的余暇时间增多，人民群众健身意识增强，全民健身热潮蓬勃兴起，冬季人们一改“猫冬”的习惯，走出家门，走向大自然的冰雪世界。冬季全民健身活动在吉林省广泛深入开展，以体育彩票公益金为主要投资渠道，以“全民健身与亚冬会同行”等主题活动的组织实施、冰雪体育产业的开发以及冰雪运动场地设施的极大改善，促使吉林省冬季休闲体育运动热火朝天。冰雪体育娱乐项目不断推陈出新，充分体现了吉林省冰雪生活文化“一人参与、全家快乐；众人参与、全民快乐”的人性化和纯娱乐的特点，在展示北方冬季独有魅力的同时，也促进了吉林省冰雪生活文化平台的搭建。

7. 冰雪工艺及旅游文化的多维发展为冰雪文化发展拓展了空间

（1）冰雪工艺用视觉传播冰雪文化，丰富的冰雪资源为国内的冰雪艺术家提供了创作平台，一件件雪雕、冰雕、冰灯等冰雪工艺展品，使游客在冬季感受到了冰雪工艺丰富的内涵。

（2）冰雪旅游相当于纵横二轴，其横向发展涉及交通、餐饮食宿、文化商贸、娱乐教育等许多行业，纵向涉及冰雪运动产品的制造业，在吉林省社会经济与文化发展中起到重要的辐射带动作用，也成为吉林冰雪强省的有力武器。目前，吉林省冰雪旅游资源从开发至今已经经历十多个年头，成绩骄人。首先，滑雪场建设规模越来越大、标准越来越高、投资合作形式多种多样，拥有品牌滑雪场 3 家——吉林北大壶、长春净月潭、长春莲花山滑雪场，全省各种规格滑雪场达到 20 余家。其次，培养了吉林省冰雪旅游的主打品牌——长白山冬景、传统品牌——吉林雾凇、优势品牌——冬日里的滑雪天堂、特色品牌——查干湖冬捕以及长白山冬日露天温泉浴。最后，多种主题的冰雪旅游节庆热火朝天，为提升吉林省冰雪旅游文化内涵做出了重要贡献。如中国长春冰雪旅游节暨净月潭瓦萨国际滑雪节，其主题为激情瓦萨、魅力长春，主要活动有中国“冰雪天使”选拔赛，大学生越野滑雪比赛、宝马车友会冬季素质拓展、摄影展及摄影大赛、冰雪英雄会、长影世纪城“冬季欢乐之旅”、瓦萨狂欢等。

（二）吉林省休闲体育产业的发展

近年来，吉林省休闲体育产业及其相关产业链迅速发展，取得了良好的社会效益和经济效益。为了更好地推动吉林省休闲体育的发展，吉林省体育局投资打造了省内首家个性化休闲体育健身航母——吉林省雪立方运动摩尔。“雪立方”是吉林省政府“十二五”期间的重点工程，场馆包含高尔夫、壁球、台球、攀岩、拓展、击剑、射击、羽毛球、网球、养生等十余项休闲体育项目设施，集食宿、健身、水疗、体质监测等服务内容于一体，惠民方案随节假日不断推陈出新，其时尚、多元、利民的特点受到广大市民的一致好评，为吉林省未来休闲体育产业的发展方向树立了标杆，同时也将吉林省的休闲体育产业的发展推向了一个新的高度。

参考文献

于洋：《关于吉林省创建冰雪文化研究基地的必要性和可行性研究》，《青年文学家》2012 年第 456 期。

王诚民等：《冰雪民俗体育文化的传承与发展研究》，《高师理科学刊》2014 年第 5 期。

金承哲：《构建吉林省冰雪文化特色及相关产业发展对策研究》，《吉林化工学院学报》2012 年第 10 期。

钟波：《长吉图冰雪体育旅游的发展思路与对策》，《中国商贸》2010 年第 8 期。

白雪：《发展东北三省冰雪体育文化的可行性和必要性研究》，《中国职工教育》2014 年第 14 期。

孙一：《吉林省冰雪旅游产业发展探究》，《体育科学》2011 年第 6 期。

徐铭：《发展长白山文化旅游业的思考》，《吉林日报》2010 年 1 月 23 日。

孙雷：《长吉图布局八大新型工业基地》，《21 世纪经济报道》2009 年 11 月 18 日。

万双：《引领长吉一体化绿色崛起》，《吉林日报》2012 年 11 月 21 日。

闫伟：《以城市品牌形象建设推动社会经济发展》，《东北电力大学学报》2011 年第 3 期。

B.11
上海市休闲体育发展报告

陈晓峰　王丽娟　刘树军　金银日　杨小凤*

摘　要：　本文结合上海市的城市特点和文化背景，对上海市休闲体育发展沿革进行了梳理，对上海市休闲体育管理体制进行了探讨，并描述了上海市休闲体育现状。最后，以花样跳绳、空竹和海派秧歌这三个项目为案例对上海市特色休闲体育项目的发展特点进行了说明。

关键词：　休闲体育　上海

一　上海市的城市特点与文化背景

上海市是我国五大中心城市之一，它的优势主要体现在四个层面，即经济水平优势、区位优势、文化优势、人力资源优势。

（一）经济水平优势

根据上海市统计局发布的统计年鉴，上海市年人均 GDP 呈现逐年上升的趋势，2009 年上海人均 GDP 为 10125 美元，2010 年世博会上海人均 GDP 已达到 11238 美元，2013 年上海市人均 GDP 更是达到了 14547 美元。伴随

* 陈晓峰，上海体育学院教授、博士，研究方向为体育管理、休闲体育；王丽娟，上海体育学院副教授、博士，研究方向为休闲体育；刘树军，上海体育学院教授、博士，研究方向为休闲体育；金银日，上海体育学院副教授、博士，研究方向为休闲体育；杨小凤，上海体育学院副教授、博士，研究方向为民间传统体育。

着人均 GDP 的增长，居民消费水平也在不断提高。根据上海市统计局 2001 年统计年鉴，2001 年，上海市城市居民家庭人均可支配收入为 12883 元，恩格尔系数在 40% 左右，2013 年上海市城市居民家庭人均可支配收入已达到 43851 元，恩格尔系数为 34.9%。这说明上海市大部分家庭已经开始逐步迈入富裕生活阶段，这无疑为休闲体育的开展提供了强大的经济基础。

（二）区位优势

上海市是国家五大中心城市之一，无论是综合经济能力、科技创新能力、国际竞争能力、辐射带动能力、交通通达能力、信息交流能力还是可持续发展能力都处于优势地位。更重要的是，上海处于国家经济发展战略的龙头地位。上海的区位优势可以弥补上海地区原有的劣势并使其优势得以彰显。

上海地处长江三角洲，是长江沿岸省市经济发展的龙头，尤其是周边的苏州、无锡、常州、南京、南通、杭州、嘉兴、宁波、绍兴等城市，通过上海的“辐射波”吸纳资源，融通资金，开拓市场，传递信息，这在国内是少见的。同时，随着体育市场的发展，上海体育商品的流通日益顺畅，商业网点遍布全市，并且上海市已经具备承担大型国际国内比赛的能力与经验，这些都为上海市开展国际体育交流与合作提供了优越的经济地理条件。

（三）文化优势

文化已经慢慢成为城市乃至国家综合实力的重要组成部分。作为国际大都市，上海文化正在朝着国际化的方向发展与迈进。上海市委、市政府根据上海的战略地位和发展需求提出了创建上海“国际文化交流中心城市”的宏伟目标。虽然上海市文化传统积淀并不深厚，但是得天独厚的地理位置和市场经济的不断繁荣，刺激了文化市场的产生和繁荣。另外，上海相对外向开放和包容汇纳的政治环境也为各种文化生存和交融提供了适宜的条件和环境。与体育相关的文化产业的发展也具备一定的优势，上海市拥有众多大型体育馆，例如上海体育场、虹口足球场、源深体育中心、旗忠网球中心、上海东方体育中心。很多世界最高级别的单项常驻赛事都落户在上海，如 F1

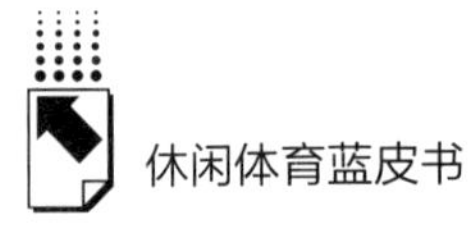

（世界一级方程式锦标赛）、上海斯诺克大师赛等。除了顶级赛事，上海市的与大众体育和休闲体育相关的赛事也如火如荼地开展起来了，如上海市市民运动会、崇明岛自行车赛事等。这些赛事都引起了全国乃至世界的广泛关注，同时也推动了相关的休闲体育产业的发展。

（四）人力资源优势

上海市是典型的人口密集型城市，根据上海市统计局发布的数据，上海市 2010 年末常住人口 2302.66 万人，每 10 万人中有 21892 人拥有大专以上学历，接受高等教育的比例达 22%。2013 年上海市常住人口达到了 2415.15 万人，其中从事第三产业的有 644.9 万人之多。人口数量众多为群众体育的发展打下了基础，而众多从事第三产业的人也促进了休闲体育产业的发展。同时，高学历高素质人才所占比例高为休闲体育在上海的发展提供了技术、知识和智慧上的支撑。

二　上海市休闲体育发展沿革

（一）上海市体育政策发展

1. 1979 ~1995年：竞技体育发展阶段

国家体委于 1979 年召开了全国体育工作会议，该会议确定了以 1984 年奥运会为中心的奥运战略目标，在此国家战略目标部署下，上海确立了优先发展竞技体育，以此促进体育全面发展的战略方针。在优先发展竞技体育的背景下，群众体育并没有受到重视。

国家体委于 1987 年提出了“以奥运会为最高层次的竞技战略协调发展”以及“以青少年为重点的全民健身战略”的战略发展方针，并于 1989 年提出了“坚持群众体育和竞技体育协调发展”的建议。由此，上海响应国家政策，开始着力于群众体育的发展。

1993 年，在召开的全国体委主任会议中，通过了《国家体委关于深化体育改革的意见》，提出了群众体育要普遍化、生活化、社会化的发展目标。与此同时，促使个人体育活动费用从福利型转向消费型，改变单纯依靠政府组织的局面。上海于1994年颁布并实施了《上海市体育场所管理办法》，提出“改建、扩建、拆迁公共体育场所，公共体育场所必须向社会开放”，响应了群众体育改革发展的方向。

2. 1995~2003年：大众化体育政策引导

1995年，《关于公共体育场馆向群众开放的通知》由国家体育总局正式发布，其中提到了“各级部门要抓住有利时机，积极发挥体育的多元化功能，使体育健身活动成为人们休闲生活的一个重要内容”。此份文件对休闲体育的发展起到了重要作用。

1995年6月22日，《全民健身计划纲要》由国务院正式颁布。随之，根据纲要要求，上海市政府发布了《上海市全民健身实施计划》，着力建设群众身边的健身场所、开展群众身边的活动、健全群众身边的体育组织。

《上海市市民体育健身条例》，于2001年3月由上海市人大通过。这是上海第一部地方性体育法规，也是全国首部关于市民体育健身的法规。该条例的出台意味着上海市民的健身工作已由社会发动向依法推动逐步过渡。

3. 2003年至今：休闲化体育政策引导

上海市委、市政府于2002年颁布《关于进一步加快上海体育事业发展的决定》，提出把上海建成亚洲一流体育中心城市的体育发展战略目标。在这一战略目标定位下，上海积极探索体育新模式，于2003年率先提出体育生活化理念，推出《上海市民“人人运动”三年行动计划》，这也意味着上海市民的体育活动由一般运动健身向休闲情趣、生活方式转变。

2003年8月，《关于印发上海市建设健康城市三年行动计划（2003~2005年）》由上海市人民政府发出，该计划提出以城市居民日常体育活动的开展为目标定位，为市民创造良好的适合休闲健身运动的社会、自然环境。当前的健康城市行动计划已经历2003~2005年、2006~2008年和2009~2011年三轮行动计划。

2004年，《上海市全民健身发展纲要（2004~2010年）》由上海市人民政府正式颁布，该《纲要》确定建设“136 工程”，即构筑节（长）假日、双休日、日常三个丰富、多维、时尚的体育生活圈，创建一个科学、文明、健康的体育生活环境，表明上海市更加注重全面健身工作的具体落实。

（二）上海市健身设施发展

1995 年，上海市开始改建与新建现有的体育场地设施，并且在建设中提出了明确的目标。截至 2014 年底，全市已有 355 处 886 片场地社区公共运动场、264 条百姓健身步道、9432 个社区健身苑点、117 个百姓健身房、34 个百姓游泳池、17 个区级市民体质监测中心、1033 处农民体育健身工程。政府对社区健身休闲场所设施的大力投入，一定程度上反映出居民的体育休闲需求日益高涨。

上海市政府决策过程中，注重城市居民的体育需求以及体育对城市品牌建立的作用。上海市政府于 2004 年开始把 30 个社区公共运动场作为政府工程之一，并且在社区公共运动场建设中充分考虑市民多样化休闲体育需求，按项目设置了多类型的运动场所。

上海市不仅在社区公共运动场地和全民健身苑、点建设上加大投入力度，还在承办国际国内赛事所需要的场馆建设中提供了政策和资金支持，如上海国际网球中心、中原游泳馆、上海体育场、卢湾体育馆、上海马术运动场等多功能体育场馆。在城市发展过程中，这些体育场馆不仅逐渐成为城市景观，而且也成为展示上海形象的城市名片。

（三）上海市民休闲体育活动发展

以 1979 年中国重新加入国际奥委会为标志，在战略目标的指引下，竞技体育得到优先发展，群众体育还未普及与提高。中国经济迅速发展，人民生活水平提高，改变了对体育运动的需求方式，体制的变化、社会的变化、劳动方式的变化使得人们有了更多的余暇时间，可以自由选择缓解工作压力、积极的休闲活动。据 2005 年相关学者对上海市民休闲体育活动方式进行的调查，结果表明上海市民喜爱的休闲体育活动包括玩滑板、打羽毛球、打篮球、登山、打麻将、游泳、打游戏机、听演唱会、看休闲消遣类书籍等22种，与历年相比，居民选择不同休闲体育活动变化不大，羽毛球、乒乓球等传统体育项目依然是热门，但也注意到一些时尚新兴项目的兴起，如高尔夫、登山、郊游露营等户外运动项目。

（四）上海市民休闲体育消费发展

体育健身活动、观赏体育赛事、体育用品、体育信息属于休闲体育消费支出的四个方面。2003年，我国人均GDP达到1000美元以上时，意味着我国社会的消费结构向享受型、发展型升级，人们对改善医疗养老的需求、文化生活的需求以及旅游的需求明显增强。世界休闲组织研究指出，人均GDP达到2000美元，这是休闲需求急剧增长的门槛，这时对休闲的多样化选择和需求也会形成；当人均GDP达到3000美元时，就会产生对度假的普遍需求。进入21世纪后，上海市民体育消费意识不断加强，“花钱买健康”的消费观念成为主流意识，健身活动成为人们的内在需求。随着上海市经济发展，人均可支配收入以及人均娱乐消费支出水平不断提升，数据表明：1995年，在城镇居民人均可支配收入为4838.9元的情况下，人均文教娱乐服务消费支出仅为331元；而到了2000年，城镇居民人均可支配收入为7702.8元，在不到1995年城镇居民人均可支配收入2倍的情况下，人均文教娱乐服务消费支出已达到902.3元，是1995年的近3倍；2005年，人均文教娱乐服务费支出已达到1203元，是在城镇居民人均可支配收入为10493元的情况下；2012年，城镇居民的人均可支配收入24564.7元，是2005年的2.3倍，人均文教娱乐服务消费支出2033.5元，是2005年的1.7倍，虽然增速有所放缓，但仍呈明显增长趋势。

（五）上海市休闲体育产业发展

上海的休闲体育产业结构现在比较合理，具体体现在以政府主导和支持的休闲体育表演业为核心，以休闲健身娱乐业为主体，带动和引导休闲体育用品、休闲体育旅游等其他产业部门的协调发展。

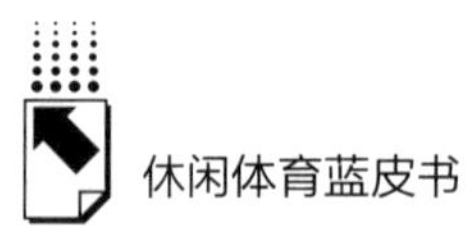

休闲体育表演业方兴未艾。休闲体育表演业是上海休闲体育产业体系主体，包含了职业体育组织和大型体育场馆等产业部门。上海已基本形成ATP网球大师杯赛、Fl大奖赛上海站、国际田径黄金大奖赛、上海国家马拉松赛、斯诺克大师赛和高尔夫大奖赛六大国际品牌赛事，以及三支足球中超队和一支CBA职业篮球队来带动职业体育市场，为上海市民提供丰富的观赏型休闲体育活动内容。

健身娱乐业成为休闲体育的产业支柱。上海市健身娱乐业处在国内领先地位，集健身、娱乐、休闲为一体的大中型体育健身娱乐场所遍布城乡，满足居民休闲健身需求的同时，创造了大量就业岗位和社会经济价值。早在2007年调查资料显示，上海市现有体育健身经营单位5200多家，从业人员1.5万人以上。

体育用品业面临转型发展。体育用品业作为传统的体育产业支柱，在新的经济发展阶段面临挑战，正在从体育用品的生产转变为体育用品的设计、销售等创新产业。上海不乏国内外知名体育用品企业，包括红双喜、东亚集团等。在制造业面临挑战的经济环境下，这些企业需要转型创新，适应时代发展。

三　上海市休闲体育管理体制

休闲体育管理体制指的是休闲体育管理的机构设置、权限划分、运行机制等方面的体系和制度的总称，从组织上保证实现休闲体育总目标。随着我国经济体制的转型，我国体育管理体制也逐渐从高度集中的、主要采用行政管理和干预的手段和方式的政府管理型体制向社会化的以市场为导向的社会管理型体制转变。受国家体育管理体制转变的影响，我国的休闲体育目前也正处于由过去的群众体育事业逐步向休闲体育产业过渡的阶段。这种发展状况反映到其管理体制方面就是管理体制的双层性，即宏观管理仍然停留在群众体育管理层次。而微观管理系统主要由社会组织进行组织与管理。相对而言，社会管理处于次要地位。

同样，上海休闲体育管理目前仍处于群众体育管理阶段，政府管理部门掌握着主要的管理权限。现行的上海市群众体育管理体制如图1所示，主要由市、区组成的两级政府对市、区和街道或社区进行三级管理的模式。目前上海市群众体育管理体制组成机构包括上海市体育局群体处、各区体育局群体处或区社会体育指导中心以及由街道、社区居委会成立的全民健身计划基础机构，各单位各司其职。上海市体育局群体处是政府行政部门，其主要职责是对群众体育活动进行主导，对上海市全民健身行为进行总体规划，并确定总体以及阶段性目标，协调各单位的活动与关系，并对群众性体育活动提供政策性及经费上的保障等。各区体育局组建了体育局群体处或社会体育指导中心，主要起到管理指挥作用。主要职责是对本区的全民健身和居民休闲体育活动进行总体规划，并帮助解决活动过程中出现的问题，同时将信息反馈于本区的社会体育指导中心。街道、社区居委会成立了全民健身计划基础机构，这是群众体育管理体制的基础，主要责任是提供健身服务，组织、管理、协调社区的休闲体育健身活动。

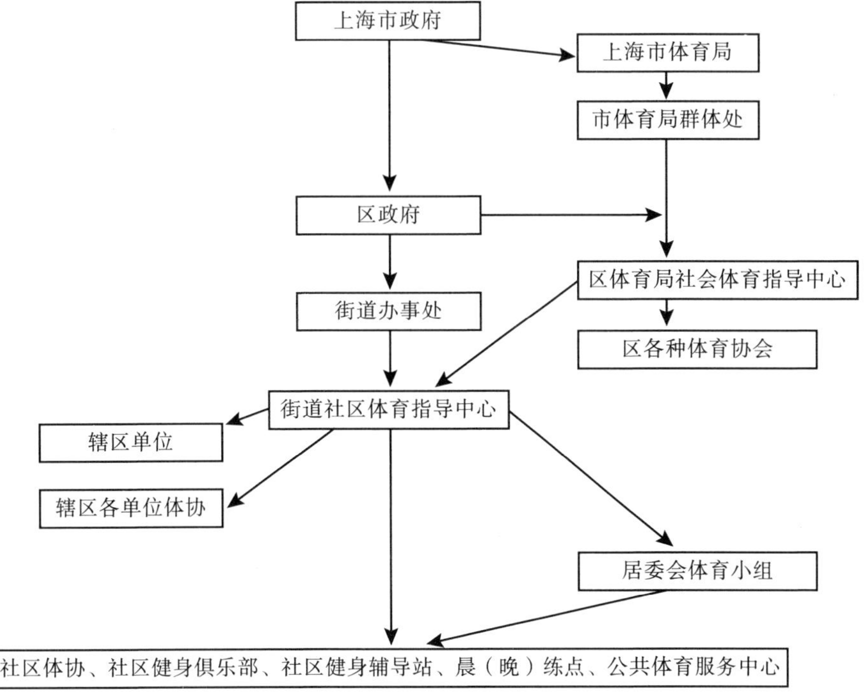

图1　上海市群众体育管理体制

目前上海的休闲体育活动的微观管理系统主要由基层政府管理组织（街道办事处、社区居委会）、基层社会团体组织、基层单位相关管理部门和晨晚练点、文体站等社会团体构成。这些社会团体对于群众的休闲体育活动的展开起到了较大的推进作用。

四　上海市休闲体育现状

休闲体育是人们由内而外地在空闲时间里进行的身体活动，是“自发地参加体育活动和自由发挥运动才能的一种社会文化活动”。休闲体育是一种社会文化现象，它在促进身心健康、提高居民生命质量、拉动体育消费、推动休闲文化产业发展、促进社会和谐发展等方面起着建设性作用。上海作为国际化大都市，休闲在城市发展中具有重要作用，面向新世纪和新时代打造健康城市或是世界知名体育中心城市，休闲体育发展也是必不可少。

（一）休闲体育活动人口分布和参与强度

从2013年起，由上海体育学院牵头组织了对上海市全民健身工作的全面评估工作，即“上海市全民健身发展3项指数”。所谓“3项指数”是按照全民健身基本公共服务体系构成要素，共有“健身环境、运动参与、体质健康”三项指标（见图2）。

上海市全民健身发展公告显示，对上海市的学生，机关、企事业单位职工以及小区居民等人群为对象进行的调查结果表明，当前上海市居民处于不从事体育锻炼不活动阶段的占38.2%，而处于准备期的上海市居民比例高达30.3%，表明有近1/3的上海市居民具有一定的体育锻炼意识和意愿，然而因为受到各种条件制约未能付诸实施。

（二）休闲体育消费水平与消费结构

我们将休闲体育消费分为三类，①观看型休闲体育消费，②参与型休闲

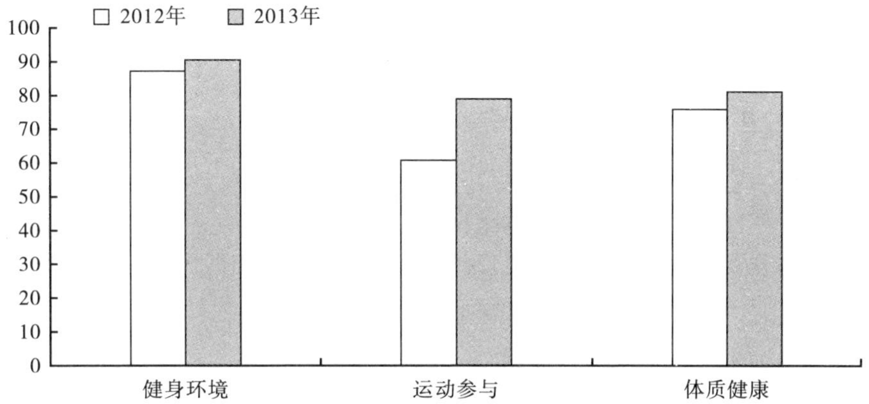

图 2　2013 年上海市全民健身发展三项指数

体育消费，③实物型休闲体育消费，观察上海市民休闲体育消费水平及消费结构。有关调查显示，84.9%的上海市居民每年都有不同程度的休闲体育消费，其中每年休闲体育消费在 200 元以下的上海市居民占到被调查总数的 4.2%，而消费在 200～500 元/年和 500～800 元/年的上海市居民则分别占到 35.8%和 15.1%，另外只有 9.8%的上海市居民年休闲体育消费在 800 元以上。与上海市居民整体收入相比，这一水平并不高。从消费结构来看，上海市居民休闲体育消费支出的内容调查显示，实物型休闲体育消费所占比重最大，占 48.7%；参与型休闲体育消费比重为 30.2%；观看型休闲体育消费所占比重为 17.8%。从整体上看，上海市居民实物型休闲体育消费所占比重最高，而参与型消费与观看型消费水平相对较低，也可以认为具有发展潜力。

（三）休闲体育活动资金来源

上海市政府近年来加大了对群众体育工作的经济投入，广受好评。但是上海市休闲体育的经费依旧依靠的是政府的财政拨款，企业和个人投入所占的比例很小，没有很好地利用社会资金，仅仅靠政府投入显然不能满足群众开展休闲体育活动的要求。

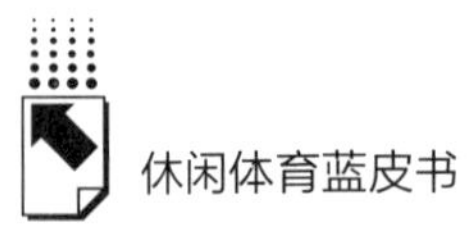

目前上海市休闲体育服务资金主要有五个来源：①政府的财政拨款；②社区管理费用（体育设施管理）；③社区服务性收入（社区体育服务收费再投入）；④社区体育基金（社区居民投入和社会资助）；⑤其他收入。

另外，体育彩票公益金对上海的体育场地建设起到了重要作用，上海目前建成的健身点、健身苑、公共体育场、百姓健身步道、百姓游泳池等设施中的大部分资金来源于体育彩票公益金，有力地推动和促进了上海休闲体育建设与发展。从上海市体育彩票公益金整体利用情况来看，有60%左右的资金是用于实施“全民健身计划”，包括体育设施建设、社区体育俱乐部及市民体质监测站建设以及社会体育指导员培训、青少年体育比赛资助等。

五　上海市特色休闲体育项目

（一）花样跳绳

1. 花样跳绳项目简介

花样跳绳是在汲取中华民族传统跳绳运动的精华和结合现代表演项目特色基础上发展而来，融汇舞蹈、体操、武术、杂技、音乐等现代元素精粹，在绳艺、绳技、绳舞、绳操等方面使跳绳者的个性得到淋漓尽致地展现，更加突出其休闲、娱乐、趣味和健身效果。花样跳绳是结合跳绳软道具和人体运动的灵活性而展示出的人和绳完美结合、绳技与身体素质的巧妙融合、运动者个性与创意相融合的独特性，展示无穷变化，将跳绳者个性、配合能力、创意、智慧淋漓尽致地发挥，是一项多元素汇总、集多功能为一体的休闲、娱乐、趣味、健身、时尚、表演、挑战的新兴休闲运动项目。花样跳绳因其花式繁多、新颖别致、动感十足而成为青少年喜欢的休闲运动。

2. 花样跳绳项目的特点与功能

跳绳这样一个千年古老的运动项目，由于其场地、器材简单易行，健身效果显著而在我国民间广为流传。一般情况下参与者每分钟能跳120～140次，若理想的心跳速度约为150次/分钟，则一个小时就可燃烧掉600～

1000 千卡的热量，跳绳 10 分钟的运动量相当于慢跑 30 分钟。跳绳之所以被一些发达国家如欧美的一些医学专家所推崇，主要在于其很高的强心健身价值，被美国誉为“最完美的健康运动”。

花样跳绳在吸收传统跳绳的基础上，发挥其经济、简便的功能，突破原有动作的下肢弹跳动作和手臂摆动技术，从多人、多绳、多项目动作融合等角度开发跳绳的健身、益智、娱乐、表演等价值，使这项简便易行的传统运动能发挥健身健心健脑的独特魅力，因而深受青少年学生的喜爱。时尚、简单、好玩，充满挑战和创意，一根跳绳和一块见方的地方就可以进行花样跳绳，集健身、娱乐、表演于一体的花样跳绳给了人们强烈的视觉效果，也给学生带来更多的自由发展空间，每一个跳绳者都是独特的表演者，“玩跳绳”更让人随心所欲。

花样跳绳通过跳绳道具的花样、对立体空间的利用能力促进了青少年对运动的思考和动脑，在复杂多变的动作中培养青少年的反应能力和注意力，在愉快的运动经历中强化空间判断能力和手脑协调能力，在相互的合作中提高了学生的注意力和团队配合意识。通过跳绳的塑形减肥功能，学生的自信心增强了，团队协作配合和与人交往的社会功能加强。在对跳绳难度的挑战中，青少年可以体验到更强烈的心理刺激，产生特殊的快感和成就感。

花样跳绳动作繁多，且不断创新，让青少年始终有新鲜感，也不断在尝试新动作，跳绳充满了挑战性，引导着人们不停地参与其中，是一项混合运动和艺术的独一无二的练习项目。花样跳绳融合了空翻、侧手翻、俯卧撑、多人配合、团队协作等项目内容。花样跳绳更是发挥了跳绳多元化技术和多元化功能特点，让青少年学生找到自由发挥与宣泄情感的方式，能调动他们学习的创造性、积极性和主动性，满足现代青少年新颖、时尚、独特、刺激等身心需求。青少年在享受新颖、时尚、独特、刺激的花样跳绳的同时，又能促进自信、创新、自强、自我表现的精神，追求成功的自我。

3. 花样跳绳项目在上海的开展

花样跳绳在当代最发达的国家和地区也十分受重视，其强体健身价值使这项有千年历史的古老运动项目已发展成为一项国际性体育运动，如今在欧美国家和大洋洲的澳大利亚以及亚洲国家都把跳绳运动的发展纳入本国体育运动发展计划。花样跳绳在世界各地得到普及，得到比较广泛的发展。其规范化程度越来越高，组织化程度也越来越完善，更加提升了其普及化程度。

跳绳在我国有1500多年的历史了，历史悠久，底蕴深厚。一根小小的跳绳，成本很低，却成为一项随时随地可以进行的运动。上海寸土寸金，土地资源稀缺，花样跳绳因其花样繁多、功能多样而迅速风靡校园和社区，上海跳绳比赛已进行34届。阳光体育的推动又一次掀起“迷你”校园对跳绳运动的青睐，许多学校已把花样跳绳作为校本课程来开发。以上海体育学院花样跳绳课程和跳绳表演队为引领，目前在上海1200多所大中小学校中已有120多所学校开展了花样跳绳，花样跳绳普及静安、杨浦、宝山、崇明、浦东、青浦等多个社区。特别是宝山中小学花样跳绳普及率达到80%。2012年上海成立花样跳绳协会，致力于推进这一休闲健身运动，每年有专门的交互绳大赛和花样跳绳市民大赛。为了使跳绳好看、好玩、上手，为了突破跳绳单调、枯燥的重复动作，为了让学生能不断地在跳绳中体会到乐趣，各学校都在“花样”上下功夫。有的学校组成多人连锁跳，有的学校在集体长绳跳上下功夫，有的学校在体能上进行开发。花样跳绳慢慢变得丰富起来，音乐、武术、体操、街舞、绳操、绳舞、绳技等各种元素融合进来，慢慢又突破了单人、多人、多绳的组合，从速度比赛、计数比赛、力量比赛过渡到花样比赛。

（二）空竹

1. 空竹项目简介

空竹，又称“空钟”“风葫芦”“响簧”“胡敲”等，上海话称之为“扯铃”。空竹是我国具有悠久历史传统的体育项目。空竹器材价格低廉，易于学练，不受场地、器材、练习人数和年龄限制，男女老少皆宜，是集娱乐性、健身性、技巧性、灵活性、表演性于一体的休闲项目。空竹主要运动器材由抖竿和空竹铃组成。运动特征是：玩的人双手各拿两根两尺长的小竹棍，顶端都系一根长约五尺的棉线绳，绕线轴一圈或两圈抖空竹，一手提一手送，不断抖动，加速旋转时，铃便发出鸣声。在现代竞争激烈的社会氛围中，人们越来越注重精神文化的追求，休闲型艺术化的空竹成为人们新的追求。融表演技艺、手工艺术和形体艺术于一体的民族传统玩具——空竹以新的形式满足着现代社会人们的需求。

2. 空竹项目的特点与功能

空竹的健身功能：经常抖空竹可使上下肢、韧带富有弹性，关节灵活。适度抖空竹，可舒筋活血，益寿保健，也能提高人们的反应、灵敏和动作协调的能力。抖空竹能加强血液循环，促进人体供血，可缓解高血压、动脉硬化等现象。抖空竹运动量可随意控制，可根据自己的体能来确定运动量。抖空竹也可以采用多种游戏的方式，且其运动量适中，便于参与者自我掌握。抖空竹的乐趣在于不知不觉中达到娱乐与健身的双重效果。

空竹的益智功能：空竹与线的奇妙互动中，参与者可以做常见的上肢动作，如抖、盘、提、拉、抛、接等；还可以加上下肢动作，如绕、走、跳、落、蹬等；还可以加上腰部的随、扭动作；以及眼睛的追随与瞄准。而这些身体动作的配合要恰到好处，不失时机。因为过早或过晚都会失误，对锻炼人的协调性、反应灵敏性、动作精准性等有非常大的促进作用。抖空竹时要求眼手配合，需要参与者精神高度集中，可以锻炼注意力、视力以及脑力。因为，在不断的变化中，眼睛的跟随，手脑的配合，动作的调整，身体的旋转都要围绕动作需要，从而使人的大脑和双眼在练习中得到锻炼和提高。

空竹的娱乐功能：现在的空竹运动蓬勃发展，除了它本身积淀的浓厚的历史文化外，还有和当代社会融合的体育文化价值等。空竹特色的吸引力在于整个锻炼过程中突出一个“玩”字，人们在讲求玩的学术、玩的艺术、玩出品位、玩出文化、玩的心境中，体会得心应手、潇洒随意的境界。空竹质地多种，大小重量各异，分单、双轴两种，动作简单，花式繁多，单轮花样多达一千多种；双轮花样也有四五百种。此外还有双人、多人等众多集体花样。空竹的乐趣让人陶醉其中，使人们在眼疾手快、修身养性、拽拉抖动健身中，享受游刃有余、行云流水的艺术乐趣。

空竹的休闲功能：空竹运动体现了“自由、浪漫、时尚、个性、自然”的现代都市生活，不是为了“更快、更高、更强”和战胜比赛对手，而是在全身心投入的运动中，人和空竹合而为一，只为追求感觉和体验，陶醉于专注之中，达到“随心所欲”和“物我两忘”的艺术境地。在这样的品位与专注中，克服焦虑、解除压抑、超越心灵，获得精神上极大的审美享受与满足。抖空竹时，追求完美的技术境地，体会美感愉悦，在精神超脱中发挥参与者的想象、创新、表现和欣赏能力。

3. 空竹项目在上海的开展

空竹在我国历史悠久，早为宫廷玩物，已有1000年的历史，2006年被列入《国家级非物质文化遗产名录》，是上海特色弄堂游戏之一。空竹早在上海弄堂游戏中出现，2003年突如其来的“非典”掀起了人们的健身热潮，空竹更是成为市民休闲体育的好项目。2006年大规模的上海市游戏节系列比赛顺利推动了空竹的发展，在“小八腊子”（上海话，即民间体育游戏）传统游戏的推动过程中，抖空竹成为街头巷尾尤其是公园绿地中的热门项目；2010年抖空竹也是上海世博会上民俗活动表演的亮点；上海自2012年以来的“浦兴杯”全国空竹邀请赛到2014年已举办三届；抖空竹也是每年上海国际旅游节各类活动中不可缺少的展示项目之一。在上海九子协会和校园空竹的推动下，目前上海有30多个公园都有空竹练习者，参与抖空竹健身休闲活动的人数也呈现出爆发之势。

（三）海派秧歌

1. 项目简介

海派秧歌是一项新型的体育休闲文化项目，在汉民族秧歌的基础上，不断加入西方舞蹈元素、时尚元素，以及我国少数民族体育舞蹈等元素丰富而成，形成了开放、时尚、新颖的海派秧歌。音乐采用江南小调和中西结合的交响手法予以拓展丰富，以人们耳熟能详的茉莉花、太湖美、紫竹调或评弹曲牌等为主题基调，舞蹈风格在传统秧歌的粗犷、豪放的风格中糅进了江南的柔美、委婉、婀娜、细腻，也透露着异域舞蹈恰恰、伦巴等别样情韵的动作。海派秧歌的舞蹈语言很好地保留了传统秧歌的基本动作，尤其是标志性舞蹈语汇，并在舞蹈动作设计上突出娱乐、健身功能，一方面凸显了江南清丽婉约的风格，另一方面兼容并蓄地形成了百川归海、自成一体的特有风格。2002 年由浦东新区陆家嘴街道首创的海派秧歌，是上海所独有的舞蹈表现形式。

2. 项目的特点与功能

第一，健身功能。海派秧歌作为身体参与度很高的动作艺术，与传统秧歌一样，可以使人舒展筋骨、宣泄情感从而达到健身目的。海派秧歌舞对参与者心血管功能有良好影响；海派秧歌舞中幅度较大的挥臂、甩肩、持扇绕腕动作可以减少手臂脂肪堆积，可以提高参与者的柔韧性和平衡能力，促进参与者体质的改善。

第二，怡情功能。海派秧歌在传统舞蹈形式上进行了大胆的创新，加入时尚元素，爵士风格、斗牛风格、拉丁舞风格等元素都融汇到海派秧歌里面，所以显得时尚好看，跳起来来劲。在海派秧歌的活动中，参与者不但锻炼了身体，调节了情绪，还加深了对自身仪表、风度、气质的追求，使参与者在音乐伴奏下，在有节奏的运动中，感受着自我，从动作、气质、神韵、力量、情感表达等方面获得精神和肉体的美感和快感。

第三，社交功能。海派秧歌不仅是个人项目，更是群体项目。在海派秧歌的各种活动中，可以使不同区域、不同层次、不同年龄的社会成员相互欣赏，促进活动群体内和谐气氛，加强团结，增进友谊，加深彼此之间的了解和信任，丰富人与人之间的情感和生活。

3. 项目在上海的开展

海派秧歌最早为上海浦东陆家嘴社区的保留项目，多次在全国健身秧歌大赛上取得优异成绩。2002 年陆家嘴功能区管委会开始有组织地对海派秧歌进行编创，融入独具上海特色的海派文化。每过几年该管委会都会进行新的套路创编，通过培训、表演和比赛进行推广。从参加南京路的天天演、全国健身秧歌大赛、全国亿万妇女健身活动展示大会、上海国际艺术节展演、中日韩三国的民间艺术节演出、北京奥运会开幕式前节目展演，到每年“世界风情·曼舞东方”的上海·浦东“陆家嘴金融城杯”国际民间民俗健身舞蹈大会，等等，海派秧歌参与者不仅在上海、在全国展示靓丽身姿，还和来自美国、俄罗斯、德国、匈牙利、塞尔维亚、巴西、尼日利亚和科特迪瓦等国家的舞蹈代表团同台共舞，使陆家嘴的海派秧歌、瑞典民间舞、秘鲁民间舞、安徽花鼓灯、云南的《和谐澜沧江》、奥地利击鞋舞、爱尔兰民间舞、德国索布族民族舞等各国或各族的民间艺术瑰宝共同为市民提供休闲健身渠道，使市民在各类丰富多彩的文体活动互动中，构筑民间友谊的桥梁与和平的纽带，展示国际化大都市的和平共融的气质和风采。

参考文献

熊晓正、钟秉枢：《新中国体育 60 年》，北京体育大学出版社，2010。

李丽梅：《上海体育休闲政策演变及影响研究》，华东师范大学，2011。

中华人民共和国体育运动委员会：《中华人民共和国体育法规汇（1993 ~ 1996）》，新华出版社，1997。

《国家体委关于公共体育场馆向群众开放的通知》，《河南政报》1995 年第 7 期。

何海兵：《上海和谐社区建设的经验综述》，http：//www. gudremark. com/jingyan/ShowArticle. asp？ ArticleID = 1213。

上海市体育局 2008 年重点决策咨询课题组：《改革开放 30 年上海体育的发展回顾和前瞻》，《体育科研》2008 年第 4 期。

《2015 年上海市群众体育工作会议暨 2014 年度上海市非奥运项目表彰》，http：//sports. eastday. com/s/20150203/u1ai8567762. html。

金细簪、虞晓芬：《休闲度假旅游地产的崛起与需求特点》，《经济论坛》2008 年第 2 期。

毛婷婷：《我国城市休闲体育的发展与地方政府决策问题研究》，集美大学，2014。

卢金逢、倪刚、熊建萍：《区域体育产业竞争力评价与实证研究》，《体育科学》2009 年第 6 期。

曹可强：《上海市体育产业比较优势与布局模式研究》，《上海体育学院》2008 年第

4 期。

范玉川：《上海市体育产业的核心竞争力研究》，《沈阳体育学院学报》2013 年第 2 期。

上海市统计局，http：//www. stats - sh. gov. cn/index. html。

宋伟：《我国运动休闲业的管理模式研究》，华侨大学，2006。

王岩：《上海市体育服务产业政策效用》，《体育科研》2012 年第 2 期。

周丽珍、刘国荣：《上海市群众体育管理体制改革的创新》，《体育科研》2009 年第 2 期。

上海市体育局：《上海市体育年鉴》（2000～2014）。

B.12
四川省休闲体育发展报告

李国栋　柳 伟　陈静姝　郑 宇　张林玲　彭 琴　卢 锋*

摘　要：　对四川而言，休闲体育的发展在面临机遇的同时，也将经受严峻的挑战。一方面，就素有“天府之国”美誉的四川来讲，休闲早已成为民众生活的重要组成部分。随着社会、经济的不断发展，四川居民以体育为主的新兴休闲观念逐渐兴起。但从另一方面来看，“休闲体育”对普通民众而言，仍然是一个较新的概念。在这样的背景下，四川地区的休闲体育发展会呈现怎样的特点与趋势？本报告将从四川地区的休闲生活、休闲体育发展概况、户外体育资源、未来趋势四方面进行探索。

关键词：　四川　休闲体育

一　四川省休闲生活

四川具有悠久的休闲历史文化，地理结构呈多样性，“其地四塞，山川重阻”，以适应性很强的农业文化为主导。对这样的社会结构与地理环境，古人早有断言“少不入川，老不出蜀”，认为四川闲适的生活会消磨年轻人

* 李国栋，成都体育学院副教授、研究生导师，研究方向为休闲体育；柳伟，成都体育学院副教授，研究方向为体育管理；陈静姝，成都体育学院助教，研究方向为运动与休闲；郑宇，成都体育学院副教授、博士，研究方向为体育产业与管理；张林玲，成都体育学院讲师、博士，研究方向为体育旅游；彭琴，成都体育学院讲师，研究方向为体育旅游；卢锋，成都体育学院教授，研究方向为大众休闲与体育。

的斗志。但是，闲暇时间的增多标志着人类物质水平与精神文明的快速提升。当今，休闲无疑已成为人们生活的重要组成部分。“天府之国”的富饶资源不但造就了民众随遇而安、追求闲适的社会心态，同时四川自成一体的生活方式也形成了独具巴蜀特色的休闲文化。

（一）休闲方式总体情况

2013 年以 300 人次作为调查对象，对四川成都居民的休闲方式进行了问卷调查（见图 1），结果显示成都地区的休闲方式以打麻将和上茶馆为主，其次是电视娱乐、农家田园等。这充分体现了四川人民喜好享乐、小富即安的生活特征。因此，以四川居民独特的休闲生活特征为重点，从休闲活动的性质出发，将四川居民的休闲方式分为七大类 16 小类（见表 1）。

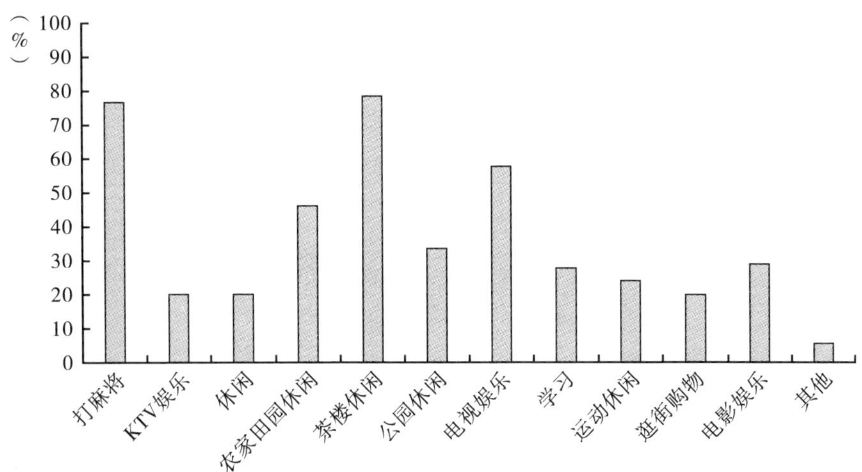

图 1　成都居民的主要休闲方式

由表 1 可见，四川休闲方式繁复多样，休闲方式随着社会生产力的发展不断进行演变。四川的休闲方式从最初在劳动过程中的聊天、谈笑，逐渐发展成为有足够的闲暇时间喝茶、跳舞、舞狮、灯会等活动。加上四川独特的地理气候条件，使川蜀之人对以静态为主的休闲活动情有独钟，如晒太阳、打麻将、玩棋牌。随着四川地区经济、文化的快速发展，人们有了更多的

“闲时”“闲钱”“闲情”，且休闲方式变化多样。这促使四川地区的休闲方式从以静态为主的活动逐渐向动态活动进行融合与转变。从过去倾向于看电视、读书、上网，现在这种静态休闲时间逐渐被分散，酒吧、健身房、体育场馆、KTV、公园等各种动态的休闲活动也成为人们的选择。特别让人关注的是户外登山、自行车等旅游休闲悄然兴起，并已显示出很大发展势头，独具特色的川藏公路自行车骑游已被热捧为最佳黄金线路，吸引了越来越多的爱好者。可见，四川地区的休闲方式呈现动静结合的多样化势态，形成棋牌、休闲农家乐等传统休闲与现代新型休闲活动协同发展的四川休闲现状。

表1　四川居民休闲方式类型

<table>
<tr><td rowspan="15">积极休闲</td><td rowspan="4">消遣娱乐类</td><td>业余爱好</td><td>棋牌、茶、舞、书、画、音乐、酒、摄影、写作、收藏、烹饪等</td></tr>
<tr><td>大众传媒</td><td>电视、电影、上网、电子游戏、KTV、广播等</td></tr>
<tr><td>吧式消费</td><td>酒吧、书吧、水吧、咖啡吧、氧吧、陶吧等</td></tr>
<tr><td>装饰美容</td><td>美容、化妆、装饰、装修等</td></tr>
<tr><td rowspan="2">修养身心类</td><td>闲逛闲聊</td><td>逛街、散步、聊天、晒太阳等</td></tr>
<tr><td>花草宠物</td><td>花、草、树、鱼、鸟及其他宠物等</td></tr>
<tr><td rowspan="2">旅游观光类</td><td>近郊旅游</td><td>公园、休闲农家乐、度假村、城市绿地等</td></tr>
<tr><td>远足旅游</td><td>国内旅游、国际旅游等</td></tr>
<tr><td rowspan="2">体育健身类</td><td>健身塑身</td><td>羽毛球、太极、游泳、跑步、乒乓球、广场舞等</td></tr>
<tr><td>时尚刺激</td><td>攀岩、蹦极、跳伞、漂流、高尔夫、壁球、户外拓展等</td></tr>
<tr><td rowspan="3">社交活动类</td><td>私人社交</td><td>生日聚会、婚礼、升迁、获奖等</td></tr>
<tr><td>公共节日</td><td>民族传统节日、宗教活动、纪念庆典、旅游节等</td></tr>
<tr><td>社会公益</td><td>公益活动、社会工作等</td></tr>
<tr><td rowspan="2">教育文化类</td><td>参观访问</td><td>博物馆、图书馆、科技馆、美术馆、纪念馆等</td></tr>
<tr><td>文化教育</td><td>学习书法、声乐、插花、舞蹈等</td></tr>
<tr><td>消极休闲</td><td>俗　闲　类</td><td>消极俗闲</td><td>无节制购物、享乐主义行为等</td></tr>
</table>

（二）休闲方式的具体特征

1. 休闲方式多样化，仍以棋牌类为主

于光远说：“休闲、游戏、麻将，都存在于我们的生活中。由于它们的存在，我们的生活才丰富多彩，我们的生命才充满阳光，我们生活的世界才

有创造的源泉。”的确，对于四川地区而言，无论社会经济如何发展，棋牌类活动仍然是四川居民的主要休闲方式。棋牌作为一种由民间创造的益智类游戏，旨在消磨闲暇时间，并使人获得愉悦感。四川棋牌包含扑克、桥牌、麻将、围棋、象棋等项目，各个市区县的棋牌略有不同，众多的棋牌类型已经成为四川居民休闲生活的重要方式，并形成四川地区特有的棋牌文化。就四川来看，棋牌文化的形成，离不开茶馆。四川茶馆在过去指喝茶、听书、看戏以及聊天的场所，而现在的茶馆几乎都与棋牌有着密切的关系，茶馆已成为打棋牌的专属场所。此外，四川的婚礼棋牌、丧礼棋牌更是屡见不鲜，生活中的任何事情都能与棋牌有关。但无论何时，对棋牌的批判从未停过，有人认为棋牌玩物丧志，既浪费时间，又消耗财力。但从另一角度而言，棋牌类游戏标志着人类文明发展水平的高低，智能型游戏在民众范围内的普及度越广，越能代表较高的民众幸福指数。

在四川，棋牌已作为一种主要的休闲方式而存在，培养着四川人“慢”节奏的生活步调与习性，使四川居民懂得享受生活。棋牌文化给四川地区带来的关于生命的领悟与文化的体会使四川人无论在任何时代与经济环境中，都能以闲适平静的心态去生活。

2. 健康、生态的休闲观念成为主流

根据“2013 年中国休闲小康指数”调查显示，国民进行休闲活动的五大主要目的分别为放松身心（59.8%）、锻炼身体（42.8%）、满足爱好（32.6%）、增长见识（31.0%）以及结交朋友（31.0%）。且从不同监测指标来看，2013 年休闲观念指数为 72.8，休闲方式指数为 73.1，而 2014 年这两项指数均比 2013 年增长了 0.3。结果表明，我国居民的休闲观念在逐步加强，以健康、生态为主的休闲观念，如旅游、跑步、游泳、农家乐等，渐渐替代了人们以电视、KTV、酒吧等“亚健康”型的活动观念。在四川地区，旅游成为人们普遍选择的健康休闲方式，四川省统计局公布的数据也显示了逐年增长的出境游客人次（见表 2）。调查结果表明远距离的休闲旅游已经成为四川地区健康生态的休闲方式。同样，就近郊旅游而言，农家乐非常符合四川人民“闲”的生活方式。19 世纪，英国城市学家比尼泽·霍华德在探讨工业条件下的城乡发展情况时，曾提出应该建设一种兼有城市和乡村优点的理想城市，形成城乡一体的社会新结构，这种模式称之为“田园城市”，而四川农家乐的建设就充分体现了现代田园城市的休闲生活构想。20世纪80年代末，中国第一家农家乐在成都诞生，农家乐以回归自然、放松身心的休闲旅游方式受到四川人民的欢迎。四川人民乐于旅游，喜欢在农家乐里亲近自然，这彰显了四川人民对健康、生态的重视。这种休闲观不但释放了四川人民的身心压力，更进一步使“慢”休闲成为四川特有的文化名片。

表2　四川省出境游客人数（2010～2014）

年份	2010	2011	2012	2013	2014
出境游客(万人次)	47.5	56.9	76.8	74.2	123.78

3. 新型休闲方式增多，休闲体育兴起

随着科技的更新与传播，形式新颖的休闲方式传入四川，受到人们的热烈追捧，如微信、微博、电子游戏等。随着数字化娱乐的不断渗透与时间碎片化程度的加深，四川地区的休闲方式正逐渐地向电子方面倾斜，人们对手机、ipad等电子设备的应用更加普遍。电子娱乐在更好地利用碎片化时间的同时，也成为四川地区休闲的新方式。

据2014年四川省国民体质监测公报，2014年四川省近六成居民不参与体育锻炼，经常参加体育锻炼的人数百分比为28.0%（含儿童青少年），20岁及以上人群经常参加体育锻炼的项目是“健身走”和“跑步”，人数百分比分别为69.2%和29.9%。其他依次是“乒乓球、羽毛球、网球”“骑自行车”“广场舞”“足、篮、排球”“健身操”等，其中，50岁以上各年龄组人群主要采用“健身走”和“广场舞”进行锻炼。随着社会压力的增大，人们精神长期处于高度紧张的状态，加上缺乏必要的体育活动，四川居民体质下降和亚健康状态越来越成为社会关注的重点。在这种情况下，四川居民的休闲逐渐转向以体育为主的形式。丰富的休闲体育活动一方面有利于个体体质健康与精神需要；另一方面，以体育为主的休闲方式扩大了主体实践的活动范围，提升了活动水平，有利于四川社会的合理建设，其未来发展是无限的。2012 年四川累计开放体育场馆人数达 1296 万人次，2013 年进入体育场馆活动的人数累计达 1328 万人次；同样，由于四川地理环境特别，既有高山攀岩、江河漂流的资源优势，也具有盆地棋牌休闲传统，且蜀文化讲求安闲、雅致，休闲体育形式多样，四川地区农家乐发展迅速，更具特色的体育农家乐逐渐出现，农家乐的自然环境与专门打造的体育运动设施相结合，从而将休闲体育和农家乐完美结合。比如成都市三圣乡将“花乡农居”“幸福梅林”“江家菜地”“荷塘月色”“东篱菊园”五个主题农家乐与自行车、跑步、垂钓结合，专门修建了“锦江 198 绿道”、垂钓湖区、公共健身设施等，使四川居民既能享受农家乐的自然风光，也能在充满花香绿树的生态环境中自由地选择喜欢的运动项目进行休闲。另外，位于都江堰市青城后山的农家乐，根据地理位置和四川人民的休闲特征，将漂流与农家休闲结合，打造了具有漂流特色的农家乐，使四川人在玩棋牌、喝茶的同时，体验刺激的时尚运动项目。以刺激、时尚著称的户外休闲运动也成为四川居民休闲方式的新选择，如四姑娘山、双桥沟的登山，虹口、广元的徒步，洪雅、江油的滑翔伞等。新兴项目如电子娱乐和休闲体育更丰富了民众休闲生活，进一步展现了四川休闲文化中多元、开放的理念。

二　四川省休闲体育发展概况

当今社会，休闲已成为社会发展的文明标志，休闲体育也迅速走进人们日常生活，并以“文化生活方式”“文明健康的生活方式”等全新的体育理念成为人们生活不可缺少的重要内容。随着国家法定假期的不断增多，四川休闲体育呈现较快的发展势头，逐渐成为四川新型经济增长点并带动着相关产业的发展。

（一）国际体育赛事方兴未艾

近年来，四川省举办了多项国际体育大赛，这些赛事对于提高四川国际美誉度和影响力、推动四川休闲体育产业的发展产生了极大作用。2013 年国际铁人三项赛、现代五项世界杯赛、世界太极拳精英赛以及之后的世界杯标准舞比赛和世界斯诺克国际锦标赛等国际、国内赛事，扩大了城市影响力。中国第五届马术节在成都的成功举办，树立并推广了“马在温江，速度赛马在温江”的城市品牌，迅速提升成都金马国际体育城的国际影响力。成都拥有全世界最好的比赛和场馆，国际现代五项赛事让成都“体育之都”的名声传扬更广。国际现代五项联合会（UIPM）主席克劳斯·舒曼对成都赞不绝口，UIPM 已经决定在未来四年的每届世界杯赛事中都设立成都站，成都从此将与现代五项结下渊源。这些大型赛事的举办将促进四川不断加大、更新体育场馆设施，提升城市软硬件综合服务水平，进一步推动四川休闲体育产业的发展。

（二）休闲体育赛事如火如荼

2013 年至今，四川省体育管理部门在全民健身活动的推广中，积极推出了健步走、登山等十大最容易开展的活动。特色健身活动的推广和普及，不仅提升了参与者的精神文明素质，取得了良好的效果，而且为成都休闲体育的发展提供了强有力的助推器。近年来，成都市举办的各类具有一定规模的健身活动就达数百项，其中既有百村（社区）千台万人乒乓球活动、元旦越野赛、百万市民徒步健身、“市民天天羽毛球”、世界“行走日”、广场活动月、“成都人的世界杯”电竞比赛等规模较大、参与度较高的活动，也有诸如在田间地头举办的割蒜苔、推鸡公车等特色健身比赛。随着“运动成都”口号的深入宣传和推进，成都全社会人员的持续参与进一步带动，整体加快了成都市休闲体育运动的开展。

表 3　四川省休闲体育赛事概况

名　称	时间	地点
四川省暨成都市全民健身跑成都市第 45 届元旦越野赛	2014 年 1 月 1 日	成都
“全民健身——我来撑”成都市第二届全民健身运动会平板支撑大赛	2014 年 4 月 26 日	
“运动成都”“体彩杯”成都市首届全民健身运动会	2014 年 4 月到 8 月 8 日	
四川省暨成都市全民健身跑成都市第 46 届元旦越野赛	2015 年 1 月 1 日	
运动成都“圣贝牙科”杯成都市第五届老年人运动会	2015 年 5 月 22 日	
“运动成都·定制赛事”成都马拉松环线分段赛	2015 年 12 月 26 日	

续表

名　称	时间	地点
四川省第八届老年人运动会	2015 年 10 月	彭州
“捷安特”杯环仙海湖自行车公开赛	2014 年 11 月 1 日	绵阳
自贡市新美春天杯第三届体育舞蹈集体舞、队列舞比赛	2015 年 5 月 2 日	自贡
德阳市第八届残疾人运动会暨德阳市第三届特殊奥林匹克运动会	2014 年 4 月 22 日	德阳
德阳市第十届“社保杯”网球赛	2014 年 10 月 25 日	
德阳市业余足球联赛	2014 年 11 月 1 日	
德阳市第一届“万兴杯”冬泳比赛	2014 年 11 月 22 日	
德阳市全民健身“爱达乐杯”乒乓球排位赛	2014 年 11 月 29 日	
2014 年“凯德广场”杯德阳市首届英雄联盟电子竞技赛	2014 年 12 月 20 日	
德阳首届“垂直马拉松”爬楼公益大赛	2014 年 12 月 20 日	
德阳市第七届端午群众文化周龙舟竞赛	2015 年 6 月 20 日	
四川省第六届健身秧歌比赛	2015 年 9 月	宜宾
全国自行车邀请赛	2015 年 9 月	
中国—宜宾长江国际漂游节	2015 年 10 月	
乐山市五通桥区举办首届陀螺大赛	2014 年 4 月	乐山
举办“2014 年四川乐山环绿心自行车公开赛”	2014 年 4 月 19 日	
乐山峨眉山地区举办国际钓鱼邀请赛	2014 年 10 月 25 日	
眉山市广场健身操(舞)展示比赛	2014 年 11 月 4 日	眉山
全国农民乒乓球赛	2015 年 6 月	
雅安市举办首届“澳洲飞鼠杯”休闲钓鱼比赛	2014 年 6 月 28 日	雅安
西南五省健美健身冠军赛	2015 年 6 月 20 日	
简阳市首届“钓王杯”钓鱼比赛	2014 年 1 月 14 日	资阳
中、美、澳艺术划水对抗赛	2014 年 5 月 5 日	内江
“万达世界杯”夏日全民体育狂欢季(足球)	2014 年 5 月 24 日	
第三届老年人运动会	2014 年 8 月 31 日	
第二十四届甜城马拉松比赛	2014 年 12 月 29 日	
中国内江第六届大千龙舟经贸文化节	2015 年 5 月 20 日	
市直机关全市元宵节登山活动	2014 年 2 月 14 日	攀枝花
2015 年康定“四月八”跑马山国际转山会	2015 年 4 月 8 日	甘孜
2015 年首次举办“亚丁虫草文化体验活动”	2015 年 4 月 24 日	
黑水・达古冰山举办第二届绿色骑游活动	2014 年 7 月 5 日	阿坝
红原县第十二届农牧民篮球运动会	2014 年 7 月 22 日	
2014 年举行第六个“8・8”全民健身日活动	2014 年 8 月 8 日	
“三八节”趣味体育比赛活动	2015 年 3 月 8 日	广元

续表

名　称	时间	地点
四川省首届农民象棋比赛	2015 年 4 月 29 日	
广元市职工羽毛球比赛	2015 年 5 月 13 日	
广元市 2015 年健身秧歌比赛	2015 年 6 月 7 日	
龙舟赛	2014 年 6 月 28 日	巴中
“文明杯”业余网球比赛	2014 年 12 月 18 日	
首届汽车越野挑战赛	2014 年 12 月 28 日	
西城渔具第三届群内 PK 春季钓鱼比赛	2015 年 4 月 12 日	
第八届老年人运动会健身秧歌比赛	2015 年 6 月 6 日	
2014 年四川省幼儿体操	2014 年 6 月 26 日	达州
2014 达州市中学生篮球赛	2014 年 10 月 22 日	
达州市第二届武术散打巴山拳王争霸赛	2015 年 2 月 2 日	
2014 元旦万众长跑活动	2014 年 1 月 1 日	南充
2014 年南充市全民健身自行车骑行活动	2014 年 8 月 25 日	
南充市第三届铁人二项/三项比赛	2014 年 9 月 27 日	
西充县“九龙杯”中国象棋比赛	2014 年 10 月 11 ~ 12 日	
2014 第五届川东北城市青少年拉丁舞锦标赛	2014 年 11 月 8 日	
南充市 2015 年元旦万众健身跑暨长跑比赛	2015 年 1 月 1 日	
南充市第二届“野人杯”越野摩托车场地赛	2015 年 1 月 2 日	
川东北六县区象棋联谊赛	2015 年 4 月 25 日	
营山县“舞动健康、多彩生活”广场舞大赛	2015 年 4 月 26 日	
2015 年南充市太极拳(剑)个人选拔赛	2015 年 5 月 6 日	
2015 年南充市中式黑 8 台球积分联赛	2015 年 5 月 6 日	
全省第六届传统名人明星争霸赛(武术)	2015 年 5 月 14 日	
“全国垂钓俱乐部挑战赛”“中国路亚公开赛总决赛暨升钟湖国际舟钓大奖赛”“第七届中国升钟湖钓鱼大奖赛”	2015 年 9 月	
2014 年中国·广安中老年气排球邀请赛	2014 年 10 月 28 日	广安
邻水县佳木斯快乐舞步健身操活动	2015 年 5 月 31 日	
2014 年遂宁市首届“麻子滩渔业杯”钓鱼大赛	2014 年 6 月 6 日	遂宁
2014 遂宁国际标准舞公开赛	2014 年 10 月 2 日	
遂宁市“迎新春·庆元旦全民健身与省运同行”万众健身跑活动	2015 年 1 月 1 日	

（三）群众体育场地设施稳步增加

2012 年：四川省 18 个市共计安排 900 个项目，凉山、阿坝、甘孜三州共计安排100个项目，全省共计建设农民体育健身工程1000个，购置器材1000套，兴建乡镇农民体育健身工程43个。建设全民健身路径工程1105个，命名资助2个国家级全民健身户外活动基地，8个“雪碳工程”项目。各地自建各类全民健身活动中心292个、健身步道830公里、全民健身广场352个。全省公共体育场馆累计开放人数达1296万人次。

2013年：四川省新建农民体育健身工程3582个、建设全民健身路径工程1384个，各类全民健身广场267个、11个跨年度“雪碳工程”项目开始启动，特别是落实了四川芦山4·20地震总体规划的重建项目34个，概算总投资5.1亿元。全省各地在积极兴建全民健身设施的同时，进一步加大了公共体育设施免费开放力度，全年21个市、州公共体育场馆，累计开放达1328万人次。

四川省着力打造体育场馆设施，探索场馆设施管理新模式，并同社会实际需求及体育产业的发展紧密结合，使各区（市）县的城乡社区健身路径、健身绿道、健身小广场、健身中心、体育场馆等健身设施呈现逐年平稳上升趋势。

（四）休闲体育研究深入开展

四川休闲文化研究和休闲体育研究起步较早，近年来，四川省休闲运动科学管理学会在组织带领学术队伍和开展学术研究，积极承担开展休闲运动项目的规划和策划等方面，特别是与地方经济社会发展紧密结合，在开发体育旅游资源，开展运动休闲项目、技术培训等方面发挥了积极的作用，并开展了与法国等国际项目的合作交流，2010年以来，学会每年组织开展运动休闲学术年会、广泛开展学术交流，已组织编写五本《休闲运动》学术专集，合作翻译了多部有关法国休闲运动方面的理论技术专著。

三 四川省户外体育资源

（一）山地运动资源

1. 登山资源

四川山川资源十分丰富，攀登难度分布均匀。省内著名的高峰有：泸定

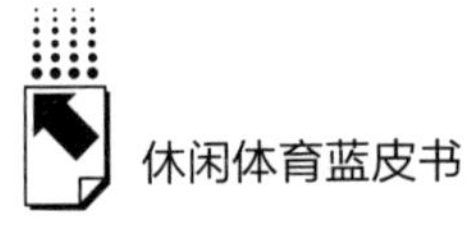

县海拔7556米的贡嘎山，小金县与汶川县交界处由海拔为6250米、5355米、5276米、5025米的四座毗连山峰组成的四姑娘山，理塘县海拔6294米的海子山，理塘县海拔6204米的格聂山，德格县海拔6168米的雀儿山，木里藏族自治县和稻城县的交界处海拔6032米的仙热日，松潘县海拔5588米的雪宝顶等。1935年美国登山队首先成功登顶贡嘎山，之后日本、韩国、英国、德国、瑞士、法国、意大利等150余个国际登山探险团相继到来，由此掀起一股高山探险热潮。相比之下，一些海拔相对较低且开发成熟的山地景区深受休闲健身与徒步旅游者的喜爱，如峨眉山、青城山、西岭雪山、天台山、瓦屋山、华蓥山、蒙顶山、螺髻山、光雾山等。

2. 滑雪资源

西岭雪山属四川最老牌的滑雪胜地，它是四川大熊猫栖息地、世界自然遗产保护地，全国重点风景名胜区、国家森林公园、4A级景区。滑雪场景区以参与特色雪（草）上运动休闲项目为主，冬夏季节各开设有20余个山地运动项目。与西岭雪山相比，峨眉山的滑雪场虽然规模较小，但运动项目丰富，冰雪运动还与温泉、武术、灵猴、美食关联在一起。理县毕棚沟滑雪场，是省内人气较旺的地方之一，滑道约1000米，坡度和长度适宜。茂县九鼎山太子岭滑雪场是新建的滑雪场，海拔2750米，属高山森林滑雪场，同时也是目前西南最大的滑雪场，设备比较齐全，开放时间较长。广元的曾家山滑雪场，作为新开的滑雪场，集滑雪、滑草、度假养生为一体。

3. 滑草资源

夏季滑草与冬季滑雪是相伴而生的休闲运动项目，四川滑草胜地首推成都西岭雪山和绵竹九龙山。夏天的西岭雪山是中国大型高山滑草场所，高山草坪面积达750亩。与之相比，绵竹九龙山滑草场的特点在于休闲运动项目较丰富。九龙山滑草场位于九龙山旅游风景区核心区域，占地160余亩，由江苏扬州援建。现开展的草地运动项目有履带滑草、四轮滑草车、草地悠玻球等，此外还开展有水上步行球、露营、攀岩、真人CS、热气球、射箭、骑马、弹跳飞人、西部狂牛、风筝、高尔夫球、羽毛球、品茗棋牌等。

4. 攀岩资源

攀岩是一项时尚休闲运动，四川的天然攀岩场地包括窦圌山驼峰景区攀岩基地、成都邛崃金鸡沟攀岩基地、成都大邑鹤鸣山猴子岩攀岩场、乐山沙湾龙岩岩壁、剑门关攀岩基地等。窦圌山风景区的攀岩场是四川省开发的第一个天然攀岩场所，随后成立了窦圌山登山俱乐部。邛崃金鸡沟攀岩基地的独特之处在于建成了一条长400米左右的铁道式攀登线路，是国内首条铁道式攀登路线。大邑鹤鸣山猴子岩攀岩场，是省内设施较完善、人气较旺的自然攀岩场地，岩壁垂直30米左右，难度不等的线路有20余条，适合大众参与，学习攀岩和速降。乐山沙湾龙岩岩壁，目前已开发攀岩线路50多条，是四川省最好的天然岩壁之一，这里还设有山地运动俱乐部。剑门关攀岩基地，2010年5月成功举办了首届“剑门关国际攀岩邀请赛”，世界各地的40余名专业运动员在这里汇集竞技，使该攀岩基地知名度大增。

5. 攀冰资源

攀冰作为近年来备受关注的休闲探险类运动项目在四川传播迅速，众多的山峰资源为攀冰提供了天然优质的场所。四姑娘山的双桥沟当属国内知名的攀冰胜地，拥有冰壁上百条，且难度不一，其中体验型的冰壁有30余条，由于交通便捷，每年吸引了大量国内外攀冰高手。双桥沟全长30余公里，沟内奇峰连绵，峡谷陡窄，风景独特，海拔5000米以上的山峰数不胜数，基本是常年积雪。这些山峰攀爬难度极大，到目前为止尚有很多是未登峰，已登峰大多数首登为外国人。除了双桥沟外，三奥雪山、雀儿山、都日峰、半脊峰、扎拉雪山等都是进行攀冰运动的最佳资源。

6. 穿越资源

穿越包括徒步穿越、自行车穿越和汽车穿越，这也是四川户外休闲运动的亮点。四川在高山、峡谷、森林、草原等穿越方面的资源开发较为成熟。对徒步穿越而言，稻城亚丁、四姑娘山海子沟、长坪沟、毕棚沟、海螺沟、黑竹沟、银厂沟、渡河峡谷、雅砻江峡谷、泸沽湖、华蓥山、九顶山、贡嘎山等都是徒步探险的胜地。自行车骑游主要以城市为中心，向周边景区延伸。汽车越野则分布在川藏线、甘阿凉地区、九寨沟环线及川西景区等路线。

（二）水上运动资源

1. 漂流资源

漂流在四川备受欢迎。广元青溪古城的唐家河峡谷，河水源自高山雪水和地下水，水质清澈，水急滩多，河道落差达 205 米，可开展竞技漂流和大众漂流，被誉为“中国第一激漂”。成都大邑花水湾，曾在 2012 年被评为全国十大漂流水上娱乐胜地。成都都江堰虹口，河道险、奇、峻，有“西部第一漂”称号。达州宣汉百里峡，峡长 140 里，境内山势奇特，溶洞成群，动物多而珍贵，植物丰而罕见，以“雄、奇、秀、险、幽”著称，享有“川东第一漂”的美誉。攀枝花长江国际漂流基地，开设“万里长江第一漂”金沙江漂流项目。另外，四川已开发的漂流项目还有汶川境内的岷江漂流、邛崃的平乐古镇漂流、崇州的九龙峡漂流、都江堰的青城两河漂流等。

2. 溯溪资源

溯溪在四川作为团体拓展培训项目深受欢迎，但该运动项目专业性较强，参与人群有限。崇州万家场和苟家乡，水流分为两种：一是较为平缓的溪流河床，适合普通大众人群参加，技术要求不高；二是水流湍急的山涧，需要有严格的组织协调，技术要求高，装备要求齐全，个别地段甚至需要登山攀岩装备或漂流装备。柳江古镇花溪河，水流较为平缓，大部分河段落差不大，适合大众溯溪。此外，四川溯溪运动开展较好的地点还有都江堰虹口、彭州小鱼洞、回龙沟、银厂沟、浦江五龙谷、青城小九寨、平乐古镇、雅安晏场镇等。

3. 垂钓资源

与溯溪相比较，垂钓作为一种休闲运动受到四川中老年群体的喜爱。四川的垂钓资源多为天然或人工湖泊，比如简阳三岔湖、龙泉湖、仁寿黑龙潭、广元白龙湖、绵阳红星河和莲花湖、三台鲁班湖、中江继光水库、资中龙江水库、南部县升钟湖、彭州白水河、安县白水湖等。也有许多人工兴建的钓鱼场所和农家乐鱼塘受到大众休闲者青睐。

4. 戏水资源

中国死海位于四川省遂宁市大英县，是一个形成于一亿五千万年前的地下古盐湖，其盐卤资源的储量十分丰富，依托死海资源已经形成集现代水上运动、休闲度假为一体的水文化旅游度假胜地，同时还建有房车营地。巴中市平昌县江口水乡国家水利风景区，建有水上乐园、双滩电站大坝观景台、水上度假村、水上极限运动区等水上旅游项目，休闲者可在这里体验快艇冲浪、竹筏漂流、水上骑游、钓鱼等活动。另外，成都欢乐谷水上世界、国色天乡水上乐园、彭州海豚湾水上世界、泸州酒城乐园，以及各大古镇所依托的河流，均适合夏季水上休闲。

温泉具有康乐、疗养等功能，是冬季水上休闲的最佳资源。四川省温泉资源十分丰富，现已开发的且兼具口碑的温泉休闲地包括：海螺沟贡嘎神汤、海螺沟二号营地温泉、大邑花水湾温泉、都江堰侏罗纪温泉、温江鱼凫国都温泉、峨眉山灵秀温泉、峨眉红珠山温泉、峨眉山天颐温泉、雅安周公山温泉、康定二道桥温泉、九寨天堂天浴温泉、西部大峡谷温泉、峨边黑竹沟温泉、安县罗浮山温泉、理县古尔沟温泉等。

（三）空中运动资源

1. 滑翔伞资源

绵竹九龙滑翔伞运动基地，是省内开展空中休闲项目较早的地区，可进行滑翔伞教学飞行训练认证、双人伞带飞、动力伞商业飞行表演等。眉山洪雅玉屏山滑翔基地，于2015年被授予“四川省航空运动协会滑翔伞训练基地”的称号。江油市飞运鸿滑翔伞俱乐部，主要经营动力伞、热气球、飞艇的飞行表演活动与各类航空商业广告，同时还开展三角翼航拍、航摄、滑翔伞培训、双人伞带飞，把航空运动推向全民化，把航空体育带入市场化。

2. 通用航空资源

四川省在体验飞行、空中游览、私人飞行等通用航空消费类市场上有相当大的发展空间。2012年，四川西林凤腾通用航空有限公司正式运营，并首度开启了中国西部空中旅游项目。体验者登上直升机，围绕广汉飞行十多分钟，从空中欣赏美景。2013 年，四川驼峰通用航空直升机基地正式运营，开设了空中看桃花故里、洛带古镇和金龙长城的观光航线。驼峰通用航空在都江堰玉堂和安龙也有基地，并开设了乘直升机在空中观赏青城山和都江堰水利工程的业务。2014 年 9 月 24 日，四川首条低空旅游航线——成都至峨眉山航线开通。2015 年，彭州“牡丹花海”乡村旅游节暨葛仙山田园赏花节启动，主办方别出心裁地设置了“乘坐热气球赏花”项目，为此类节日活动注入新活力。

四　四川省休闲体育发展趋势

（一）立足区域经济优势，全力打造西部地区休闲体育的发展高地

四川体育产业规划提出，力争用 10 年左右时间，将四川省打造成为中西部地区体育产业发展的高地、国际高端体育赛事的龙头、世界户外运动的天堂。四川经济运行态势为四川省休闲体育发展奠定了一个较为坚实的经济基础。从区域经济的视角来看，四川在整个西部地区具备一定优势，而休闲体育自身也与四川省经济社会发展方向极为吻合，其发展方向应顺势而为，做大做强，既要着眼于休闲体育在整个四川体育产业中的比重提升，也应注意发挥自身在整个西部地区的引领作用，形成以大众健身、竞赛表演、体育旅游、户外运动、冬季培训为特色的具有核心竞争力的现代体育服务业体系。

（二）汲取巴蜀休闲文化精髓，全面夯实四川休闲体育的文化基础

中国休闲学奠基者于光远先生曾形象地将休闲比喻为“玩的文化”，四川独特的巴蜀文化与这种“玩的文化”有着天然的亲近和联系。四川复杂多变的地理环境和悠久的文明史造就了丰富多彩的巴蜀文化，使其拥有了得天独厚、浩如烟海、享誉国内外的文化资源。早在 2002 年 5 月，四川就提出建设西部文化强省的战略目标，诸如生态文化、天府古镇、红色经典等早已成为四川文化品牌的代表。而现代四川社会在不断追求文明进步的目标指

引下，凭借优秀的文化积淀，使整个四川社会文化呈现出开放进取、休闲怡情的文化特征，这为休闲体育的发展提供了一个良好的文化环境。休闲体育的壮大可以不断丰富文化的内涵与价值，并且极有可能成为其中一个最具活力的品牌。可以说，四川省独特的社会文化环境将为经济落后地区休闲体育的发展提供一个绝佳的、不可复制的舞台。

（三）打造地方特色项目，全面完善四川休闲体育产业链体系

四川积极开展传统意义上的各项高水平竞技比赛，重点开展健美健身、网球、羽毛球、乒乓球、篮球、足球、游泳、垂钓、滑雪等群众参与度高的项目，有序发展高尔夫、马术、赛车、山地自行车、徒步穿越等高端项目，努力把成都培育成全国著名体育健身休闲之都。另外，四川还重点抓好国际国内知名赛事引进，全力打造四川品牌赛事，着力培育竞赛与表演市场；做好世界现代五项、世界斯诺克国际锦标赛、世界名校赛艇对抗赛等重大赛事培育、落户工作，将成都打造成高端品牌赛事区。四川先后举办了一系列颇具休闲观赏价值的国际国内重大赛事，成功的体育赛事进一步为四川休闲体育的发展奠定了基础。目前，四川休闲体育产业链体系已经初具规模。四川现有的地理环境和自然景观，在发展汽车自驾、公路自行车、山地自行车、登山、攀岩、徒步穿越、露营、漂流等富有特色的休闲体育项目上极具优势。成都、德阳等地已被确立为特色赛事和体育培训产业带，同时将重点打造甘孜、阿坝、凉山、攀枝花、雅安户外体育运动产业带，并将在川南、川东、川北地区大力发展大众健身和运动休闲。日益完善的产业链体系为将四川休闲体育打造成为西部地区乃至全国范围内都具有旺盛生命力和蓬勃生机的“城市名片”提供了可能。

参考文献

金倩：《成都、武汉居民休闲活动满意度研究》，华东师范大学，2006。

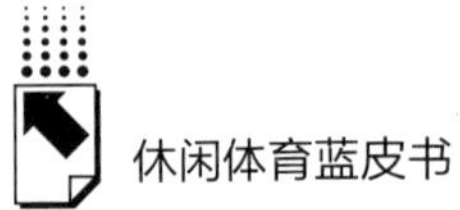

谢军:《全球化背景下中西休闲文化融合与影响——以上海和四川为例》,《四川烹饪高等专科学校学报》2013 年第 4 期。

黄璜:《中国休闲发展年度报告 2013 ~ 2014》,旅游教育出版社,2014。

曾万明:《我国统筹城乡经济发展的理论与实践》,西南财经大学,2011。

四川省体育局:《四川体育年鉴 2012》,四川人民出版社,2013。

四川省体育局:《四川体育年鉴 2013》,四川人民出版社,2014。

《2014 年四川省全民健身活动状况调查公报》,http://www.cxsport.com.cn/qzty/2015-12-25/2330.html。

《四川省体育产业发展规划纲要(2011 ~ 2020)》,http://www.scsport.gov.cn/do/bencandy.php? fid=102&id=5648,2015 年 12 月。

B.13

广东及港澳台地区休闲体育发展报告

吴楠 陈健*

摘 要： 包括粤港澳台的“两岸四地”经济文化圈，以传统岭南、闽越文化为根基，西方文化影响深远，是我国国际化程度最高、经济最发达的地区，港澳已经回归，台海两岸的融合迅速加深，休闲体育及产业发育较为成熟。广东是大陆改革开放的前沿，休闲体育事业发展具有敢为人先、开拓创新的特征，为我国提供了较为成熟的启示、经验和示范；香港休闲体育西方色彩浓厚，中国功夫等传统项目较为发达，形成民间为主、官方支持的香港休闲体育管理架构，赛马会是大众参与的特色休闲运动产业；作为世界博彩业、休闲旅游重镇，澳门抓住经济转型契机，努力打造“世界休闲之都”；台湾在休闲体育研究领域走在前列，传统休闲文化根基深厚，休闲产业突出文化旅游休闲特色，对大陆依存度较高。

关键词： 休闲体育 粤港澳台 区域自然文化 休闲产业管理

一 广东

广东绵长的外向型滨海区位，山地丘陵的地貌、地形，独特的岭南文

* 吴楠，北京师范大学珠海分校、珠海市休闲产业重点研究基地副教授、博士，研究方向为休闲体育；陈健，北京师范大学珠海分校、珠海市休闲产业重点研究基地副教授、博士，研究方向为休闲体育。

化特色，形成现代与传统并存的区域性休闲体育特点，全国经济排头兵的广东经济奠定了休闲体育发展的良好基础。广东经济实力雄厚，开放度高，休闲体育发展许多举措敢为人先、勇开先河，在与国际接轨、市场化、产业化等方面，为我国休闲体育的整体改革与发展带来相关范例、经验和启示。

（一）海阔山奇、四季温和的自然环境

广东省简称粤（省会广州），地处黄海北部，有珠江三角洲平原与潮汕平原，其余为山地、丘陵地形，属于南亚热带湿润季风气候。广东是主要侨乡，是中国的南方门户，毗邻港澳，对外开放早。深圳、珠海、汕头率先建立经济特区为广东创造了良好的投资环境，对海外与内地都具有吸引力，因此商业、外贸发展均居全国前列。

广东省休闲体育自然资源极其富饶，其优越的地貌地形为当地体育旅游提供了优越的自然机遇。作为全国海岸线最长的省份，广东拥有丰富的海洋资源和岛屿，为沙滩旅游、漂流、探险等休闲体育活动的进行提供了便利场所。综观广东的地貌地形，西樵、罗浮、鼎湖、丹霞并称为广东四大名山，海拔均处于1004～1296米，是攀岩、登山、探险的良好去处。随着当今旅游业的快速蓬勃发展，广东休闲体育发展的核心取向将指向不同民族的风土人情。

广东共有国有林场（局）达194个，省级以上森林公园共39处，总面积达到14万多公顷，还有一批市、县级的森林公园，大多可开展远足、登山、溯溪、定向运动和野营等丰富的体育旅游活动。

广州市及东莞、佛山、汕尾等众多城市地处南海之滨，而北回归线横贯全省，气候湿润温暖，适合开展除冰雪项目外的多种体育旅游活动。广州地属我国南部，气候较为湿润，空气湿度较大，空气环境良好，在此湿润气候下进行相关休闲体育锻炼可避免人体因强烈体育锻炼呼吸从而产生的不适感，是进行相关休闲体育锻炼的最佳空气湿度。同时，在旅游中可享受全身心的放松，因而吸引大量游客，带动休闲体育旅游业和经济的快速发展。

（二）中西方融合的休闲民俗文化

广东得风气之先，着实为西学东渐的前沿，不仅吸收西方文化行于中国的前列，广东人对中西文化的贯通之道做出最早的探寻及独特贡献。广东休闲体育是基于体育健身娱乐逐步形成的，其发展因素包括：公众对休闲生活方式的需求，经济飞速的发展与其休闲生活方式相结合，公众生活水平的提高促进健身意识的提升。

广东文化是一种融合山河海和山丘的特别文化。事实上广东休闲体育的地域性，包括因文化、地理、历史、心理等因素在广东特定区域或民族中流行的休闲体育特征，包括潮汕文化区域的南狮、布马舞、英英歌舞等武舞类、象棋、跳水、围棋等项目，广府文化区域的武术、龙舟、高尔夫、游泳、排球等项目，以及客家文化地区的如舞龙舞、客家武术、梅州足球，等等，还有广东各少数民族区域的民俗体育项目等。

事实上浓厚的人文素养为我国休闲体育旅游业的发展奠定了相应底蕴，对其文化的展示宣传起到推进作用。

（三）岭南居民与休闲运动

广东省人口密度较大，自改革开放以来，因经商务工、人才流动、婚姻等迁移或暂住本省的少数民族流动人口数量逾 200 万人，主要集中地区为广州、深圳、佛山、中山、东莞等珠江三角洲地区城市。广东省作为自古以来中国海上贸易和移民远洋最早和最多的省份，在近代之后逐步发展为重点侨乡，是归国华人集中之处。

在休闲体育文化兼容性上，广东省大力引进近代西方体育，如游泳、足球、网球、乒乓球、排球等。同时融合外来文化，形成特色的休闲体育活动项目。

与此同时，民间传统休闲体育活动也是吸引人们的重要人文体育旅游资源，如壮族抢炮、回族查拳、黎族跳竹竿、苗族射弩、满族的耍大刀等。

许多传统民族体育项目保留得较为完好，并得到很好的传承发展。例如每年都会精心筹备隆重举行端午节的龙舟赛；佛山武术之乡，武术人才济济，习武之风因此也得以很好的继承发展。

随着广东省经济的飞速发展，多种休闲体育设施正大量涌现。在亚运会的举办带动下，广州和其他地市纷纷建立一批较高水平的休闲体育场馆，并投资 16.7 亿元建立广东奥林匹克中心和广州体育馆，还有深圳龙岗国际高水平自行车赛车场。体育场地器材的发展也可带动体育产业经济和体育旅游业的发展，并为社会经济的进步起到很好的促进作用。

（四）探索并创新发展运行机制

广东休闲体育发展体现出敢为人先、勇开先河的探索创新特点。

1978 年 12 月，广东与香港签署《省港杯足球赛协议书》，首创地方性涉外体育新赛制。之后首创由地方市、镇承办洲际和世界级体育赛事，首开中国建立体育基金的先河，首创体委和企业联合办运动队，首发中国体育彩票，率先探索体育职业化之路。首家标准的国际赛车场，第九届全运会中首次以现金方式转让电视转播权等一系列探索创新，也为我国休闲体育的改革发展带来相关经验、启示及示范。

一是探索改革和转换运行机制，推进休闲体育的社会化进行。体育行政部门可发挥宏观层面上的管理作用，在监督指导相关政策法规执行的同时，也能从业务上给予相应指导和协调，进而培训社会优秀体育人才。再者总结推广相关先进经验，能进一步加快体育协会的改革节奏，使其能逐步走向市场，按照市场规律运作。

二是改变体育事业单纯依赖政府拨款的筹资渠道，从而拓展多元化渠道的体育经费财务来源。保证体育场馆无偿服务与有偿服务顺利结合，真正落实综合经营，并发行系列体育奖券和彩票，接受社会各方的捐赠并开展相关广告服务，建立体育基金，举办体育旅游，做到真正依靠社会集资承办赛事。

三是探索企业与主管部门合作、休闲体育俱乐部等市场化模式，与国际休闲体育运作模式进一步接轨。

四是充分利用侨乡优势，积极争取港澳台同胞和海外侨胞对于广东休闲体育事业发展的支持。

五是坚持全民健身战略和奥运战略并重的方针。做到以创新为动力，真正能够全面推动县市基层休闲体育场地的建设和群众休闲体育活动的广泛开展，进一步构筑全省休闲体育发展的坚实基础。

（五）发展成效及展望

1. 休闲体育健身场地设施建设快，开放度提高

目前广东各级政府坚持把休闲体育场地设施纳入城乡建设的总体规划中，持续加强对于休闲体育事业的财政投入。2005 年的第五次广东省体育场地普查显示：截至 2003 年底，各类体育场地达到 77596 个，体育场地占地面积为 62768.74 万平方米，建筑面积达 1352.06 万平方米，场地面积有 15201.40 万平方米，分别占据全国的 27.9%、17.3%、11.4%。

广东省已有 135 所学校向社会开放试点。全省体育场馆开放率达 60% 以上，目的为缓解群众健身与之前场地不足的矛盾，从而能够构建多元化的体育设施系统。

2. 休闲体育组织网络发展基本健全

全省建立群众体育指导中心，并逐步形成了特色鲜明、内容丰富的全民健身活动网络。

3. 休闲体育特色精品日趋丰富，民间传统体育活动得到进一步的加强

以跳水、体操、羽毛球、举重等项目为重点扶持对象，努力扶持有明显地方特色的群众体育项目。截至 2007 年末，广东省已有 76 个镇获全国亿万农民健身活动先进单位称号，国家和省级的“体育之乡”单位接连出现，给广大广东民众的健身运动带来积极示范作用。

4. 国民体质优于全国平均水平

人民群众的体育意识正在不断增强，健康体质水平也有明显提高。广东省经常参加休闲体育的活动人口占总人口比例是 42%。全国国民体质的监测结果表明，广东国民体质状况目前正稳步提高。2005 年成年人体质合格率达到 87%，仍然高于全国均值；而中小学生《国家体育锻炼标准》的达

标率为93.7%，也高于全国平均水平1.8个百分点。

5. 广东省休闲体育产业发展水平位居全国之首

（1）体育产业总量及体育经营企业数量全国第一。形成国家、社会、内资、外资共同投入的多元投资体系。

（2）体育彩票发行的总量目前占全国第一。共筹集公益金超过63.30亿元，对休闲体育的发展也起到了很大的促进作用。

（3）体育用品博览会场次规模居全国第一。自改革开放以来，广东省级体育用品博览会举办次数与规模居全国首位，成为亚洲规模第三的体育用品博览会。

（4）政策法规逐步完善，休闲体育市场保持稳步发展。2006年12月1日，经广东省人大通过并颁布了《广东省高危险性体育项目经营活动管理规定》，这也标志着广东省体育市场管理开始逐步走向法制化和规范化的轨道。

二　香港

香港休闲运动，由于英国殖民统治一百多年后回归祖国，深受英国欧洲的影响，具有鲜明的西方色彩。民间为主，官方支持的香港休闲体育已经形成一个全新的管理架构，并开始顺利运行。让人们在闲暇时放松、锻炼得到了满足。赛马会是大众参与的特色休闲运动产业。

（一）自然环境与民俗特点

香港的陆地，由九龙半岛和香港岛、大屿山岛等236个岛屿组成。地形多样，以山地为主。香港特区位于我国亚热带季风的过渡地带，属于热带地区，南亚热带季风气候类型在香港表现为常年温暖湿润多雨的气候特征，适于多种休闲运动。

香港人口以原籍岭南后裔为主，占人口比例的95%。此外，以菲律宾裔人口最多，然后是英国、美国和日本。菲律宾裔人口以家庭佣工保姆居多，有些是“二战”后移居香港的乐师和歌手，服务于酒吧或休闲娱乐场所，还有港英时期陆续迁居的越南、泰国等南亚次大陆移民，来自印尼等东南亚的移民。

香港民俗文化，具有以岭南文化为基础，深受英国殖民文化影响的殖民文化特征。

（二）休闲方式与运动项目

香港休闲运动种类可分为两大类：一是西方式的篮球、排球、足球或羽毛球等现代运动项目；二是传统中国功夫具有较深厚的根基。中华武术为其强项，传统武馆、李小龙创立的截拳道、近年进一步复兴的咏春拳等，它们与中国功夫影视行业相辅相成，成为一大特色。此外，传统民族性龙舟、舞狮及大量岭南休闲运动流行广泛。花样繁多的陆运会、水运会及民俗活动等极大地活跃了当地民众休闲生活。

香港居民的日常休闲运动一般以居住社区为中心，社区休闲运动设施便利完备，牵头组织的是市政局以及区域市政局，因此为香港休闲运动有效的协调组织条件。其特征，一是休闲体育内容的丰富性。香港市政局组织的休闲运动中，社区休闲活动既包括乒乓球、网球、壁球、羽毛球等球类活动，也有瑜伽、太极拳、柔道、体操等舞蹈和保健类运动，同时，还经常组织上述各种培训班，以提高市民休闲运动兴趣和参与度。二是活动组织的民间性。大多以民间社团组织为主。除香港社区体育受港人的欢迎外，武术、龙舟等也深受市民喜爱，为市民的业余生活提供了乐趣以及起到休闲、锻炼的作用。

近年香港休闲运动发展很快，在国际比赛中选手表现出色。中国功夫在香港历史悠久，基础深厚，在全球具有重要地位。香港在历次世界武术锦标赛中成绩节节攀升，多次夺金。

香港是个弹丸之地，人口众多，但香港政府提出居民“普及运动”的口号，为居民的休闲运动建设提供了各类体育设施 1600 多个，包括室外球场、室内体育馆、游泳池、室内球场、壁球场，等等，最大限度地满足居民休闲运动的场地需求。

（三）运行及管理机制

香港休闲运动曾经历港英时期的历史发展过程，具有显著的英欧色彩。回归后，高度重视休闲运动发展的特区政府在管理及运行机制上进行改革，从2000年起，对管理体制及组织模式进行了先后两次改进，一个较有效率的运行及管理体制机制开始形成。

2004年6月、2006年2月，先后成立了香港东亚运动会筹备委员会、东亚运动会总会，港协暨奥委会会长霍震霆担任主席和会长。随着中国香港举办东亚运动会，香港接任澳门成为东亚运动会总会主办方。

香港于是首次举办大型综合运动会——第五届东亚运动会（2009年），于2009年12月5～13日举行，9个东亚国家及地区共派出2377名运动员，以22个项目竞逐262枚金牌。

香港休闲运动新的运行管理机构，主要由康乐及文化事务署、中国香港体育协会暨奥林匹克委员会、民政事务局、体育委员会等机构组成。其运行机制为，民政事务局负责统一协调；康乐及文化事务署与香港体育委员会协作实行。体育委员会负责长期休闲及体育发展战略的研究制定，休闲运动的推广普及、骨干培育。康乐及文化事务署专门负责休闲运动（ports for recreation），协调场地和服务人员，普及推动广大市民休闲社交、健身强体、娱乐生活等大众休闲活动，与中国香港体育协会暨奥林匹克委员会及区级议会合作，成为香港休闲运动协调的基本组织者。

香港休闲运动以市民自我组织为主，最高体育委员会是休闲运动的主要民间组织，还有各种体育协会，宗旨在于凝聚社会各阶层、各领域的休闲运动及体育爱好者、热心者力量，协调鼓励不同年龄和阶层市民参与休闲运动，提高健康水平和生活质量。各机构人员均为志愿者无薪兼职，但所负责管理事务范围非常之广泛，包括香港相关的体育事宜和国际体育交往等。

（四）香港居民休闲体育发展

香港休闲产业呈快速发展势头，对香港市民休闲运动参与情况，香港体

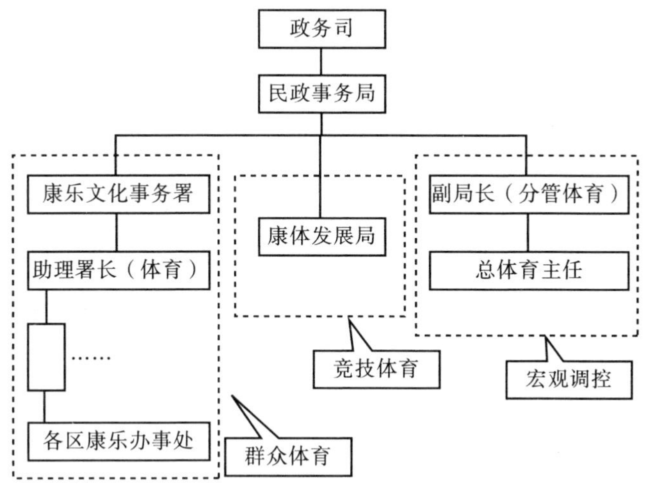

图1　香港休闲运动新的运行管理机构

育局每年均有统计调研，表1是香港市民1998～2000年休闲运动消费基本情况。据2000年数据，香港以家庭为单位的休闲运动总消费为91亿港元，占居民总消费的1.24%，其中，购买休闲运动器材用品等支出59亿港元，休闲运动服务支出为32亿港元。

表1　1998～2000年香港市民休闲运动消费统计

年份	休闲运动参与度(%)	人均休闲运动消费(港元)	休闲运动总消费额(估算值)(亿港元)
1998	54	3574	109
1999	45	4573	115
2000	44	3450	91

作为国际化大都市和经济持续繁荣的香港特区，休闲运动产业发展具有长期扎实的根基，发展势头及市场需求旺盛。拥有很多费用低廉的休闲运动场馆及休闲运动服务设施。高消费市场，主要集中在高档度假村和俱乐部，配备有高级休闲运动设施和服务，一般实行会员制，费用较为昂贵。专业化的休闲健身服务前沿设施近年发展较快，消费介于社区场馆和度假村与俱乐部之间，构成休闲运动产业的中层市场，较受中产阶级欢迎。

国际休闲体育用品市场，为香港休闲产业提供主要供给，国际需求拉动比例较大，本埠休闲产业需求带动比例较小，对国际化市场依存度较高。香港休闲运动产业结构中，休闲服务业繁荣，其增加值占香港 GDP 的 0.9%，分别高于发达国家的加拿大（0.6%）和新西兰（0.8%）。

最具香港特色的休闲娱乐活动——赛马会，公众参与度最高。其组织机构为成立于 1884 年的一家非营利俱乐部组织——香港赛马会，由香港特区政府许可，对赛马、六合彩及海外体育赛事博彩具有垄断性，其活动内容包括组织赛马休闲活动，以及休闲产业的博彩娱乐经营，在全球赛马机构中，其规模名列前茅。经过多年经营发展，香港组织的国际赛马赛事在全球的影响较大，其赛事组织及奖金额度均达世界顶级水平。国际赛马举办年度，吸引来自世界各地的马匹、骑士来港参与，对世界赛马赛事影响较大。

香港赛马活动安排是跨年度进行，一般是每年 9 月到次年 6 月为一个赛季（称为马季）。香港的赛马场地位于两个地方：一个是跑马地马场，百年历史，容众 2 万，在港岛铜锣湾附近；二是在沙田马场，在新界，可容众 6 万，全球著名。两个场地时间安排轮流，一般是星期三跑马地举办，星期六（或星期天）沙田举办。

香港的休闲运动骨干一般为大学培养，尚未建立专门体育休闲类高校，香港中文大学和香港大学，以及浸会大学均设有体育部，提供学制 4 年的教育学士（体育及运动科学专业）课程，每年培训在职教师约30 名。

三　澳门

澳门是我国最早开埠的口岸，是中西方文化交流的源头和起点，是中国近代化的重要引擎。葡语系文化与岭南文化有机融合，形成澳门独特的中西方交融的文化形态，有“世界博彩业之都”的称号。以博彩业为基础的休闲产业结构，在带来丰厚利润的同时，也面临支柱产业脆弱的风险。打造“世界旅游休闲中心”战略成为澳门发展的新机遇。

（一）自然环境与风俗文化

澳门属南亚热带气候，受台风影响较大，温暖潮湿多雨，最低平均气温高于14℃，非常适于多种休闲运动的开展。

澳门陆地总面积为30.3平方公里，包括澳门半岛、氹仔和路环两个离岛。总人口为643100人，2014年人口密度每平方公里20500人，居全球人口密度最高的国家和地区榜首，人口密度是香港的3倍多。

澳门是我国西风东渐最早开埠的地区，早于香港300多年，葡萄牙等西方殖民者带来的欧风美雨，与澳门当地的中华岭南文化有机融合，形成独特的中西合璧的澳门特色文化，成为中国近代化的源头。留学教育家容闳、思想家郑观应、革命家孙中山等近代风云人物，无不得益于这一文化氛围的孕育。

（二）澳门文化特征与休闲方式

澳门休闲运动，根据不同的年龄阶段，形成各具特色的休闲运动特征。一是少年儿童以在校的休闲运动为主；二是青年群体多组织或参与各类休闲运动社团，进行所喜欢的休闲运动活动；三是老年人，喜爱休闲类的散步、棋类、快走及较专业的广场舞、太极拳、健身操等，多在室外或公园绿地进行活动。休闲运动社团是民间休闲运动的主要组织机构，成立简便，由共同的爱好者骨干申办组织会员志愿加入，日常组织协调各自的休闲运动活动或比赛。

由于受葡萄牙等西方国家影响，西方休闲运动较为流行。如曲棍球、自行车、乒乓球、游泳、田径、羽毛球、柔道、足球、空手道等项目，休闲运动社团一般举办年度活动及赛事，对国际比赛的参与度较高。有两项澳门人参与度较高的大众项目——赛马、赛狗活动，是澳门特色的休闲运动活动。分别起源于140年前和40多年前，不仅澳门居民热心参与，香港甚至东南亚等地游客也积极参与，助推了澳门休闲旅游业发展。对国外游客吸引力较大的还有澳门的格林披治赛车比赛。澳门休闲运动的组织和活动，基本是在工作之外的闲暇时间进行，业余性强。由学校、政府部门及各休闲运动社团组成的专业团队，安排业余时间进行训练和比赛。澳门社会贤达及休闲运动爱好者，经常为休闲运动的开展活动赞助经费，政府也是经费的主要支持方。

（三）主要运行机制

澳门休闲运动的组织协调机构，主要由特区政府、民间社团合作协调运行，政府提供主要的经费、场馆及协调组织，以丰富多彩的形式，推动多元文化的澳门公众参与休闲运动。

澳门特区政府高度重视休闲运动开展，具体执行机构为民政总署以及体育发展局，通过积极投入经费、场馆及组织等各种资源，协调牵头各类休闲活动和休闲运动兴趣班，促进澳门休闲运动发展。但由于两个部门都拥有体育场地管理权，在参与组织公众活动的管理和执行工作中，有职权交叉以及沟通不足现象，有时影响到效率的提高。

通过教育程度的普及提高，日益增强澳门居民对休闲运动的参与度。澳门特区是15年免费义务教育，回归后的特区政府，更致力于居民的教育水平的提高，使人们的工作性质和生活水平得到了改善，人们有更多闲暇时间参与休闲运动，有效培育了澳门人的休闲生活方式，形成休闲运动的习惯。

（四）博彩业转型与打造“世界旅游休闲中心”的战略机遇

旅游博彩业形成了澳门经济支柱，在澳门经济结构中拥有举足轻重的地位，澳门博彩业居世界首位，澳门博彩业主要构成有：赛马、赛狗、赌场、赌博、彩票和足球博彩等。

资料显示，澳门博彩自开放以来，2014年年收入首次下降，12月下降三成，博彩全年收入较2013年减少2.55%，首次出现负增长。一时国内外传媒纷纷关注澳门博彩业的波动：其主因应是内地廉政风暴的震慑力，影响了博彩业强劲的消费势头和全球奢侈品需求；世界经济总体形势的波动，以及金三角、俄罗斯远东、东盟、美国乃至朝鲜等周边博彩业的激烈竞争，也是不容忽视的重要因素。总之，澳门博彩业单极化产业支柱的风险性在迅速加大，加上中央对澳门的战略新要求，如果说过去澳门博彩业风险有人戏称为“狼来了”的话，今天，可以说，狼——真的来了！澳门在稳定博彩业的基础上，实施经济适度多元化的战略紧迫性空前升级！

2014 年 12 月，习近平主席莅临澳门，出席澳门回归 15 周年暨崔世安特首连任履新庆典，发表重要演讲，肯定澳门是“一国两制实践的典范”，为澳门指出打造“世界旅游休闲中心”的战略方向。

当前澳门的战略机遇，在于紧扣国家经济战略主题，把握经济新常态运行脉搏，瞄准 5 万亿休闲旅游产业的庞大投资需求，以澳门文化休闲旅游资源的挖掘和产业培育为起步，启动澳门休闲旅游之都建设的伟大工程。而且澳门可直接借力天时地利人和，努力与珠海联合，争取号称“休闲奥运会”的“2020 世界休闲体育运动会”主办方花落澳珠，巧借全球之力打造澳门珠海“休闲旅游景气”之势。

习主席莅临澳门，为澳门指出大力发展休闲产业、打造世界休闲之都的战略方向，澳门中联办也提出“再建一个新澳门”的战略思路，特区政府开始实施培育澳门世界休闲旅游之都战略的三个落实。抓住机遇，乘势而上，加快打造澳门世界休闲之都的步伐，这是澳门化解危机的必然出路！

澳珠的先行者们已在为此殚精竭虑、苦心经营。其中“环球（澳门）鬼谷子书院/联盟”和“中国（澳门）综合发展研究中心”当属澳门智库的先行者，为澳门珠海经济圈休闲产业的发展培育战略，进行深入研究，并合作珠海，依托北京师范大学珠海分校，竞标成立了“珠海市休闲产业重点研究基地”，珠海市给予其有力支持。以战略研究、精英培训、峰会运作、项目实施为宗旨，核心团队瞄准澳门休闲之都、金融之都和中医药产业园以及横琴中华文化产业园战略，上兵伐谋，进行了卓有成效的项目研究，并业已主办了三届“两岸四地经济文化合作论坛”，宣传造势，整合资源，运作实施，影响广泛，并发挥国际化书院优势，进行政商管理群体的精英系列培

训，建设相关人才队伍。

同时，近年努力进行了一系列助推澳门珠海文化休闲旅游产业发展的务实性工作：一是举办峰会，合作北京师范大学珠海分校休闲运动学院、邀请世界休闲组织秘书长，举办了“首届休闲运动产业高峰论坛”（北京师范大学珠海分校主办）。二是助推休闲体育“奥运会”花落澳门、珠海，澳珠合作，组织代表团，在澳门中联办协调下，赴京向相关部委汇报交流，得到广泛支持，组织协调申办“2020 年世界休闲体育大会”事宜，并争取世界休闲组织在澳门设“亚洲常设机构”等，助推休闲产业的“奥运会景气”。三是协调合作世界休闲运动娱乐教育协会，在珠海设立中国分会，并参与协办“2015 世界休闲运动娱乐教育协会国际学术大会暨休闲体育北京论坛”（首都体育大学主办）。四是澳门珠海合作，启动休闲旅游产业研究及人才的培育。

四　台湾

台湾人口特征为以汉族为主的民族多元化，拥有丰富的传统习俗和多样的运动项目。台湾较早开始对休闲运动进行研究和发展，台湾休闲体育概念被不断提出和推广。当地休闲体育如今已呈现大众化和多元化。文化休闲旅游运动是其休闲体育产业的突出特色，同时，对大陆有较高的依存度。

（一）台湾自然概况与民族风俗

我国宝岛，由台湾本岛与西部澎湖列岛、东南部火烧岛（绿岛）、东北部彭佳屿及钓鱼岛等岛屿组成，隔海相望福建，地跨北回归线两侧，面积达 3.6 万平方千米；人口约 2300 万，以汉族为主。台湾年平均气温约 20℃，年平均降雨量约 2500 毫米。

以汉族为主的台湾人口，包括一部分原住民。正是由于台湾较大陆更多地受到各种东西方文化的交汇影响，因而吸收、融合了各种文化的有益成分，尽管台湾文化有其浓郁的地方特色，但它是中华文化的自然延伸和发展，与祖国大陆同属不可分割的文化系统。

（二）台湾休闲体育发展概况

早在20世纪70年代末，台湾人民就已经涉足运动休闲领域研究，开展健身休闲活动。如今人们的运动休闲方式越来越多元化，空余时间也越来越多，这也为人们进行休闲体育运动奠定了时间基础。

台湾休闲体育的经典活动。1999年至今，每年正月初五会在厦门环岛路的椰风寨举行的“迎新春，盼统一”海峡两岸冬泳活动如今已经成为厦门、金门两地春节期间的一项重要的传统体育活动。自活动举办以来，该活动深受海峡两岸同胞的欢迎。这项活动打消了他们心中的顾虑，台湾同胞纷纷走亲访友，建立起了浓厚的故乡情。

（三）台湾休闲观光旅游产业发展计划

台湾观光旅游产业未来发展计划包括以下几方面。

第一，优化观光休闲产业的质量。推动星级旅馆升级计划、好客民宿遴选活动等评鉴机制，促进旅宿体系转型升级。

第二，观光从业优秀人员培养。扩大产学合作，并与国际知名培训机构合开管理课程。

第三，强化国际营销。以多元营销、全球布局方式，针对各目标市场特性拟定策略，深耕既有市场并开拓新兴市场。积极开发东南亚5国（印度、印度尼西亚、泰国、越南、菲律宾）新富阶级。加强与欧美商会合作，以开发高端消费族群来台旅游。

第四，发展特色观光。以Diversity（多元化）及Life style（生活形态）两大品牌作为台湾观光国际宣传主轴，一致性建立台湾观光品牌国际形象。

第五，发展永续观光。完善绿色观光体验，推广关怀旅游服务。永续观光主要包括如下行动。

（1）推动风景区绿色观光，于国家风景区推动自行车、电动船、电动机车等低碳节能运具。

（2）于国家风景区推动环境教育、绿色旅游及无障碍旅游环境。

（3）推动低碳旅运接驳服务。

（四）以旅游观光业为代表的台湾休闲业发展

国际旅客及全民一起在台湾品文化、享乐活、疯购物、尝美食、拥生态、醉浪漫，并以“周周有活动”“天天享优惠”“处处有亮点”“时时有感动”为诱因，台湾休闲旅游业独具文化特色。

如图2所示，台湾近十年出国人数，除2008年及2009年外皆维持正增长，年复合增长率为4.5%；近年来，来台观光人次在2005年约340万，2014年约990万，增长近2倍，年复合增长率为13.1%。

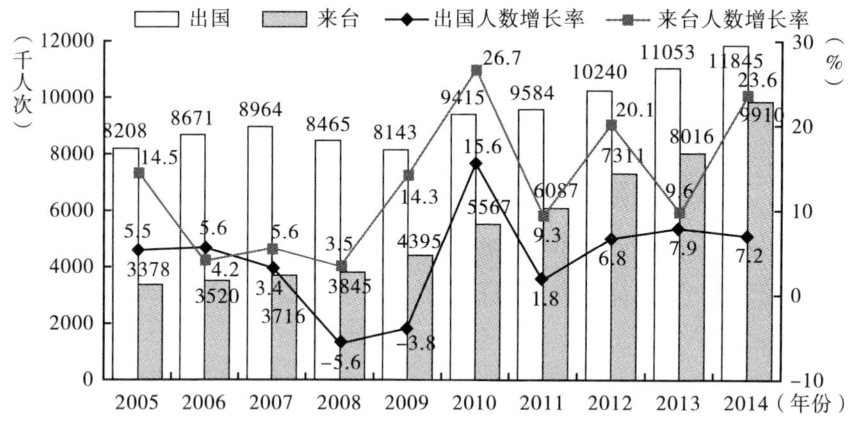

图2　近十年来台及出国观光人数变化

资料来源：台湾“交通部”观光局网，http：//taiwan. net. tw/。

如图3所示，来台观光客以亚洲人为主，平均高达87.82%，美洲次之（7.85%）。来台游客主要为中国大陆、港澳，日本，韩国和美国人；尤其以大陆地区观光客为主，2014年比2009年增长3.1倍，港澳地区观光客来台旅客人次也有大幅的增长。

台湾观光休闲特色产业包括：医疗保健旅游、银发旅游市场与无障碍旅

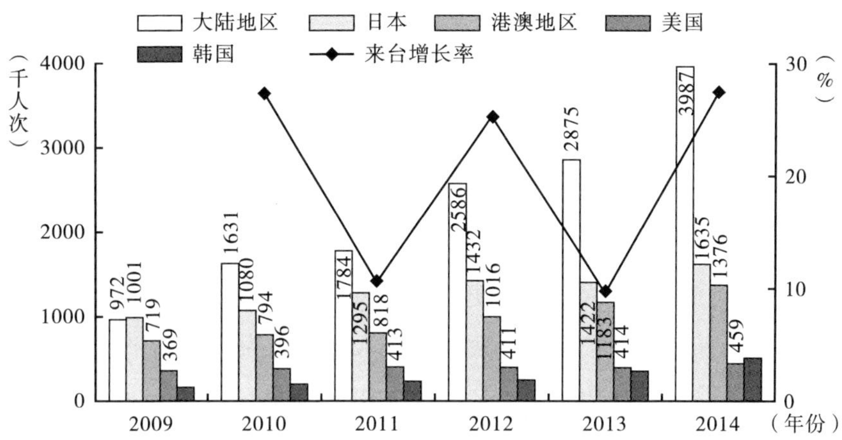

图 3　台湾国际观光客居住地近年变化分析

资料来源：台湾“交通部”观光局网，http：//taiwan. net. tw/。

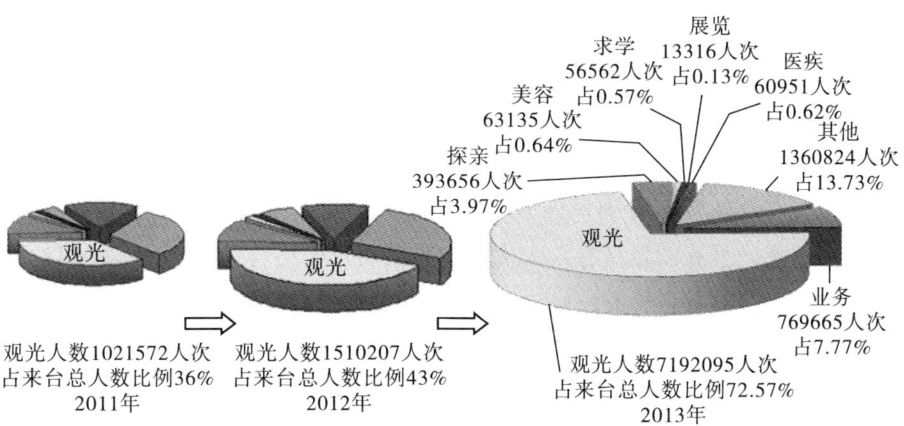

图 4　近年来台国际观光旅客人数变化

资料来源：台湾“交通部”观光局网，http：//taiwan. net. tw/。

行、文化和庙宇观光、生态旅游、夜市观光等。

1. 台湾医疗保健旅游产业概况

根据瑞士洛桑管理学院（2011）世界竞争力评比，台湾医疗保健基础建设为全球第 12 名。

台湾总计通过美国JCI国际医院评鉴（Joint Commission International Hospital Accreditation）共计有16家医疗机构。

（1）台湾观光医疗的发展

台湾已经开放了39家医院代为接受大陆地区人民来台进行健康检查及医学美容，2012年外籍人士来台接受医疗服务逾5.6万人次，产值约85亿元（“行政院”，2015）。2013年有23万人次外籍人士来台接受医疗服务，国际医疗及观光旅游的关联产值更达新台币136.69亿元（“卫生福利部”，2014）。2014年来台湾接受国际医疗服务人次总计为25万，产值达新台币141亿元（“行政院”，2015）。截至2015年2月底，共计有3.6万人次来台接受国际医疗服务（“行政院”，2015）。

（2）台湾观光医疗政策

台湾观光医疗政策，首先在“挑战2008：国家发展重点计划”（2002～2007）中，将医疗保健及照顾服务业列入12项策略性服务业之一。自2007年始推动“2015经济发展愿景第一阶段三年冲刺计划”，将“医疗服务国际化旗舰计划”列为重点发展项目，列入2010年推动十大重点服务业与2013年规划之自由经济示范区。

（3）台湾医疗服务项目优势分析

台湾医疗服务项目具有六大优势：高品质、价格合理、高科技、感动服务、完整专科服务、专业团队等。

2. 台湾银发旅游市场与无障碍旅行概况

台湾自1993年来已进入高龄化社会，至2013年底，65岁以上者269.4406万人，占总人口数11.53%，预计于2018年65岁以上人口占总人口数的比例达14.6%，台湾成为高龄社会，台湾65岁以上人口于2025年将达20%，台湾将成为超高龄社会（“国家发展委员会”，2014）。2014年身心障碍人士共计有1141677人，占总人口比例约4.87%（“卫生福利部统计处”，2015）。银发族、身心障碍族群、孕妇婴儿及伤残人士，共约400万人，是台湾人口数的1/4。

台北市医疗资源丰富、医疗质量及服务极佳，不论是医师素质、医院设备或者服务流程，完全具备堪比欧美的医疗水平。台北市提供非常广泛的医疗服务，从特色医疗、健康检查、诊断、美容医学到疾病的治疗，拥有最先进的医疗仪器，并为病患量身定制各式各样的健康检查，结合中医服务提供更多元的诊断与治疗，让台北市成为外籍人士及华人进行海外医疗的首选地区。

3. 台湾文化和庙宇观光概况

在台湾悠久的历史长河中，包括史前人类、原住民、荷兰人、西班牙人、日本人及汉族人在内都曾经居住在台湾并繁衍生活，他们因此共同创造了丰富多元的台湾文化。

表 2　2013 年台湾前十大旅游景点

单位：人次

观光游憩区	县市别	旅游人数
南鲲鯓代天府	台南市	10696400
草悟道	台中市	10259101
佛光山	高雄市	7535353
东丰自行车绿廊及后丰铁马道	台中市	7455406
台北中山纪念馆	台北市	6880087
国立中正纪念堂	台北市	6627161
狮头山风景区	新竹县苗栗县	6532794
北港朝天宫	云林县	6161900
旗津风景区	高雄市	5606973
国立“故宫博物院”	台北市	5402325

4. 台湾生态旅游概况

由于台湾拥有丰富的自然与文化资源，共设置 9 座国家公园，主要保育资源为海洋、高山和人文史迹，并发展绿岛、小琉球为生态观光示范岛，发展绿色观光。

5. 台湾夜市观光概况

夜市为吸引国际观光旅客之主要观光景点，台湾的夜市有近 300 处，无论是在观光客或台湾人的回忆里总少不了夜市。

表 3　台湾游览景点相对次数排行榜

单位：次

名次	游览景点	相对次数	名次	游览景点	相对次数
1	夜市	76.95	6	台北中山纪念馆	28.27
2	台北 101	57.41	7	垦丁国家公园	27.84
3	“故宫博物院”	47.63	8	野柳	27.15
4	中正纪念堂	35.58	9	西门町	26.48
5	日月潭	32.58	10	九份	26.40

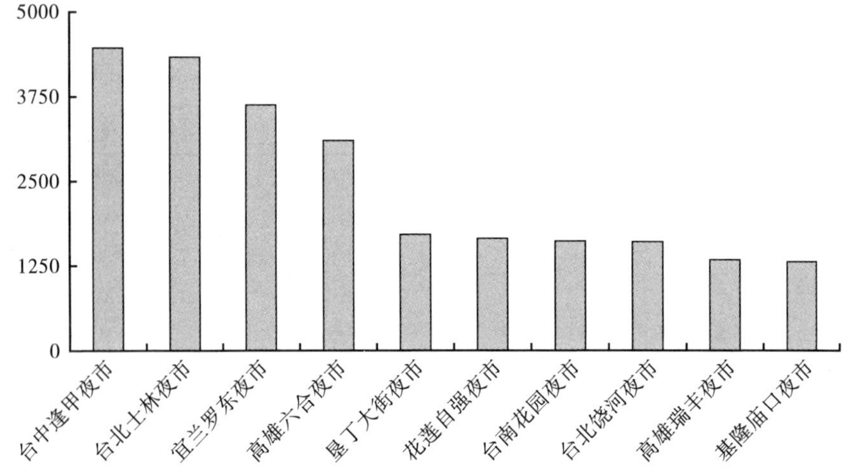

图 5　台湾前十大夜市网络排名

资料来源：网络温度计，http：//dailyview. tw/Daily/2014/05/22。

参考文献

李忠跃：《广东休闲体育文化研究》，《体育人文社会学》2011 年第 1 期。

商利：《广州亚运会对广东休闲体育旅游业发展的 SWOT 分析》，《中国商贸》2011 年第 7 期。

曲进、曹卫：《广东省滨海体育休闲发展现状及对策研究》，《第八届全国体育科学大会论文摘要汇编（一)》，2007。

王先亮、杨磊、任海涛：《我国休闲体育产业的特征及布局》，《体育学刊》2015 年第 2 期。

李跃忠：《广东休闲体育文化研究》，《当代体育科技》2011 年第 1 期。

陈明：《2005 年 11 月广东体育产业发展现状分析》，《体育学刊》第 12 卷第 6 期。

彭红、吴家琳、侯玉鹭：《广东体育产业化发展战略研究》，《河北体育学院学报》2007 年第 3 期。

陈雁杨、关文明：《香港体育的现状及其发展方向》，《体育学刊》2000 年第 5 期。

何丽华、董伦红：《香港竞技体育的管理机制及运行体制》，《体育学刊》2002 年 11 月第 9 卷第 6 期。

姜耘：《中美休闲体育的比较研究》，苏州大学，2003。

杨彬：《多维视角下休闲体育的价值与发展研究》，安徽师范大学，2005。

何永耀：《澳门中学生休闲体育行为》，《广州体育学院学报》2008。

蔡志忠等：《澳门的体育现状及其发展前景》，2002。

余汉生：《澳门地区大众体育发展策略研究》，2011。

吴楠：《南粤春来早　珠澳一体新》，《澳门商报》2014 年第 12 期。

吴楠：《珠海澳门经济圈“世界休闲中心”培育战略研究》，世界休闲娱乐教育 2015 年年会优秀论文。

吴彦浚：《台湾观光与休闲产业的发展》，世界休闲娱乐教育 2015 年年会优秀论文。

郭涵：《台湾运动休闲概貌及厦门—台湾交流之探析》，《漳州职业技术学院学报》2012 年第 6 期。

兰自力、谢军：《台湾运动产业的现状分析与发展启示》，《北京体育大学学报》2004 年第 27 卷。

杨忠伟、杨晓生：《台湾休闲运动的发展现状和教育模式介绍》，《体育学刊》2004 年第 11 卷。

陈美云、何娉：《台湾休闲产业的发展，区域经济与管理》，2005。

兰自力：《台湾体育专业人才培养的现状分析及发展启示》，《体育文化导刊》2006 年第 1 期。

陈美云、何娉：《台湾休闲产业的发展——试与西方发达国家相比较》，《山东农业大学学报》（社会科学版）2005 年第 3 期。

典型案例与分析

Typical Cases

B.14

内蒙古响沙湾沙漠休闲旅游区案例

殷俊海　徐立红*

摘　要：　1999年内蒙古响沙湾旅游有限公司成立，经过了16年的发展，响沙湾沙漠休闲旅游区已成功跻身全国先进景区行列，形成了“一区一港四岛”的休闲度假景区新格局。在发展过程中，响沙湾旅游区始终将沙漠休闲体育活动作为响沙湾休闲度假产品的重要组成部分，在取得良好的经济效益和社会效益的同时，还摸索出一套适合自身特点的发展理念。目前，旅游区的发展已取得长足进步，但在应对旅游市场竞争，旅游消费市场需求等方面还有很多问题需要解决，本文最后分析了旅游区存在的不足，展望了未来的发展方向。

关键词：　响沙湾　沙漠休闲旅游　体育旅游

* 殷俊海，内蒙古体育职业学院教授、博士，研究方向为休闲体育、草原体育；徐立红，内蒙古体育职业学院讲师，研究方向为休闲体育。

一 公司发展历史简要回顾

1984年6月，在改革开放初始阶段，原伊克昭盟行署（鄂尔多斯市前身）决定开放响沙湾旅游景点接待中外游客，于当年成立了伊克昭盟响沙接待站，属于国有企业。15年后，即1999年6月，国内中小国有企业纷纷转换经营体制，响沙接待站也在其中。借此机遇以王文俊为董事长的内蒙古响沙湾旅游有限公司（民营）应运而生。响沙湾旅游景区管理体制由国有转为民营，极大地解放了响沙湾旅游事业发展的生产力，成为响沙湾旅游事业发展的转折点和新的里程碑。从1999年7月到现在，经过16年的艰苦创业，响沙湾已从一个名不见经传的小景点发展成蜚声国内外的著名景区。2002年响沙湾景区被评为国家4A级景区、内蒙古自治区十大文化产业示范基地。2010年，响沙湾景区又被评为国家5A级景区、国家文化产业示范基地。2012年4月，响沙湾景区被国家人力资源和社会保障部、国家旅游局联合评为“全国旅游系统先进集体”。2015年2月，中央精神文明建设指导委员会授予响沙湾景区“全国文明单位”荣誉称号。响沙湾旅游景区已进入全国先进景区的行列。

二 发展建设历程概况

从1999年7月至今，16年的发展历程基本上可分三个阶段。

第一阶段：1999～2005年，这个阶段主要工作任务是加强景区基础设施建设，完善各项服务功能。

转制之前，响沙湾景区是一个非常简陋的小景点，基础设施薄弱，服务功能单一。公司经营响沙湾景区后，根据旅游业“吃、住、行、游、购、娱”六项功能之要求，投巨资加强景区基础设施建设，完善各项服务功能。陆续完成了包茂高速（G6）到景区出入口工程，树林召到景区18公里高压输电专线工程，罕台川截伏流工程，景区主干道、停车场、污水处理厂及通信工程建设；新建游客服务中心、一粒沙酒店、餐厅、购物商店等服务设施。上述工程项目的完成及服务功能的完善，奠定了响沙湾景区长远发展的基础。

第二阶段：2006～2010年，响沙湾景区进入二次开发建设阶段。以生态建设、环境保护为抓手，大力开展文化产业建设，以休闲体育为抓手，推动响沙湾景区健康发展。

2006年3月8～12日，由自治区旅游局主办，响沙湾景区承办的“响沙湾景区二次开发建设研讨会”在鄂尔多斯市东胜区隆重举办。会上邀请区内外各相关领域专家、学者数十人对此课题进行了深入科学的论证。与会专家、学者普遍认为：响沙湾景区在已取得发展成果的基础上，应该更加注重提高环保效益，提升景区档次与品位，大力发展文化产业项目，建设休闲娱乐项目，继续推动响沙湾旅游事业向前发展，响沙湾景区二次开发建设的各种条件已经具备。为此，公司对响沙湾景区二次开发建设进行了详细的规划，逐年完成规划项目建设，实现了二次开发建设的发展目标。

第三阶段：2011年至今，响沙湾景区发展定位：建设休闲度假景区，打造国内一流沙漠休闲旅游度假区。

随着国内外旅游市场的发展变化及国内老百姓经济收入、生活水平的不断提高，广大游客不断增长的对文化旅游、休闲度假之需求越来越旺盛。根据市场发展趋势，在自治区政府“8337”发展思路指导下，响沙湾景区经营理念和指导思想顺应市场变化，提出了“由单纯观光游向休闲度假旅游转变的发展理念”。加大投资力度、加快景区休闲度假产品建设，现已形成“一区一港四岛”休闲度假景区新格局。

“一区”：为响沙湾综合服务区。

“综合服务区”位于旅游区及罕台河东岸，承担游客迎送、车辆停放、餐饮住宿等服务功能。主要功能组团为：一粒沙度假酒店、一粒沙休闲馆、一粒沙餐厅中心广场、游客中心、停车场、购物商店、景观餐厅、沙漠索道站、多功能厅、警务中心、医务室、办公楼和宿舍楼等。

“一港”：为响沙湾港。

位于旅游区及罕台河西岸，是游客乘索道车进入沙漠区域的第一站，也是游客出入沙漠景区的集散地，著名的响沙湾滑沙点就在此地；同时还有卡丁车、水陆两栖车等娱乐项目。

由此乘坐沙漠冲浪车进入仙沙岛。

“四岛”：分别指仙沙岛、悦沙岛、莲沙岛和福沙岛。

仙沙岛位于沙漠景区的北端，是沙漠休闲体育运动区，集中了很多动感十足的体育休闲娱乐项目。主要活动项目有沙滩排球、沙滩足球、沙漠高尔夫球练习场及铁轨自行车、滑索、沙漠摩托、沙漠勇士车、荡秋千等近 20 多种沙漠休闲体育娱乐活动。休息之余还可以在果老剧场、马戏剧场观赏到精彩杂技、歌舞等表演，由此可骑骆驼进入悦沙岛。

悦沙岛位于仙沙岛的西南方向，是景区文化产业园区，有众多的文化旅游项目，为游客提供丰富多彩的精神文化产品。

在艺术宫内欣赏大型民族艺术舞台剧《鄂尔多斯婚礼》，国内外优秀摄影作品展，蒙古民族服装服饰展等。

在游牧剧场内观看由响沙湾民族歌舞团演出的《鄂尔多斯婚礼》。

在沙漠水上文化乐园，共有 4 个戏水池，近 4000 平方米，水深从 0.4 米到 1.2 米不等，适合不同年龄的孩子及成年人水上娱乐。

每年一度的沙雕节也是悦沙岛的文化旅游内容之一，已经举办过 10 届，每届都有不同的文化主题以沙雕形式表现出来，游人可以自己动手制作沙雕，在多种文化的学习中体验沙雕的乐趣，返璞归真回归大自然。

岛上还有蒙古象棋演艺广场、蒙古生活风情秀、沙漠观光火车等游乐活动。

由此可乘坐沙漠小火车进入莲沙岛。

莲沙岛位于悦沙岛的南面，是以莲花度假酒店为核心的休闲度假区，共有客房 360 多间，为广大游客提供餐饮、住宿、商务、会议、观赏文艺表演等全方位服务。在酒店东南方还有沙湖。

福沙岛位于莲沙岛的南面，是集沙漠文化、草原文化、祭祀文化、民俗文化为一体的综合文化活动区，现正在加紧建设中。

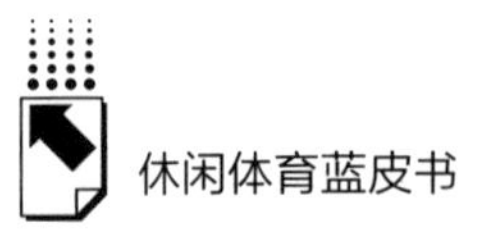

“一区”“一港”“四岛”各具不同特色的区域，用不同形态的交通工具互联，为游客构建了环形游览线路。

“一区一港四岛”休闲度假景区初具规模，将原来游客活动范围从不足2平方公里扩展到了8平方公里，延长了游客停留时间，提高了消费水平。由于向游客提供了更为丰富多彩的文化产品和休闲娱乐产品，提供了舒适的休憩场所及各具特色的交通工具（冲浪车、沙漠火车、骑骆驼等），游客们在体验休闲度假过程中精神愉悦、心旷神怡、乘兴而来、满意而归，无不感到物有所值、不虚此行。在2014年自治区举办的A级企业建设研讨会上公示的游客满意度随机调查表明响沙湾旅游景区是最好的。

三　沙漠休闲体育活动情况

休闲体育活动是响沙湾休闲度假产品中的重要组成部分，目前在景区几个主要的游览接待区域都开设有不同的相关活动。活动内容主要包括：沙滩足球、沙滩排球、游泳、武术、瑜伽、户外自行车、高尔夫、健美操表演、啦啦操表演等。

从2010年起，响沙湾在探索、实践休闲度假产品的时候，就发现了休闲体育活动的重要性，便开始在这一领域进行研究、创新，结合沙漠的实际情况，采取多种形式，不断开展适合景区、能满足游客需要的休闲体育活动。

景区最早开展的相关活动是瑜伽。瑜伽是一个非常古老的能量知识修炼方法，集哲学、科学和艺术于一身，同时它还具有较强的观赏性、参与性，很适合作为表演和参与活动在景区内开展。通过表演的形式，让游客在欣赏艺术的同时，也亲自参与进来，身心都得到愉悦，体验瑜伽带来的快乐。

沙滩排球、足球、高尔夫这些传统的体育项目也在响沙湾找到了适合自己的位置。绵延的沙丘，金黄的沙滩，柔软的细沙，给每一位参与这些活动的游客们带来了与在城市里不一样的体验。在响沙湾，在大自然的怀抱里，游客们可以尽情奔跑、尽情玩耍，不用担心摔倒，这是属于大家的自由运动天地。

2013 年夏季悦沙岛水上文化乐园如期开张，响沙湾根据不同游客的需求，在沙漠里打造了四个深浅大小不同的泳池、戏水池，开启了沙漠游览的新篇章。沙漠一直以来给人的印象都是荒芜、渺无人烟、炎热、干旱，而响沙湾目前做的一切都是在改观人们对沙漠的认识，通过合理的、适当的方式，在不破坏自然环境的基础上，在沙漠里进行改造，让人类在沙漠里也可以进行休闲、度假、娱乐等活动，悦沙岛水上文化乐园就很好地说明了这一点。在悦沙岛，人们可以欣赏各类精彩的休闲体育表演，纵身跃入清凉的泳池游泳，也可以惬意地躺在躺椅上休息，享受沙与水共同存在的奇妙感受。早在水上文化乐园开张前，景区就与国内外各大体育院校、竞技队，取得了联系，建立了良好的合作关系，邀请他们前来进行比赛、表演，让更多的游客可以感受到运动的魅力，了解那些生活中不常接触的运动项目，例如：啦啦操、健美操、艺术体操、花式篮球、武术等。

2014 年 7 月，响沙湾还承办了“全国青少年沙滩排球夏令营暨全国中学生沙滩排球锦标赛”和“第十一届中国大学生沙滩排球锦标赛”，积极响应国家关于体育事业的号召，为我们的沙排事业的发展贡献出小小的力量。

在未来的日子里，响沙湾会继续坚持不懈地发展休闲体育事业，结合实际，努力创新，让休闲体育事业在沙漠里也可以绽放出美丽的花朵。

四　经济效益

（一）景区基础数据

（1）响沙湾景区面积 24 平方公里，其中沙漠游乐区 21 平方公里，综合服务区 3 平方公里。

（2）景区主干道（包茂高速 G6 到达景区停车场）有两条：其中原有旧油路长 3 公里，宽 8 米；新修上下四车道油路长 2.02 公里，宽 22 米。

（3）景区停车场现有面积 8 万余平方米（约合 120 亩），可停小轿车

4000多辆，大巴车200多辆。

（4）各类建筑场。

①游客接待中心：其一，休闲度假游客及团队接待中心，砖混结构，上下两层，建筑面积4000平方米；其二，散客接待中心：膜结构，面积4000平方米。②办公楼4000平方米，职工宿舍楼7000平方米。③酒店：其一，一粒沙酒店：五层砖混结构，98间客房，面积约5000平方米；其二，福沙岛度假村：蒙古包客房104间，建筑面积约4000平方米；其三，莲花度假酒店：钢架结构，368间客房，面积2.7万平方米。④剧场：艺术宫7850平方米，果老剧场5024平方米，游牧剧场5024平方米，蒙古族服装服饰展馆780平方米，一粒沙休闲馆1000平方米。

（二）投资情况

从1999年7月至今，公司累计投资12亿元用于景区建设。主要内容包括：①水、电、路、讯、环保等方面基础设施建设；②服务设施建设：包括游客中心、停车场、酒店、餐厅、剧场、游客休憩区、购物商店、沙漠泳池等；③大众娱乐设施建设：1、2、3号索道、沙漠火车、冲浪车、沙漠摩托车、勇士车、溜索、轨道自行车等数十种游客喜爱的体育休闲项目；④综合服务区建设：包括办公楼、职工宿舍楼、多功能厅、职工购物超市、仓库、油库等项目的建设。

（三）接待游客数量及所获经济效益

近年来，由于国家惠民政策的落实，景区周边交通条件的改善及老百姓旅游消费水平的不断增长，加之响沙湾景区处于内蒙古呼包鄂的中心地带，沙漠旅游资源十分独特，交通便利发达，旅游产品优化和增加，到响沙湾旅游的游客人数逐年增长，2013年景区接待游客48万人次，营业收入6166万元；2014年景区接待游客56万人次，营业收入达10440万元，分别比2013年增长16.6%和69.3%，进入2015年，响沙湾旅游呈现勃勃生机，旅游市场欣欣向荣，游客数量大幅度上升。截至2015年5月底景区已接待游客10.7万人次，营业收入1993万元，分别比上年同期增长23%和70.6%。

五 建设理念

响沙湾景区在过去16年间的发展过程中，管理团队到多个国家知名度假景区体验学习，在国内也遍访有名休闲度假区考察调研，结合响沙湾景区自身特点，提出了一系列先进的经营理念，在响沙湾景区发展实践中起到了正确的指导作用，取得了明显的效果。主要有以下几点。

（1）观光旅游只是人的感官与身体的体验，休闲度假游则使人的心灵和精神得到愉悦与休息。特别是休闲体育项目的引入，使游客在景区滞留时间大大增加，从而提高了综合消费水平。

（2）遵循沙漠旅游的规律。企业发展一定要遵循自然规律、市场规律，按自然法则办事。响沙湾定位于高端沙漠休闲游就是遵循了当地资源优势的自然法则。

（3）建筑景观化、产品营销化、项目功能化、休闲主体化、活动系列化是响沙湾休闲旅游整体发展的必然路径。

（4）开沙漠度假之首，领低碳旅游之先，做体育娱乐项目，引未来休闲之路。

（5）旅游资源不等于旅游产品。产品决定市场、引领市场，沙漠体育休闲产品就是引领市场发展的重点产品。

六 社会责任

企业的发展离不开政府的支持和社会各方面的帮助，企业发展后要以强烈的社会责任感回报社会，感恩政府和人民。十多年来，公司为社会做奉献主要表现在以下几方面。

（1）为社会提供就业岗位，招聘大中专毕业生到响沙湾创业。公司成

立之初只有职工42人，现在册职工就达760人，增长18倍。

（2）响沙湾旅游业的发展为周边农牧民提供了商机，带动周边农牧民脱贫致富奔小康。现景区内有60户农牧民从事地方风味小吃、零售业，从业人员达300多人。景区周边由村民经营的旅游业、交通运输业、零售业、农家乐等也蓬勃发展，对农牧民走上富裕之路提供了实实在在的帮助。

（3）支持社会公益、慈善、教育事业，投资额达6800万元之多。

①出资5000万为达拉特旗树林召镇建一所伏羲小学，已到位资金2400万元。②从2008年起，每年向市慈善总会捐赠50万元现金，用于“四种病”患儿康复手术治疗，现已捐赠400万元。③捐资1000多万元为邻近瓦窑村、展旦召嘎查修建14.3公里油路，改善了村民通行条件。④为“鄂尔多斯不孕症”课题研究医院捐赠200万元购置仪器设备。⑤为国内灾区捐款，资助贫困大学生读书，扶危济贫等捐款近百万元。

（4）公司现已成为达拉特旗民营企业中利税大户。近3年向国家纳税2000多万元，为地方经济发展做出一定的贡献。

七　目前存在的问题

目前旅游区的发展虽然有了长足的进步，但在应对旅游市场竞争，适应蓬勃发展的旅游消费市场需求，实现休闲度假旅游目的地的发展目标仍有一些需要解决的问题。

（一）旅游基础设施需要改善

旅游区至今没有体现旅游区特点的标志性大门；现有的游客服务中心面积小且简陋；停车场面积不足，道路交通、供电及排水能力不足，厕所、标识牌数量不足。

（二）旅游服务设施需要增加

面对日益增多的客流，现有服务设施不能满足其需要，尤其是在自驾游客流迅速增多的趋势下，需要建设房车营地；同时要建设相应的现代服务设施。

（三）景点及游乐设施需要新建

为提升旅游区文化品位需要加强文化设施建设，如实景露天剧场、沙漠科技馆、沙漠体育馆等，以期吸引更多游客。

（四）生态环保设施需要扩建

随着客流的增加，现有的环卫设施能力不足，如卫生间数量少，垃圾处理量大，为保护旅游区环境持续健康绿色发展，需要加强生态建设，扩建环保设施，同时实施旅游区安全防护工程。

八　未来发展展望

（1）2015 年自治区旅游局将响沙湾旅游景区确定为全区重点支持的创建品牌景区 14 个景区之一。到 2017 年，响沙湾景区要按照创建品牌景区之要求，实现创建品牌景区之目标。

（2）到 2020 年（“十三五”期间）响沙湾景区要努力实现“沙漠休闲度假区”建设目标。在今后几年中，响沙湾景区仍需加大投资力度，进一步加强景区基础设施建设，完善服务功能，提高服务质量，增加更多地为广大游客喜闻乐见的文化艺术产品、文化体育产品，提供更为舒适、便捷、卫生、安全的休憩场所，提升景区档次与品位，将所提供游客消费的产品精典精致精细化。

（3）预测未来旅游市场仍然会有较快地发展，原因有以下几点：①国家惠民政策使老百姓旅游消费能力不断增强；②自驾游、自助游市场蓬勃兴起；③全国政府机关、事业单位、国有企业带薪休假政策的落实；④全国高速公路网、高铁、动车的快速发展使进入响沙湾更为快速、便捷；⑤响沙湾景区自身发展为游客提供的产品更适应游客需求。

（4）从2015年上半年市场形势看，游客增长幅度年保持在15%应该是有保证的。因此，到2017年，景区接待游客人数可达到85.17万人，按人均消费250元（保守估计）计算，全年营业收入可达21292万元。到2020年，景区全年可接待游客129.54万人次，届时，每人仍按消费250元计算，全年营业收入预计可达32384万元。

（5）沙漠体育休闲产品需要增加和创新。在保持原有效益较好、游客乐于参与的项目基础之上，还要发挥大型景区的汇聚、组织功能，举办大型沙漠体育主题活动和竞赛表演活动。如沙漠穿越、沙漠赛车、沙漠魔笛音乐会、沙漠露营大会等活动，吸引更多的休闲人群到沙漠活动。

（6）通过互联网和信息技术，努力构建沙漠休闲区的综合保障以及紧急救援体系，为开展更大规模和更大范围的沙漠休闲旅游活动奠定良好的基础。

B.15
智慧体育科学健身示范工程
——江城健身 e 家建设与运营分析

钟晓明　汪蓉蓉*

摘　要：　江城健身 e 家，作为武汉市社区体育中心建设项目，是国家体育总局科教司重大课题；是武汉市体育局为创建全国科学健身示范城市，以市场需求为导向，按照“政府投资、市场运作”的模式创建的集居民体质监测、健康风险评估和科学健身指导等服务为一体的社区体育服务中心。通过市、区体育部门投入健身器材和体质检测设备，社区提供场地，采用政府购买公共体育服务的方式，引入专业体育公司进行运营的公益性体育项目。本文通过对其投资、建设和运营标准化管理等方面的介绍与分析，借鉴其成功的经营理念和运营模式，以推动我国“智慧体育、科学健身”全民健身事业和智慧城市建设的发展，同时为我国“互联网+体育”产业发展探索一条创新之路。

关键词：　智慧体育　科学健身　健身俱乐部

一　前言

随着我国经济社会转型的不断深入，城镇化和人口老龄化速度加快，

---

* 钟晓明，武汉体育学院教授、研究生导师，研究方向为休闲体育、体育产业；汪蓉蓉，武汉体育学院副教授、博士，研究方向为体育经济与管理。

疾病类型也由以前的公共卫生威胁——传染病转向了慢性的生活方式类疾病；与此同时，信息化时代——“互联网+”正深刻改变着人们的生产与生活方式、休闲与娱乐方式。党的十八大报告指出要“开展群众性文化活动，广泛开展全民健身运动”，习近平总书记也强调要从全面建成小康社会，实现中华民族伟大复兴的战略高度重视发展体育事业。2014年国务院发布的《关于加快发展体育产业促进体育消费的若干意见》（国发〔2014〕46号）将全民健身上升为国家战略，并要求逐步建立与形成完善的体育公共服务体系。当前，我国全民健身运动已经初步形成“政府主导、社会参与、群体受益”的全民健身服务体系，体育运动正成为居民的一种生活方式。我国体育场地设施不断增加，运动人群也与日俱增，但由于缺乏科学的健身指导，人们的健康素质并无明显增强，有些人群的体质甚至还出现下降。

为了全面落实《全民健身计划纲要（2010～2020）》，积极响应国家体育总局《关于推荐创建“全民健身示范区”开展试点工作的通知》文件精神，进一步完善全民健身公共服务体系，武汉市于2014年5月率先启动了“智慧体育、科学健身”示范项目建设，并将该项目命名为“江城健身e家”。

江城健身e家，作为武汉市社区体育中心建设项目，是国家体育总局科教司重大课题；是武汉市体育局为创建全国科学健身示范城市，以市场需求为导向，按照“政府投资、市场运作”的模式创建的集居民体质监测、健康风险评估、科学健身指导等服务为一体的社区体育服务中心。通过市、区体育部门投入健身器材和体质检测设备，社区提供场地，由政府购买服务，引入专业体育公司进行运营，是一项由政府投资的体育公益性项目。

江城健身e家具备六大功能，即体质测试、体适能检测、健康评估、专家咨询、健身指导与运动督导。其业务领域从单一的健身运动服务拓展到体育场馆运营、体育赛事运营、体育旅游及体验式教育培训等。其发展定位强调“五位一体”，即将体质测量、健康管理、运动处方、宣传教育及科研融合，建立社区体育综合服务区（服务体）。发展思维强调“四化”：信息化，在体育健身与管理中充分运用“互联网+”的功能；专业（家）化，团结全国和地方的力量建立全国和地方专家库；市场化，以市场为导向，以俱乐部为组织形式，创新运营管理模式；标准化，解决可复制、可推广问题，建立统一标准，提高综合效益和管理效益。

截至2015年底，共建成并投入运营的江城健身e家有8家。根据武汉市体育局的规划，3年之内，将在武汉市建成50家。到健身房健身的社区居民，可以办年卡，收费最低标准为360元/年，相当于每天1元钱。

江城健身e家首家实体店自2014年5月建成以来，受到社会广泛好评。国家体育总局局长刘鹏、局长助理晓敏、科教司司长蒋志学等领导亲临现场指导工作，湖北省副省长曹广晶、武汉市人民政府副市长刘英姿等省市领导参观并体验健康检查服务，对江城健身e家的服务与运营模式给予高度评价，认为江城健身e家是开展全民健身的新途径，具有创新性和示范作用。

本报告通过对江城健身e家的项目建设和运营管理等方面进行总结与分析，以借鉴其成功的经营理念和运营模式，为我国“互联网+体育”的体育产业发展探索了一条创新之路，同时推动我国“智慧体育、科学健身”全民健身事业和智慧城市建设的发展。

二　江城健身e家的项目建设

（一）建设主体

江城健身e家（下文中同时用“中心”一词表述江城健身e家）建设依托于市、区两级体育行政管理部门，市级中心以市体育局、体育科研所为主体；区级中心以各区文体局或区文体局委托的项目单位（街道、社区、辖区企业、学校等）为建设主体，按照“政府购买服务、突出公益导向、统一形象标识、统一管理系统”的原则进行投资建设。

（二）建设分工

江城健身e家项目建筑面积不小于500平方米。功能性装修由项目主体

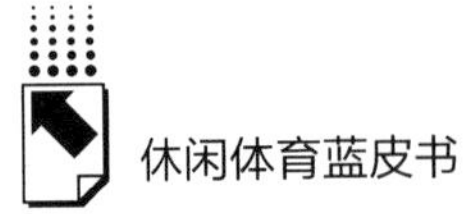

单位负责，达到正常运营的条件时，由市体育局项目专家指导小组组织认证。建成后引入专业团队进行市场化运营。场地设施及设备配置由市体育局从市、区体彩专项资金中统筹投入。每个中心投入资金 120 万 ~200 万元，由市体育局统一招标配备。运营过程中的器材更新、维护或调整，仍由市、区体育部门从体彩专项资金中投入。

以刚刚开业的江城健身 e 家新洲店为例，社区提供近千平方米的场所，项目建设总投资 200 万元。其中装修费用 30 万元，健身器械 50 万元，软件系统与电脑设备 20 万元，检测设备 100 万元，年度运营成本预计 80 万元（其中：政府每年购买服务 22 万元/店，水电补贴 10 万元/店，其他 48 万元由企业通过市场化服务和增值服务经营获得）。

（三）建设流程

2014 年 2 月，武汉市体育局出台《“江城健身 e 家”建设与管理实施意见（试行）》，按照“引入市场机制，政府购买服务、突出公益导向，普惠百姓健身”的构想和模式，启动“江城健身 e 家”的项目建设工作。

第一步，项目申报。以书面形式将项目建设计划报至市体育局群体处。申报内容包括：项目位置与建筑面积、项目建设内容、项目主体单位名称、投资额度等。

第二步，项目确定。市体育局将根据各区文体局申报情况，组织专家按照“场地达标、公益便民、市民需求”的原则进行实地勘察，对符合要求的，填写和上报工程建设申报表。经市体育局认可，下发工程建设同意书。项目建设选址与项目有效服务范围、与周边环境的融合协调发展、项目可持续发展能力等，都是考虑该区域项目是否立项的因素。

第三步，开工建设。项目申报获批立项后即进入项目规划设计与工程建设阶段。由各项目单位自行完成基础设施建设与装饰工程。项目的形象标识系统由市体育局统一设计。

第四步，工程验收。各区文体局对工程建设实施全程监管。工程竣工后，由建设单位邀请有关部门，进行工程竣工验收。

三　江城健身 e 家的标准化建设

江城健身 e 家以标准化为主线，并将其贯穿于投资建设与运营管理全过程，以达到项目建设流程化、服务过程程序化、服务质量目标化、服务方法规范化，形成可复制、可推广的科学健身综合体建设与服务体系。

由于江城健身 e 家尚属国家体育总局“科学健身示范区”项目建设的研究推广阶段，基于“统筹规划、先进实用、整体推进、市场导向”的原则构筑标准化建设体系，并按照“先构后建，先建后修”思路逐步完善标准。“先构后建”是先构筑总体框架，制定出投资建设与服务标准体系表，然后再制定与丰富各个标准内容。“先建后修”是先初步确定具体标准，然后在实施过程中逐步补充、修订和完善，形成一套完整的、系统的、科学的、通用的、成熟的体系标准。

（一）场地建设

1. 建筑面积

满足基本功能的中心建设面积，必须大于500平方米。

2. 功能分区及建设指标

体适能检测区：面积在150～200平方米，包括身体形态、机能、素质（此三项为国民体质监测器材）和人体健康检测两方面的测试器材。

宣传讲授咨询区：面积在50～100平方米，配套宣传、咨询与培训等所需硬件设施。

器材健身区：面积在250～300平方米，主要包括有氧训练器械、力量训练器械、自由力量及伸展训练器械等。

配套服务区：面积在50～100平方米，用于顾客接待及卫生间、更衣间、淋浴间布置等。

3. 装饰及环境标准

统一的形象标识系统。主要包含：设置统一的江城健身 e 家店面名称、形象标识及辅助标识、图形、色彩标准和装饰基础标准。满足项目运行的电、水、网络、有线电视要求及通风与消防安全等使用功能；完成各功能区域的地面和立面应用功能装修，满足安装设备（器械）的基本需求。

（二）器材配置

1. 检测设备

“体适能检测”与“国民体质检测”是江城健身 e 家区别于一般体育健身俱乐部最显著的、差异化的服务项目。国民体质测试，使用国家体育总局成熟的“11 项”检测项目，即身高、体重、握力、肺活量、坐位体前屈、选择反应时、闭眼单脚站立、纵跳、仰卧起坐、俯卧撑、台阶指数。所配备的体适能检测器材设备见表 1。

表 1　江城健身 e 家体适能检测器材设备配置

检测项目	项目功能
人体成分检测仪	检测人体水分、蛋白质、肌肉、脂肪的测量值及左右上肢、左右下肢、躯干等的脂肪比率、体脂百分数、细胞内外液等多项指标。为控重、减脂、肌肉训练、营养平衡和诊断疾病等提供科学数据依据
功率自行车	反映心脏、血管和肺脏等器官向运动的肌肉提供氧的能力。预测无症状者发生心脏病的危险性，为健康人群和患有如糖尿病、高血压、心血管疾病等疾病的人群制定运动处方提供定量依据
超声骨密度仪	对骨质密度进行精确的量化评估，对骨折风险给出科学评估
平衡仪	测试受试者平衡能力，评估跌倒和摔伤风险
动脉硬化检测仪	实现心血管疾病的早期检查功能，准确判断心血管弹性、动脉僵硬度，预防心血管疾病
腹部脂肪仪	对人体腹部脂肪百分比、内脏脂肪等级等指标进行综合分析，为控重、减脂、肌肉训练、营养平衡和诊断疾病等提供科学数据
自动血压计	测量受试者收缩压、舒张压和脉搏，监测血压变化，判断受试者血压有无异常情况，了解循环系统功能
脊柱电子测量仪	检测脊柱形态、柔韧性、稳定性等机能，评价脊柱健康状态，早期筛查脊柱疾病
糖基化检测仪	糖基化终产物是糖尿病及其并发症、心血管疾病、肾病等重大疾病的致病因素，检测糖基化含量，可以预测评估糖尿病及其并发症、心血管疾病等疾病的患病风险

续表

检测项目	项目功能
人体能量监测仪	利用反射弧原理,测试手部穴位能量强弱,评估身体各器官功能状态,实现在器官表现出明显病理变化之前就可以发现其能量变化,用于疾病的预防
肌肉检测仪	快速、客观、精确测量,数字化显示肌肉力量大小,判断有无肌力下降/提升,评估肌力恢复效果,分析左右侧肌力均衡性,预测肌肉损伤风险

说明:体适能检测仪器中,自动血压计、人体能量监测仪、人体成分分析仪、超声骨密度仪、血管机能检测仪、功率自行车为基础必备检测仪器。

2. 健身器材

根据各个项目店铺面积与投资规模,配置有氧运动器械、力量运动器械、自由力量和伸展器材共计25~35件(见表2)。

表2 江城健身e家健身器材配置

器械类别	器械名称	功能
有氧运动器械(10~14件)	跑步机(6~8台)	有氧运动,锻炼心肺功能
	椭圆机(4~6台)	有氧运动,锻炼心肺功能
力量运动器械(8~10件)	坐式胸肌推举训练器	锻炼胸肌和臂部力量
	多位推举器	锻炼三角肌和胸部上部肌肉
	高拉力背肌及坐式划船拉力训练器	锻炼背肌和斜方肌
	坐式蹬腿训练器	锻炼背肌和斜方肌
	肱二头三头肌训练器	锻炼肱二头肌和肱三头肌
	蝴蝶式胸肌训练器	夹胸训练,锻炼胸沟肌肉
	腹背肌伸展训练器	锻炼腹肌和腰背肌肉
	小飞鸟	上肢综合训练以及上肢和腿部小肌肉群的训练
自由力量和伸展练习器材(11件)	史密斯机(1台)	用于腿部肌肉群的训练和上肢肌肉群的训练
	可调式训练椅(1台)	辅助哑铃训练
	平躺推举椅(1台)	平推举训练,锻炼胸肌和上肢力量
	杠铃杆(1根)	用于平躺推举椅的配套
	杠铃片(1组150千克)	用于平躺推举椅和史密斯机的配套
	仰卧板(2件)	用于腹肌训练
	哑铃组合(1套)	根据不同人群需求可锻炼三角肌,肱二、肱三头肌,胸肌,斜方肌
	拉筋机(1台)	用于训练前的肌肉筋骨拉伸热身和训练后的拉伸放松
	伸展垫(2张)	用于伸展和腰腹肌肉的辅助训练

（三）人员配置

江城健身 e 家每天营业时间超过 12 小时。根据服务运营基本要求，配备不少于 14 名各类服务人员，为大众提供基础服务。江城健身 e 家岗位设置的名称、岗位数量及职责如下。

(1) 店长 1 名：主持店铺的日常运营管理工作，负责与上级体育管理部门及街道、社区的协调联络。

(2) 客户服务人员 4 名：大客户（行业、产业团体客户）开发、进店顾客接待与客户回访联络。建立与管理客户健康档案，组织“智慧体育，科学健身”知识培训与活动推广服务。

(3) 健身指导员 3 名：负责巡场、咨询、接待、课程规划、制订会员的长期健身计划、科学运动指导、合理膳食指导、心理健康指导、制订个性化运动处方。

(4) 体质（体适能）测试员、健康检测员 2 名：负责体质（体适能）测试、健康检测、体质评估、健康评估、生活方式评估、慢性病风险评估、设备管理等工作。

(5) 前台、收银员 3 名：负责接待咨询、验卡、体验、会籍管理、衣柜管理、电话服务、音响控制与播音、销售、收银等工作职责。

(6) 综合人员 1 名：负责营销策划与执行、群众体育活动的组织与实施、场地、设备、灯光、音响、网络的运维、财务管理、运动健身宣传、健康文化宣传、政府政策宣传等工作。

(7) 保洁人员（外包）：负责中心地面及墙面清洁、器材清洁、洗手间清洁等。

此外，江城健身 e 家若拓展增值服务项目，还需对应配备相关专业人员。

四　江城健身 e 家的运营管理

江城健身 e 家引入市场管理机制，委托第三方专业团队进行运营。第三方专业团队的引入，由江城健身 e 家项目主体单位，按照全市统一的江城健身 e 家管理和服务标准，采取公开招标的形式进行确定。

（一）公司资质

运营公司必须是取得合法的健身或健康管理资质，具有从事体质健康管理两年以上工作经验，具有从事健身和健康管理的专业技术团队，有工商部门审定批准的合法经营执照，有健全的账务会计、资产管理制度和独立的银行账号，有良好的社会和商业信誉，有独立经营相配套的保障经费。

（二）服务内容

健康门诊服务——提供人体体质、身心健康等检测；提供慢性病、不良生活方式、体质健康的风险评估，并为可能存在的风险提供详细的风险评估报告；针对不同的个体提供个性化的科学运动、合理膳食、心理健康的指导。

健康数据平台服务——建立包括体质测定标准、健康知识、慢性病知识在内的标准化数据库，并使之具备数据上传、筛选、分析、统计、处理的能力；采集市民个人健康信息，建立健康档案，提供体质评价、健康风险评估、膳食营养评估、心理健康评估等报告，制定健康干预计划和方案，并对干预实施过程进行跟踪监督；建立全市“统一规划”“统一建设”“统一标准”“统一服务”“统一运营”的科学健身公共服务体系，通过网络、移动通信工具等方式查寻市民健身健康信息，并与武汉市体育局体质监测信息联网，保证各“示范点”采集的数据能够实时上传至“市级中心”（武汉市体育局）的服务器；定期发布全市体质健康报告。

健康宣传服务——完成全市体育健身、健康知识的普及任务；邀请相关专家，开展科学体育健身、健康知识讲座；每年推广 1～2 项市民喜欢的运动项目或健身方法。

健康教育培训服务——制订并协助、落实武汉市体育局体质监测方面专业人才的培训方案、计划及注册管理办法；成为各区科学健身宣传的中心，社会体育指导员和体育爱好者培训基地。

体育健身娱乐服务——为市民提供健身所需的场地和器械，与体质健康门诊、健康宣传、健康教育培训服务形成联动反馈体系。

（三）运营模式

其主要运营模式可以概括为以下四个方面。

1. 政府 +市场：定位健身俱乐部，服务面向社区

从大型体育场馆到全民健身中心，从健身广场到体育公园、从健身路径到健身步道，我国体育公共服务体系在不断地建设与完善中，作为社区健身俱乐部，江城健身 e 家以市场需求为导向，按照“政府投资、市场运作”原则运行。具体表现：一是市场定位，在投资建设和产品定位上都以市场为导向，提供民众需要的各类休闲娱乐类体育产品。二是俱乐部实体经营，以健身俱乐部为组织形式，依靠专业化运营管理团队、先进的服务理念、网络信息技术与软硬件产品，组建健身指导和服务团队，有效地提高服务质量和科学化健身水平。三是社区选址，以构建市级健身示范中心主站和区级（社区）健身示范中心为目的，紧紧围绕“增强社区居民科学健身的主动意识”“构建全民健身基础服务体系”和“构建全民健身宣传与高层次的市场化服务体系”展开建设，将全民健身落实到社区、落实到人，变自觉自愿为政府组织管理。四是价格亲民，由于是获得政府支持与资助的公益性项目，江城健身 e 家除了提供免费时段和向特定人群免费开放外，还推出“每天只需 1 元钱”的年卡，以最低的价格提供市场高水平的健身服务，是一项实实在在的惠民工程。

2. 健身 +健康：将运动健身上升为健康管理

江城健身 e 家区别于传统体育俱乐部的最大特点在于服务定位不是简单的健身指导而是健康管理。其区（社区）健康管理中心系统主要由体质检测设备、体适能检测设备、健身设备、健康管理软件等部分组成。通过提供健康门诊服务、健康数据平台服务、健康宣传服务、健康教育培训服务和体育健身娱乐服务，建立起较完善的健康管理体系。特别是提供慢性病、生活方式、体质健康的检测与评估，以及提供个性化的科学运动、合理膳食、心

理健康的指导，对建立居民健康生活方式具有重要意义。

3. 互联网 +体育：将智慧体育与科学健身充分结合

江城健身 e 家最重要的功能是指导市民健身，将智慧体育与科学健身相结合，充分体现了“互联网 + 体育”的发展特色。健身设施齐全，有跑步机、功率自行车等锻炼人体各部位力量及柔韧性的十多套健身器械。各项体质、体适能检测设备也很先进，可测肺活量、握力、反应速度等 11 项国民体质指标，以及血压、腹部脂肪、人体成分、骨密度、血管机能等项目。每个运动器械上均安置了智能传感器，记录下运动者的步频、步速、运动时间、卡路里消耗等数据，通过下载 APP 的手机扫描，即可输入网上的个人运动档案。专家可以根据个人体质检测结果和运动档案进行分析，给出具体的运动建议，为市民进行健康管理。这些数据上传到数字云平台，各体育科研机构可方便地实现市民体质和健康状况的监测，各科研机构关于全民健身的最新研究成果，也可以通过这一平台直接让市民受益。由此可见，通过建立科学健身管理系统、云数据平台、个性化信息载体与定制推送服务四位一体管理平台，互联网和物联网等新技术在体育健身领域得到了充分的开发与运用。

4. 标准 +服务：创新标准化服务流程，提供基础与增值服务

江城健身 e 家致力于建立起“统一规划”“统一建设”“统一标准”“统一服务”“统一运营”的科学健身公共服务体系，其中特别细化和创新了服务标准和标准化服务流程，以此满足可复制、可推广的发展要求，为国家体育总局最终形成科学健身示范区建设方案、标准和管理办法提供技术支撑和理论依据。同时，通过提供基础与增值服务，解决了可持续发展问题。其中基础服务，主要满足居民的一般健身需求，这一部分属于政府体育公共服务购买，解决了俱乐部的生存问题。而增值服务，可以提供延伸有偿服务、特色有偿服务和较高层次有偿服务，如根据不同社区健康中心的实际情况，提供专家咨询与健康管理、青少年生命力教育培训、社区趣味运动会等服务项目。主要满足居民的特殊或高层次的健身需求，由居民自由选择和购买，这一部分属于俱乐部的自主经营项目，也是主要的收入来

源，提供俱乐部进一步完善和发展的经济支持，解决了俱乐部的可持续性发展问题。

（四）技术支持系统

从技术实现手段上，武汉市科学健身示范城市的市、区两级系统通过深度集成的设备网络和高效完善的管理云平台实现社区居民、体育主管部门和专业化管理公司三者之间的有效互联。

健康管理云系统：打造云管理系统、360°健康信息管理、个性化信息载体与定制研发服务四位一体管理平台，实现健康信息实时监控与高效反馈（见图1）。

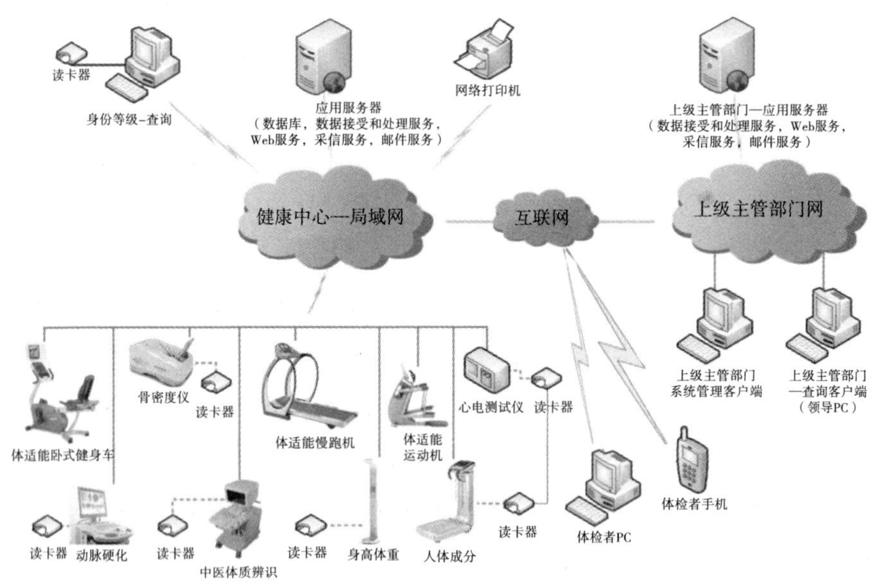

图1　健康管理云系统

资料来源：江城健身e家宣传册。

检测与健身设备深度集成：社区体质监测中心能将各项设备组成一个设备网络（见图2），支持多人同时在不同的设备上进行体检测量，并能实现体检全过程监控，自动生成集成式体质健康检测分析报告，对社区居民提供远程客户端实时跟踪查询功能；全方位领导决策支持，市级主控中心可以进行全局、全部网点数据的实时搜集、统计分析和管理控制；安全可靠的备份机制和针对成员、角色、权限三种管理要素进行全方位的权限设置。其中市级健身示范主控中心主要承担以下三个方面的内容：一是通过云管理平台对社区健身示范中心实施社区居民健康与健身锻炼信息的监控与管理；二是根据各社区健身示范中心所反馈的社区居民信息，提供科学健身及其他健康服务效果跟踪、健康信息宣传与实施后续定制服务；三是集中优秀的专家服务团队，满足社区健身示范中心无法提供的多样化、多层次的服务需求。

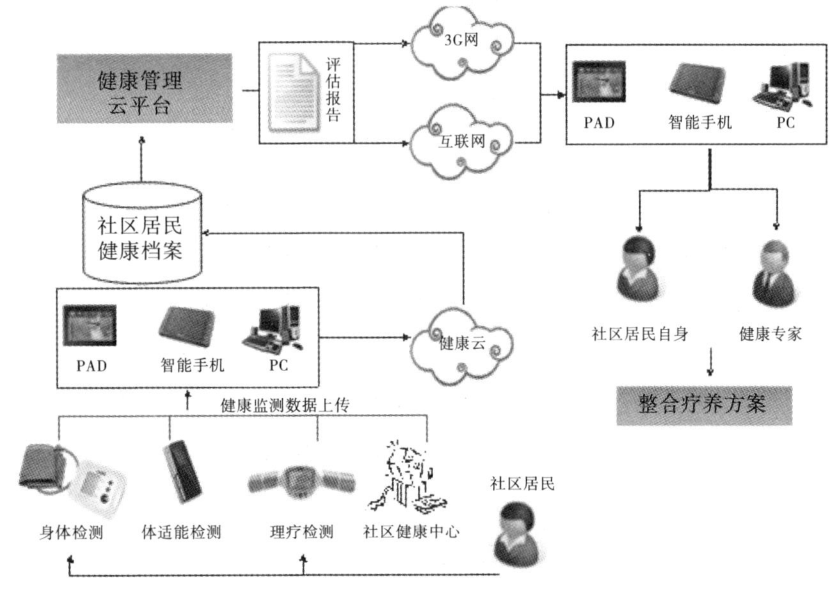

图2　设备网络深度集成

资料来源：江城健身e家宣传册。

结　语

江城健身e家的特点充分体现在了“e的意义”上，即包括：①Electronic intelligent（科技化）：科学运动，智能感知，连续监测，动态更新；②Expert guidance（专家化）：提供专业的运动指导，高端资源社区落地；③Everyone differ（个性化）：运动因人而异，因地制宜，满足个体差异性；④Exchange feeling（社交化）：同类相聚，分群社交，激励督导，分享心得；⑤Entertainment driver（娱乐化）：体娱结合，降低单纯运动的枯燥乏味；⑥Ever time（长期化）：提供最贴身的社区健身助理，随时服务，持之以恒。其建设与运营经验主要包括以下几项。

1. 创建一套可复制、可持续的科学健身公共服务体系

紧密围绕科学健身市场需求，整合政府部门、企业、体育组织、科研院所优势资源，突出体育公共服务的公益、独创的运作模式，有效地解决了当前我国群众体育发展的瓶颈。

2. 立足市场需求提供服务产品

作为一项造福百姓、智慧健身的公益性项目，江城健身 e 家提出“每天一元钱”获得高质量、高水平的健身服务，引导民众积极参与科学健身，在满足社区及周边民众基本健身需求的同时，还提供了如人体成分、骨密度、血管机能、亚健康等十余项体质体适能检测增值服务。市级健身示范中心一方面通过系统集成以区级体质监测数据为基础，面向社区居民进行教育和宣传科学健身，形成全民科学健身的宣传体系；另一方面，面向对科学健身有较高层次需求的居民提供高水平的健康咨询、营养处方和运动处方有偿服务，形成高层次的全民健身市场化服务体系。

3. 政府主体引导下的多元参与机制

政府、企业和民间组织是现代社会不可缺少的三大支柱。解决日益增长的全民健身需求与政府有限供给之间的矛盾，必须扩大主体范围。武汉市第一阶段 50 个科学健身示范集群区的建设和持续运营无论从人才、资源、运营、宣传等方面来讲，都需要更加多元化的主体配合，改变政府单独、直接提供服务造成的供给不足的局面。采用发挥市场和社会力量的作用，实行政府主导与市场、公众和社会组织等全社会广泛参与相结合的模式。

4. 建立科学健身云数据平台

江城健身 e 家的最大特点之一，就是运用现代信息技术与物联网科技手

段来实施主体运营，通过建立科学健身管理系统、云数据平台、个性化信息载体与定制推送服务四位一体管理平台，力求为社区的每一位居民定制一套较科学、完整和连续的电子健康档案，为其定期、长期和连续地监测检查指标，评估健康状况进行实时监控与高效反馈。

5. 市场化运作流程提升发展可持续性

依托武汉市体育局体科所，采用政府购买的方式，聘请专业化管理团队，对市级健身示范中心和各城区科学健身示范中心进行专业化管理。专业化管理的优势在于：①能够最大地发挥市场作用，对各类资源进行有效的配置，对各类检测设备和健身锻炼设施利用最大化；②能够有效地对科学健身进行宣传，起到示范作用；③能够充分调动管理团队的积极性，使其服务更加人性化，更贴近群众；④可以提供延伸有偿服务、特色有偿服务和较高层次有偿服务，满足不同层次人群的需求；⑤通过提供市场化服务，降低政府购买的投入成本，提升科学健身示范区集群运营和发展的可持续性。

综上所述，江城健身 e 家的科学健身示范集群区的建设模式更加切合目前国家要求加快体育产业发展的大环境，更能够全面实现《体育事业发展“十二五”规划》中的要求。集宣教培训功能、检测功能、健康管理功能、健身功能、咨询指导功能“五位一体”的江城健身 e 家立足市场需求实际，强调保持建设与运营的科学性、示范性及可持续性的特点，可以集中开展科学健身知识与方法的普及工作，并通过建立居民体质健康档案、运动风险预测、科学健身知识普及与健身新方法培训以及健身效果监控等技术手段，在充分利用信息技术手段和多学科领域综合研究的基础上，归纳建设经验，凝练建设标准，有效发挥科学健身示范区“以点带面”的引领作用，推动我国“智慧体育、科学健身”全民健身事业和智慧城市建设的发展，同时也为我国“互联网 + 体育”的产业发展探索一条创新之路。

Contents

I General Report

Abstract: The first part of this chapter discusses about what is leisure, what is the basic definition of leisure sports, and it makes a brief introduction of related theory of leisure and leisure sports. Finally it makes the scientific predictions of leisure sports development trend of our country. The second part defines the implications and characteristics of leisure sports policy, analyzes the evolution process of leisure sports policy in China and summarizes the characteristics and successful experiences of the leisure sports policy in Japan, the United States, Britain, and Australia. On this basis, it puts forward some proposals to the formulation of the leisure sports policy in China. The third part describes the development of the leisure sports education in China, gives an overall analysis of the present discipline construction and the existing problems and puts forward some countermeasures for the leisure sports education in China. This fourth partuses

CFPS 2010 data for empirical analysis. Firstly, it carries out a multivariate analysis of variance of the influencing factors of urban and rural residents in leisure activities time to determine what factors influence the leisure activities time of urban and rural residents. Secondly, it establishes a general linear regression model to analyze the influence of above factors on urban and rural residents' leisure activities time.

Keywords: Leisure Sports; Leisure Sports Policy; Leisure Sports Education; Leisure Activities time

Ⅱ Special Reports

Abstract: This chapter mainly introduced the development of mountain outdoor sport in China including the basic conception, characteristic, classification and related policies and regulations. Based on the analysis of participant and sport features, the paper made a rank division of mountain outdoor sport by difficulty. Meanwhile, the research also focused on the main factors that affected the development of mountain outdoor sports of China, including exploitation strategy of mountain outdoor sports resource, personnel training mode, training system, mountain outdoor sport event, and rescue and insurance system. Under the rapid development stage of the leisure sport industry. , the article indicated that events of mountain outdoor sport would be globalized, diversified, universal, and humanized in the future. Mountain outdoor sport is a kind of rising leisure sport which would be the important growth points of leisure sport economy of China, and it would promote the development of Chinese leisure sport industry prosperously.

Keywords: Mountain Outdoor Sport; Status in Quo; Influencing Factor

Abstract: The beach leisure sports and sea leisure sports is the human life and practice in the coast and ocean , is the most intimate contact with the human and the sea, is the display of human marine culture. More and more persons choose the village to thebeach and sea leisure sports, this is the demand that people release psychological pressure and return to nature, therefore its development is unusually fast. The beach and sea leisure sports have played a positive role in leisure, tourism, entertainment, and sports, and become the return to nature, one of active and healthy lifestyle among human. In this article, first analyses the relationship between the beach and sea leisure sports and coastal tourism and then expounds the beach and sea leisure sports is one of the important components not only in sports but also marine tourism and marine industry. In this paper, based on background of the development of the coastal tourist industry in our country, enumerates phenomena of beach and sea leisure sports in Hebei, Shandong, Zhejiang, Fujian, Guangdong, Hainan, and other provinces, describes the current situation of the development of beach and sea leisure sports in China, analyses the social and economic effects of brought about beach and sea leisure sports in our country and expounds the development trend of the beach and sea leisure sports.

Keywords: Beach and Sea; Leisure Sports

Abstract: Under the background of ice and snow sports leisure time and related industry rapid development, Traces the origin of project study at home and abroad, Ice and snow sports has its unique charm, The development of the project, the region has a direct relationship with season, In the northeast, Beijing, xinjiang, Inner Mongolia and other regions. Ice sports is relatively more projects, speed skating, figure skating, ice hockey, etc; Snow sports to carry out the common project of alpine skiing, cross-country skiing, snowboarding, etc. This chapter in combination with the development of ice and snow sports, according to the passage of time in this paper, the ice and snow sports event and related industries. When the bid to host the 2022 winter Olympic Games successful opportunity, talking about ice and snow sports related information and the development trend of the future.

Keywords: Leisure Time; Ice and Snow Sports; Ice and Snow Industry; The Winter Olympics

Abstract: China's desert and grassland are very rich in resources. In recent years, each province relying on its unique natural resources and cultural landscape, the combination of sports and leisure tourism, and gradually developed a variety of desert leisure and grassland leisure sports tourism products, formed unique leisure sports. This chapter introduces the basis of China's provinces and autonomous regions in the desert and grassland resources in the actual situation, carry out the desert leisure sports activities in recent years desert resource rich area are reviewed, analyzed the current existing in the development of China's leisure sports in the desert in the process of problems, countermeasures are put forward. Considering the situation of the development of sports leisure grassland in China and the length of this paper, then taking Inner Mongolia as an example, described the development situation, problems and the development countermeasures of grassland leisure sports briefly.

Keywords: Desert Leisure; Grassland Leisure; Leisure Tourism

B. 6 Current Situation and Trend of Leisure Sports on Water in China

Liu Yong, *Shi Wenwen* / 111

Abstract: Firstly, this paper introduces the basic concept, the current situation of the development of rafting, puts forward to the drift movement of the train senior professional talents, improving supporting facilities and security, strengthening the construction of floating brand, reasonable planning and coordinated development. Secondly, this paper introduces the present situation of hotspring, and puts forward to developing the hotspring resources, shaping hotspring cultural characteristics, creating affiliate products, strengthening regional cooperation and the hotspring resources protection. Finally, this paper introduces the present situation of dragon boat, puts forward to promoting environmental protection, supporting the development of folk organization, interactive dragon boat races and city actively.

Keywords: Rafting; Hotspring; Dragon Boat

Ⅲ Regional Reports

B. 7 Report on the Leisure Sports in Beijing

Liu Pingjiang / 121

Abstract: As the capital of China, Beijing has its unique natural conditions and historical and cultural backgrounds. In recent years, with the transformation of economic development and industrial structure, the enhancement of the Citizens' awareness of fitness and leisure, exceed 80% of the Citizens cost more than half an hour for fitness; The majority manner is morning or evening exercise, and the main form is simple and easy, such as walking, jogging, mountain climbing etc. Parks and community spaces are more popular as a leisure sport; Citizens take leisure sports activities, in general, abide by the nearby principle, and have preference for public welfare places and public places on the site selection. The insufficient number and unreasonable distribution of recreational sports facilities influence public participation in recreational sports activities, The open management problem on public sports facilities limit the development of leisure sports; Most of the citizens are eager to increase physical fitness park and a small fitness center. For the need of health from Beijing citizens, Internet + on leisure sports will get faster development in the future.

Keywords: Beijing; Leisure; Sports

Abstract: In this part, the content includes five sections, the first section is basic situation in Hebei province, mainly introduced the characters of natural geography, ethnic customs and history and culture; the second section is divided into leisure and crowd residents in Hebei Province, mainly introduced the residents leisure, sports population; the third section is the leisure sports in Hebei province, mainly introduced the sports fitness project, the royal leisure fitness programs, Binhai leisure sports, golf leisure sports, outdoor leisure sports; The fourth section is the leisure sports facilities in Hebei province, mainly introduced the outdoor activity base, Hebei sports venue type, the operation mode; the fifth section is the residents' leisure sports activities effect evaluation in Hebei province, mainly introduced the effect of leisure sports activities evaluation objectives, principles and implementation.

Keywords: Hebei Province; Leisure Sports; Outdoor Activities

Abstract: Inner Mongolia has a vast territory, natural resources diversity, grassland, desert, Gobi, lake, forest, ice and snow, and other rich resources. In the common influence of diverse natural resources and unique folk culture, Inner Mongolia formed out of the ordinary way of leisure, leisure has become an indispensable part of people's life. In general, leisure sports in Inner Mongolia mainly concentrated in eight aspects: the mountaineering and outdoor, the leisure of grassland, the leisure of desert, the leisure of ice and snow, Gobi racing, road riding, the leisure of waters the leisure of airspace. With the rapid development of tourism industry, the above content has become an important embodiment of the characteristics of Inner Mongolia leisure sports.

Keywords: Leisure Mode; Sports Items; Site Facility; Operating Mechanism

B. 10 Report on the Leisure Sports in Jilin Province

Abstract: Jilin province is located in the geographic center of Northeast Asia and in the backland of northeast in China. With the mountain area in the east, the plain in the middle and the prairie in the west, it has four distinctive seasons. Jilin province is a multinational province and there are altogether 55 minorities including Korean people, Man people, Mongolian people, Hui people, Xibe people and other people. Its regional characteristic culture is represented by Guandong culture, Changbai culture, national culture and ice-snow culture. Sports leisure, practical culture, cultural leisure and social leisure are four main ways for people in Jilin and many people are involved in these four ways of leisure. The leisure sports events developed in Jilin has the certain regional characteristics and national characteristics. With the basis of the mass sports sites and facilities and expansion of ice-snow sports and fashionable sports, it has formed the spatial network of mass leisure sports. The operation mechanism includes government investment mechanism, the semi-open mechanism of stadiums and facilities in enterprise and public institutions, and commercial service mechanism. The main development direction of leisure sports in Jilin province is to center on the ice-snow leisure and to radiate the introduction and construction of diverse fashionable programs.

Keywords: Natural Conditions; National Customs; Ways of Leisure; Site Facility

B. 11 Report on the Leisure Sports in Shanghai

Chen Xiaofeng, Wang Lijuan, etc. / 190

Abstract: The urban characteristics and cultural background of Shanghai was described in this article. We summarized the developmental history of leisure sports in Shanghai, discussed the leisure sports administration system in Shanghai, and described the current situation of leisure sports in Shanghai. Finally, we used rope skipping, diabolo, and Shanghai style Yoangko dance as example to explain the developmental feature of some special leisure sports items.

Keywords: Leisure Sports; Shanghai

B. 12 Report on the Leisure Sports in Sichuan Province

Li Guodong, Liu Wei, etc. / 208

Abstract: With regard to Sichuan Province, the development of leisure sports is confronted with great opportunities and challenges. On one hand, Sichuan has a reputation for "The Land of Abundance", and leisure has been an important part of people's life. With the quick development of society and economy, sports as the main way of leisure have gradually arisen. However, on the other hand, "leisure sports" is still a new concept to most people. Under these circumstances, what characteristics and trends will present to Sichuan leisure sports? This report will explore it from the Sichuan leisure life, the development of leisure sports, outdoor resources and future perspectives.

Keywords: Sichuan; Leisure Sports

B. 13 Report on the Leisure Sports in Guangdong, Hong Kong, Macao and Taiwan District

Wu Nan, Chen Jian / 225

Abstract: The cultural economic circle of the "Cross-Strait Four Places" including Guandong Province, Hongkong, Maucao, and Taiwan districts in China, has been based on the traditional South-China Lingnan and Fujian Zhejiang Province Min-Yue culture. Also, it's deeply influenced by the western culture. Thus, the circle becomes the highest internationalized and economic developed area. Hongkong and Macao have been returned, the level of integration between the two straits has been accelerated. Leisure sports and its industry are more matured than other places in China. Guangdong Province is the forerunner of mainland China's "Reform and Opening-Up" policy, she carries the characteristics of "Dare-to-be-the-first" and innovation. Thus makes this place more matured in enlightenment, experience and modeling to the other places. Hong Kong's leisure sports attach with strong western cultural color. Traditional sports such as the Chinese Kungfu etc. develop faster. Thus Hong Kong's leisure sports management framework mainly comes from the folks, but supported by the Government. Especially, Jockey Club is her unique leisure sports industry with wide public participation. As one of the world's most important gaming and leisure tourism city, Macao has caught up with the opportunity of economic turnaround, is sparing no effort to becoming the "World's Capital of Leisure" . Taiwan also goes in the front concerning the leisure sports research. Her traditional leisure culture is deeply rooted. Thus in Taiwan's leisure industry, her feature of cultural tour leisure is very obvious. Also, Taiwan's dependency on mainland China is relatively high.

Keywords: Leisure Sports; Guangdong; Hong Kong; Macao; and Taiwan District; Regional Natural Culture; Leisure Industry Management

Ⅳ Typical Cases

B. 14 The Case on Xiangshawan Desert Leisure Tourism District in Inner Mongolia Autonomous Region

Yin Junhai, *Xu Lihong* / 246

Abstract: Inner Mongolia Xiangshawan tourism limited company was founded in 1999, after sixteen years of development, Xiangshawan desert leisure tourism area has been among the national advanced ranks and formed a "One area, one port, four islands" leisure resort area. In the process of development, Xiangshawan desert tourism area always as an important leisure sports activities part in Xiangshawan leisure products, obtains good economic benefits and social benefits at the same time, also worked out a suitable development concept. At present, the development of the tourist area has made great progress, but in response to the competition of tourism market, there are still many problems need to be solved as the tourism consumer market demand etc. This paper finally analyzes the shortage of tourism area, the outlook of the future.

Keywords: Xiangshawan; Desert Leisure Tourism; Sports Tourism

Abstract: As one of projects of Wuhan City Community Sports Construction, Wuhan e Family Fitness Club, an important issue of Science and Education Department in Sports, is a integrated community sports service center, which is guided by market demands in accordance with the mode of "government investment, market operation" to create a set of residents' physique monitoring, health risk assessment, scientific fitness guidance and other services. Based on the mode of being funded by city and district sports department and being provided sports sites by community, Wuhan e Family Fitness Club is also one of public welfare sports projects which is Adopted the way of government purchasing public sports services and professional sports companies operating the whole system. Introduced and analyzed this Club's standardized investment mode, construction and operation management, on the basis of drawing lessons from its successful management idea and operation mode, this thesis aims to promote the development of the whole national fitness business of "wise, scientific fitness" and the city construction of intelligence, and to explore a path of innovation of "Internet + sports industry".

Keywords: Wise Sports; Scientific Fitness; Fitness Club

皮书起源

“皮书”起源于十七、十八世纪的英国，主要指官方或社会组织正式发表的重要文件或报告，多以“白皮书”命名。在中国，“皮书”这一概念被社会广泛接受，并被成功运作、发展成为一种全新的出版形态，则源于中国社会科学院社会科学文献出版社。

皮书定义

皮书是对中国与世界发展状况和热点问题进行年度监测，以专业的角度、专家的视野和实证研究方法，针对某一领域或区域现状与发展态势展开分析和预测，具备原创性、实证性、专业性、连续性、前沿性、时效性等特点的公开出版物，由一系列权威研究报告组成。

皮书作者

皮书系列的作者以中国社会科学院、著名高校、地方社会科学院的研究人员为主，多为国内一流研究机构的权威专家学者，他们的看法和观点代表了学界对中国与世界的现实和未来最高水平的解读与分析。

皮书荣誉

皮书系列已成为社会科学文献出版社的著名图书品牌和中国社会科学院的知名学术品牌。2011 年，皮书系列正式列入“十二五”国家重点出版规划项目；2012~2015 年，重点皮书列入中国社会科学院承担的国家哲学社会科学创新工程项目；2016 年，46 种院外皮书使用“中国社会科学院创新工程学术出版项目”标识。

中国皮书网

www.pishu.cn

发布皮书研创资讯，传播皮书精彩内容
引领皮书出版潮流，打造皮书服务平台

栏目设置：

- □ 资讯：皮书动态、皮书观点、皮书数据、皮书报道、皮书发布、电子期刊
- □ 标准：皮书评价、皮书研究、皮书规范
- □ 服务：最新皮书、皮书书目、重点推荐、在线购书
- □ 链接：皮书数据库、皮书博客、皮书微博、在线书城
- □ 搜索：资讯、图书、研究动态、皮书专家、研创团队

中国皮书网依托皮书系列“权威、前沿、原创”的优质内容资源，通过文字、图片、音频、视频等多种元素，在皮书研创者、使用者之间搭建了一个成果展示、资源共享的互动平台。

自 2005 年 12 月正式上线以来，中国皮书网的 IP 访问量、PV 浏览量与日俱增，受到海内外研究者、公务人员、商务人士以及专业读者的广泛关注。

2008 年、2011 年中国皮书网均在全国新闻出版业网站荣誉评选中获得“最具商业价值网站”称号；2012 年，获得“出版业网站百强”称号。

2014 年，中国皮书网与皮书数据库实现资源共享，端口合一，将提供更丰富的内容，更全面的服务。

法律声明

权威报告·热点资讯·特色资源

皮书数据库

ANNUAL REPORT(YEARBOOK) DATABASE

当代中国与世界发展高端智库平台

WWW.PISHU.COM.CN

皮书俱乐部会员服务指南

1. 谁能成为皮书俱乐部成员?
- 皮书作者自动成为俱乐部会员
- 购买了皮书产品（纸质书/电子书）的个人用户

2. 会员可以享受的增值服务
- 免费获赠皮书数据库100元充值卡
- 加入皮书俱乐部，免费获赠该纸质图书的电子书
- 免费定期获赠皮书电子期刊
- 优先参与各类皮书学术活动
- 优先享受皮书产品的最新优惠

3. 如何享受增值服务?

（1）免费获赠100元皮书数据库体验卡

第1步 刮开附赠充值的涂层（右下）；

第2步 登录皮书数据库网站（www.pishu.com.cn），注册账号；

第3步 登录并进入“会员中心”—“在线充值”—“充值卡充值”，充值成功后即可使用。

（2）加入皮书俱乐部，凭数据库体验卡获赠该书的电子书

第1步 登录社会科学文献出版社官网（www.ssap.com.cn），注册账号；

第2步 登录并进入“会员中心”—“皮书俱乐部”，提交加入皮书俱乐部申请；

第3步 审核通过后，再次进入皮书俱乐部，填写页面所需图书、体验卡信息即可自动兑换相应电子书。

4. 声明

解释权归社会科学文献出版社所有

皮书俱乐部会员可享受社会科学文献出版社其他相关免费增值服务，有任何疑问，均可与我们联系。

图书销售热线：010-59367070/7028
图书服务QQ：800045692
图书服务邮箱：duzhe@ssap.cn

数据库服务热线：400-008-6695
数据库服务QQ：2475522410
数据库服务邮箱：database@ssap.cn

欢迎登录社会科学文献出版社官网（www.ssap.com.cn）和中国皮书网（www.pishu.cn）了解更多信息

社会科学文献出版社 SOCIAL SCIENCES ACADEMIC PRESS (CHINA) 皮书系列
卡号：8797073109436189
密码：

S 子库介绍
Sub-Database Introduction

中国经济发展数据库

涵盖宏观经济、农业经济、工业经济、产业经济、财政金融、交通旅游、商业贸易、劳动经济、企业经济、房地产经济、城市经济、区域经济等领域，为用户实时了解经济运行态势、把握经济发展规律、洞察经济形势、做出经济决策提供参考和依据。

中国社会发展数据库

全面整合国内外有关中国社会发展的统计数据、深度分析报告、专家解读和热点资讯构建而成的专业学术数据库。涉及宗教、社会、人口、政治、外交、法律、文化、教育、体育、文学艺术、医药卫生、资源环境等多个领域。

中国行业发展数据库

以中国国民经济行业分类为依据，跟踪分析国民经济各行业市场运行状况和政策导向，提供行业发展最前沿的资讯，为用户投资、从业及各种经济决策提供理论基础和实践指导。内容涵盖农业，能源与矿产业，交通运输业，制造业，金融业，房地产业，租赁和商务服务业，科学研究，环境和公共设施管理，居民服务业，教育，卫生和社会保障，文化、体育和娱乐业等 100 余个行业。

中国区域发展数据库

以特定区域内的经济、社会、文化、法治、资源环境等领域的现状与发展情况进行分析和预测。涵盖中部、西部、东北、西北等地区，长三角、珠三角、黄三角、京津冀、环渤海、合肥经济圈、长株潭城市群、关中—天水经济区、海峡经济区等区域经济体和城市圈，北京、上海、浙江、河南、陕西等 34 个省份及中国台湾地区。

中国文化传媒数据库

包括文化事业、文化产业、宗教、群众文化、图书馆事业、博物馆事业、档案事业、语言文字、文学、历史地理、新闻传播、广播电视、出版事业、艺术、电影、娱乐等多个子库。

世界经济与国际政治数据库

以皮书系列中涉及世界经济与国际政治的研究成果为基础，全面整合国内外有关世界经济与国际政治的统计数据、深度分析报告、专家解读和热点资讯构建而成的专业学术数据库。包括世界经济、世界政治、世界文化、国际社会、国际关系、国际组织、区域发展、国别发展等多个子库。